NUDE GIRLS IN PUBLIC

I0465272

Historische Aktfotografie

Jürgen Prommersberger: Nude Girls in Public
Regenstauf , Februar 2016

Alle Rechte am Werk liegen beim Autor:
Jürgen Prommersberger
Händelstr 17
93128 Regenstauf

Erstauflage
Herstellung: CreateSpace Independent Publishing Platform

HINWEIS:
Diese Bilder stammen aus der Anfangszeit der Fotografie. Die überwiegende Mehrheit stammt aus der Zeit vor dem ersten Weltkrieg. Sie sind daher etwa 100 Jahre alt oder sogar noch älter. Ich möchte darauf hinweisen, dass aus diesem Grund die Qualität (Tiefenschärfe, Kontrast) dieser Bilder nicht mit Aufnahmen neueren Datums vergleichbar ist.

NOTICE:
These pictures are from the early days of photography. The vast majority comes from the period before the First World War . Therefore, they are about 100 years old or even older. I want to point out that for this reason the quality (Focus, High Contrast) of these images cannot be compared with more recent images.   .

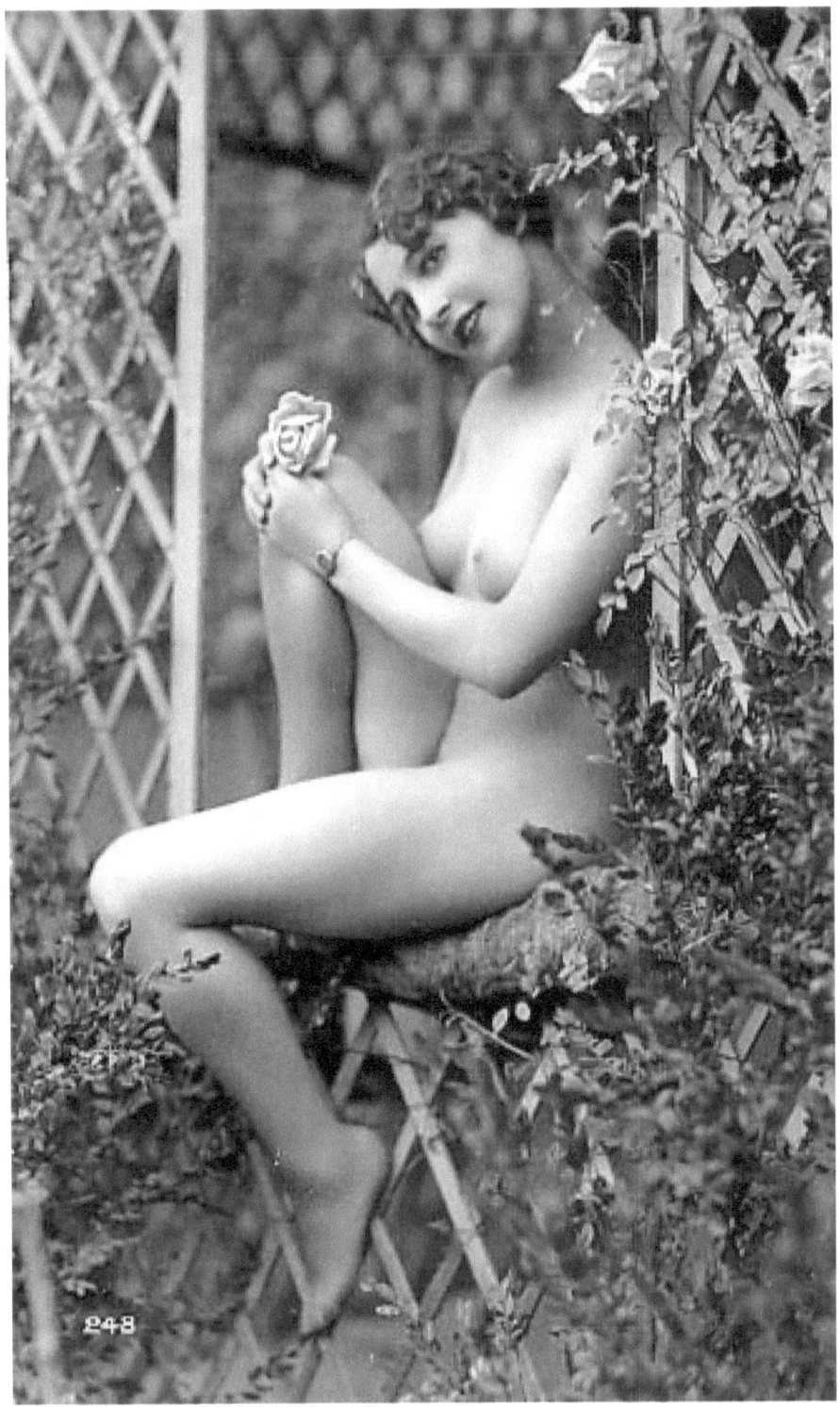

248

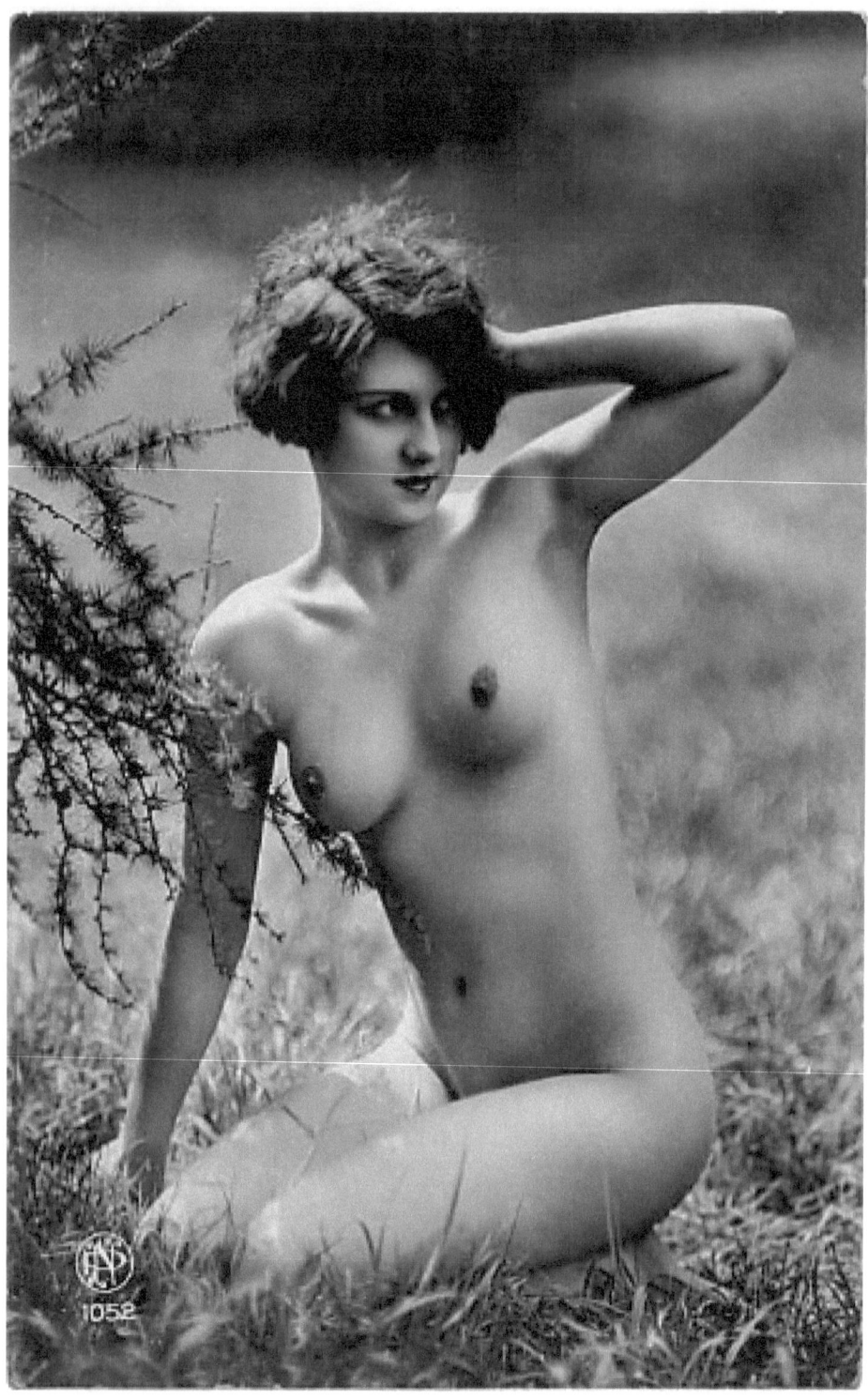

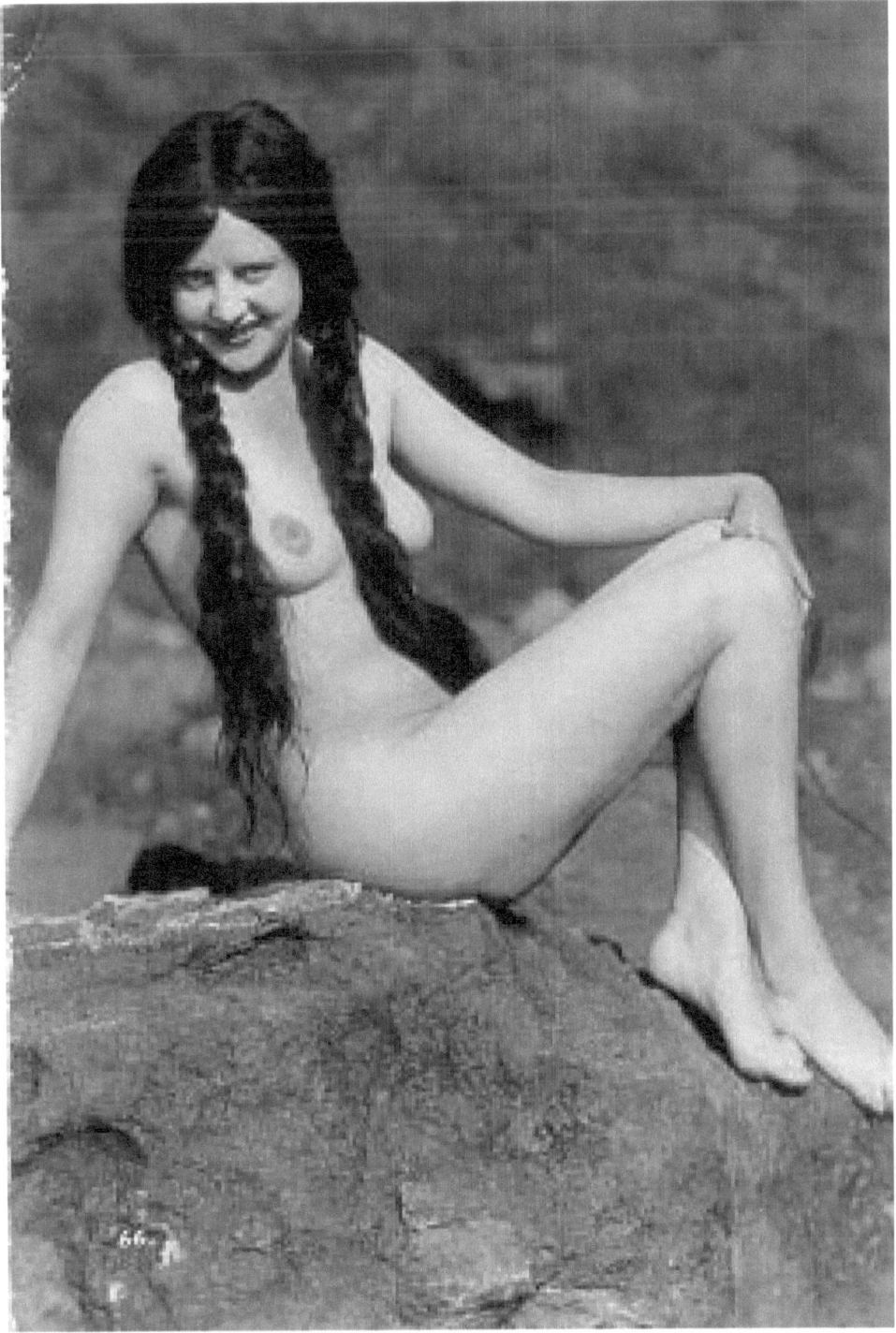

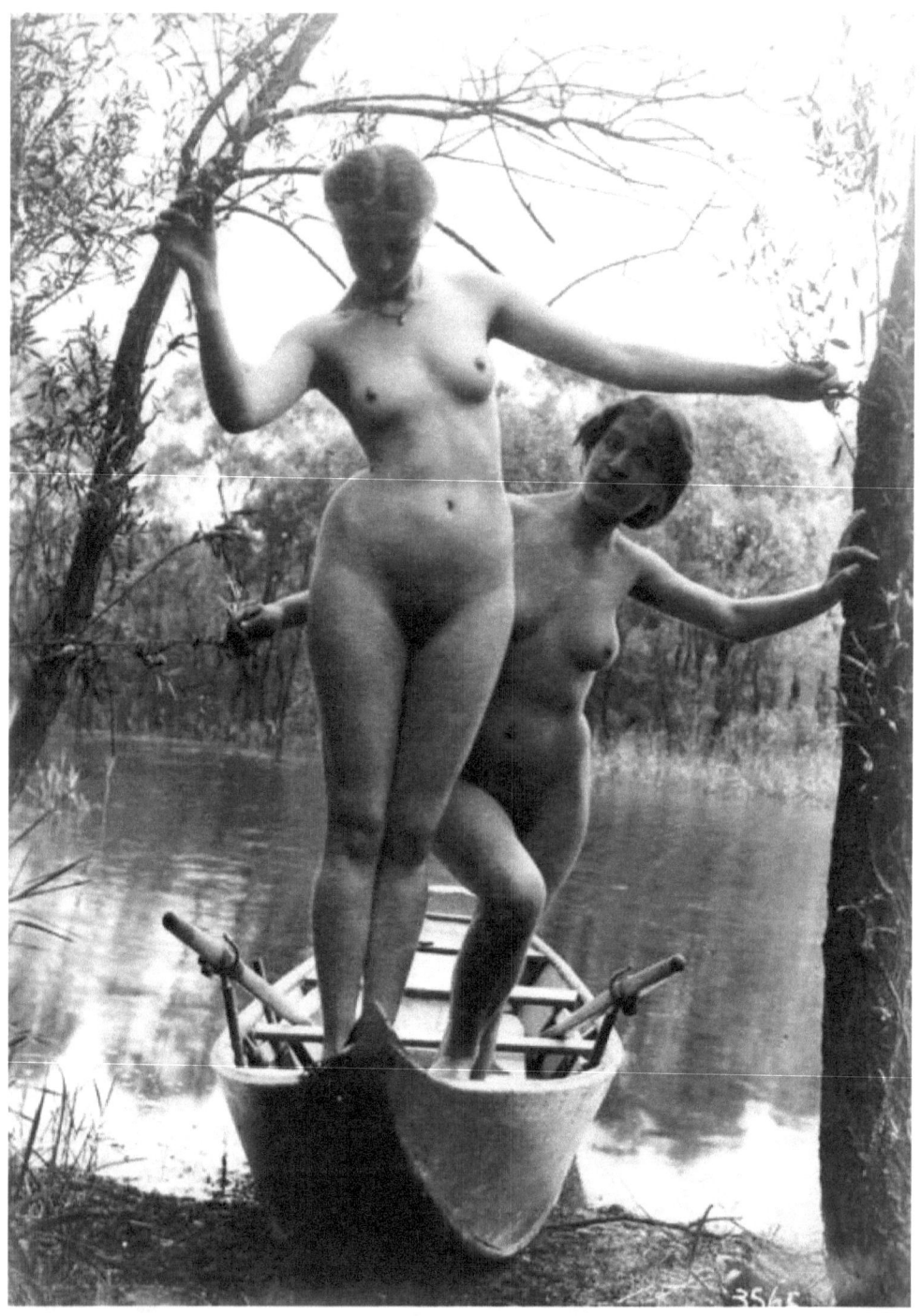

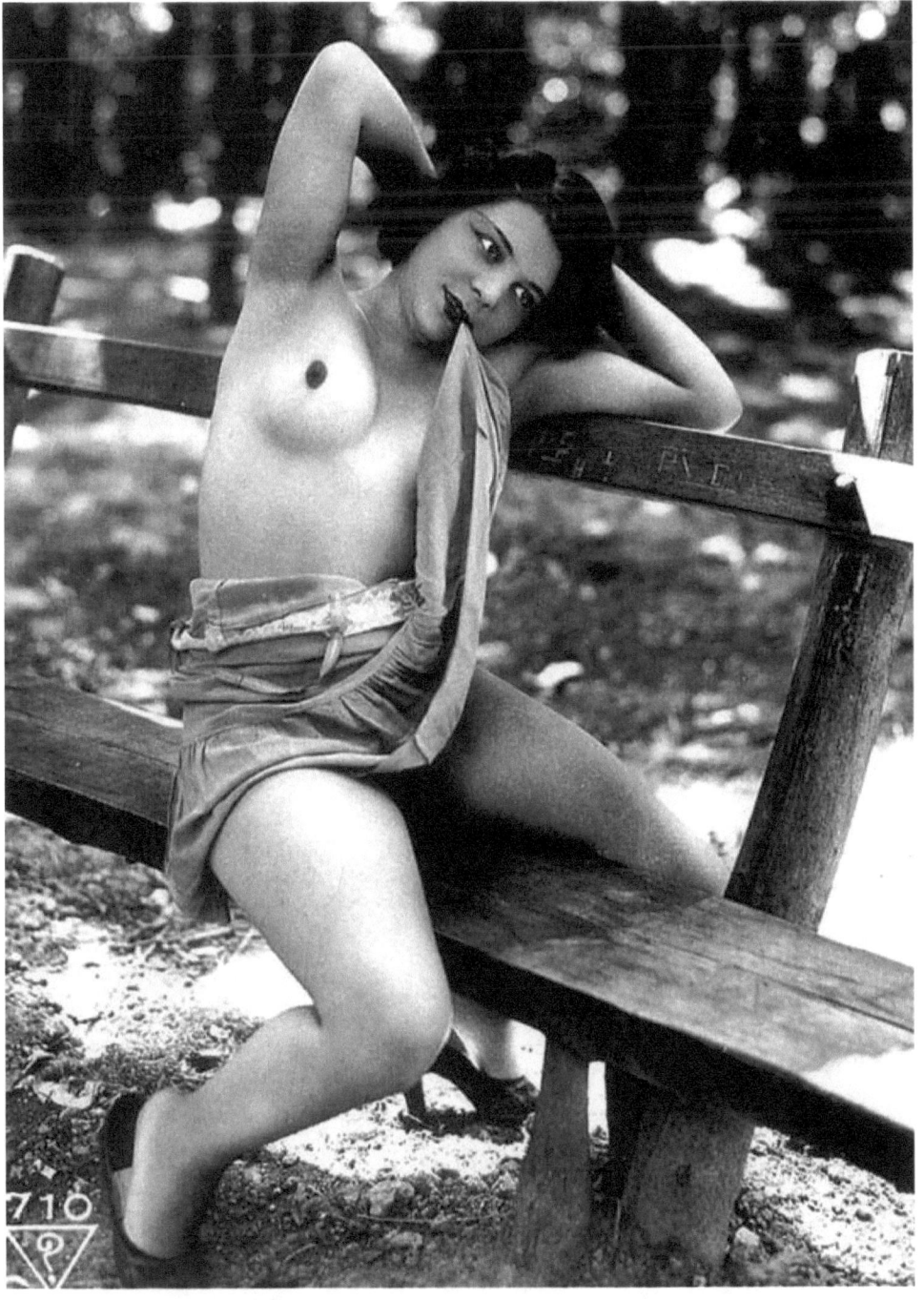

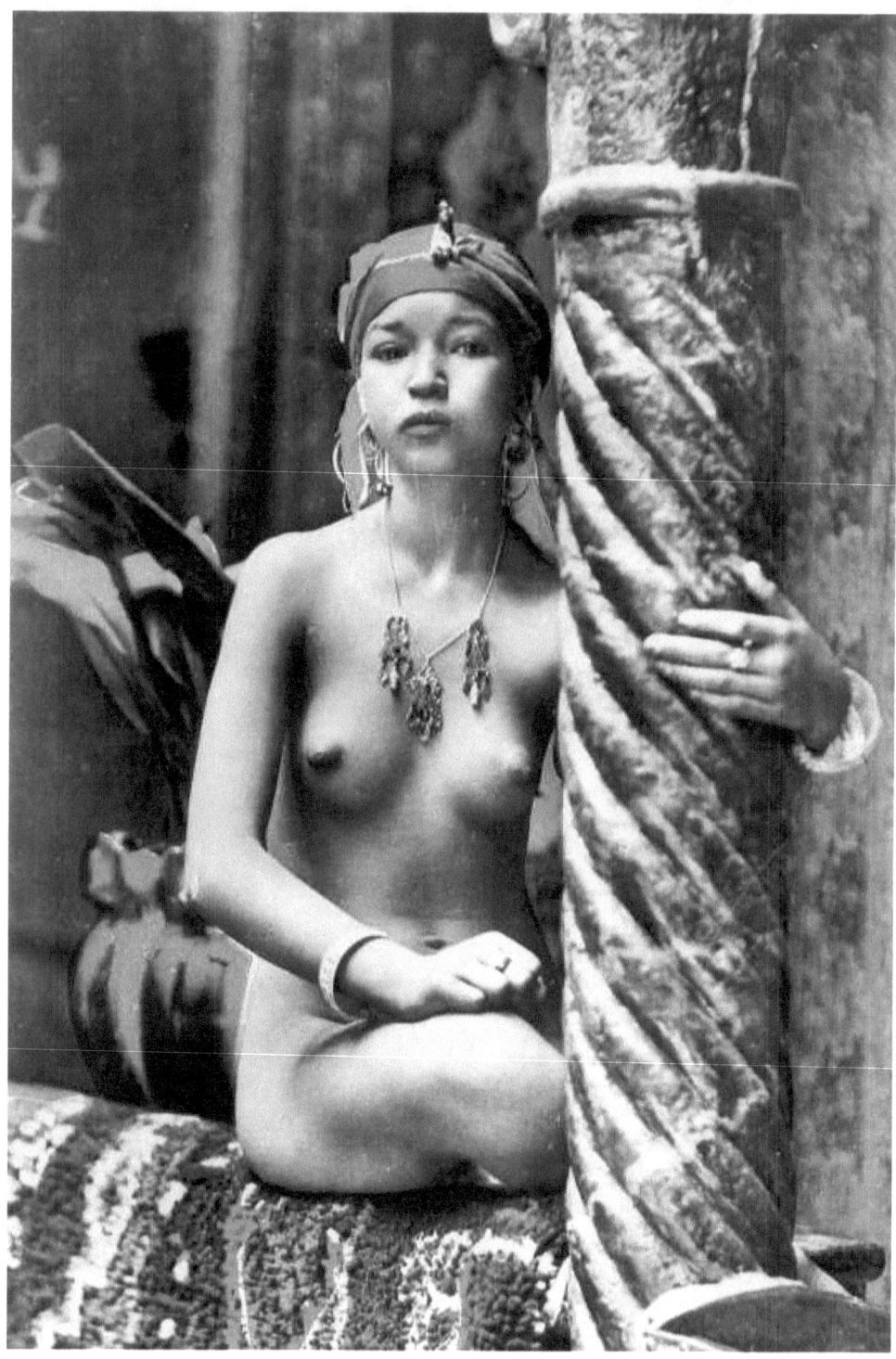

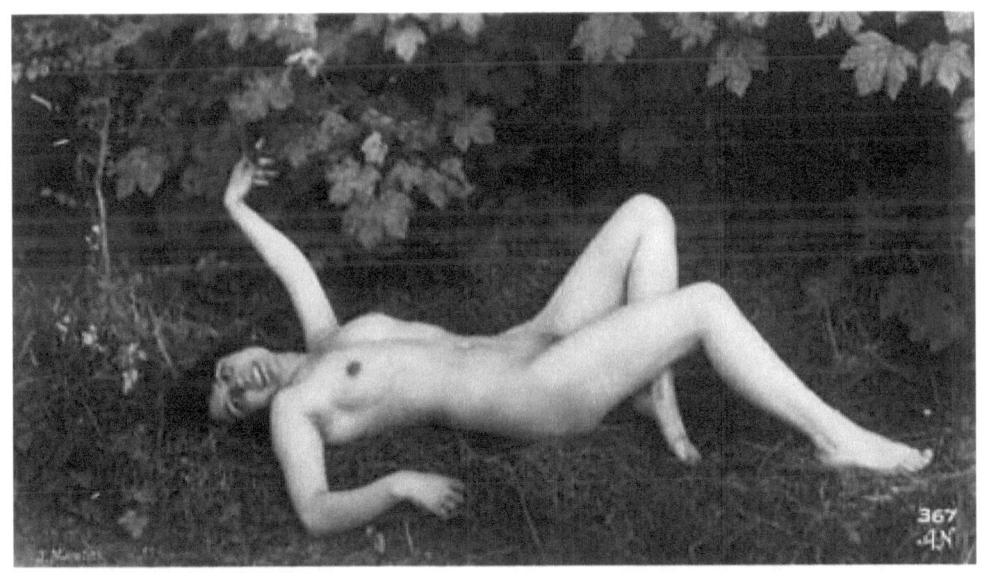

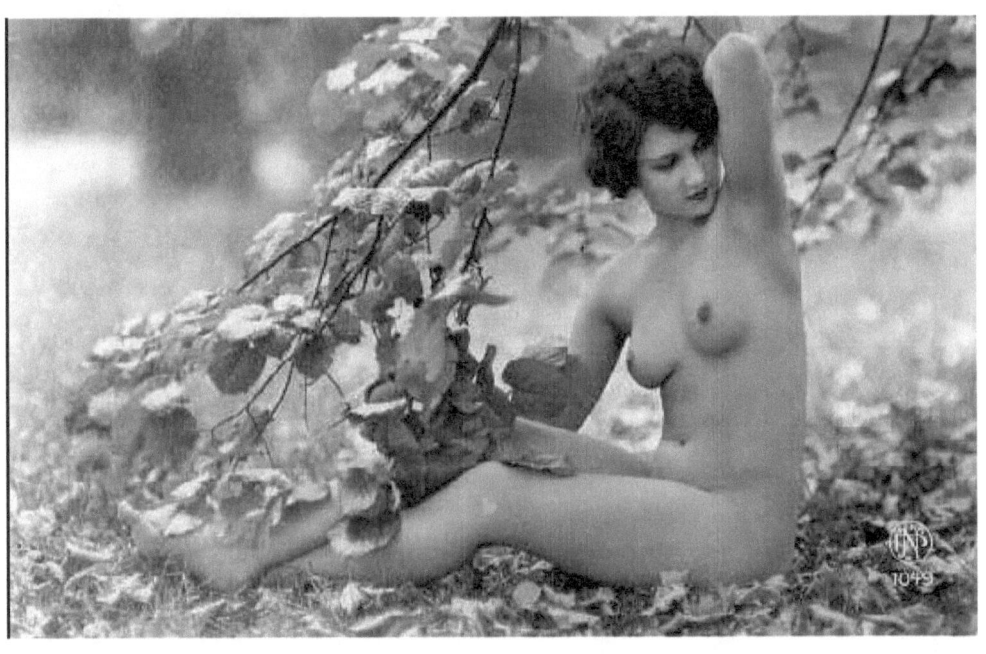

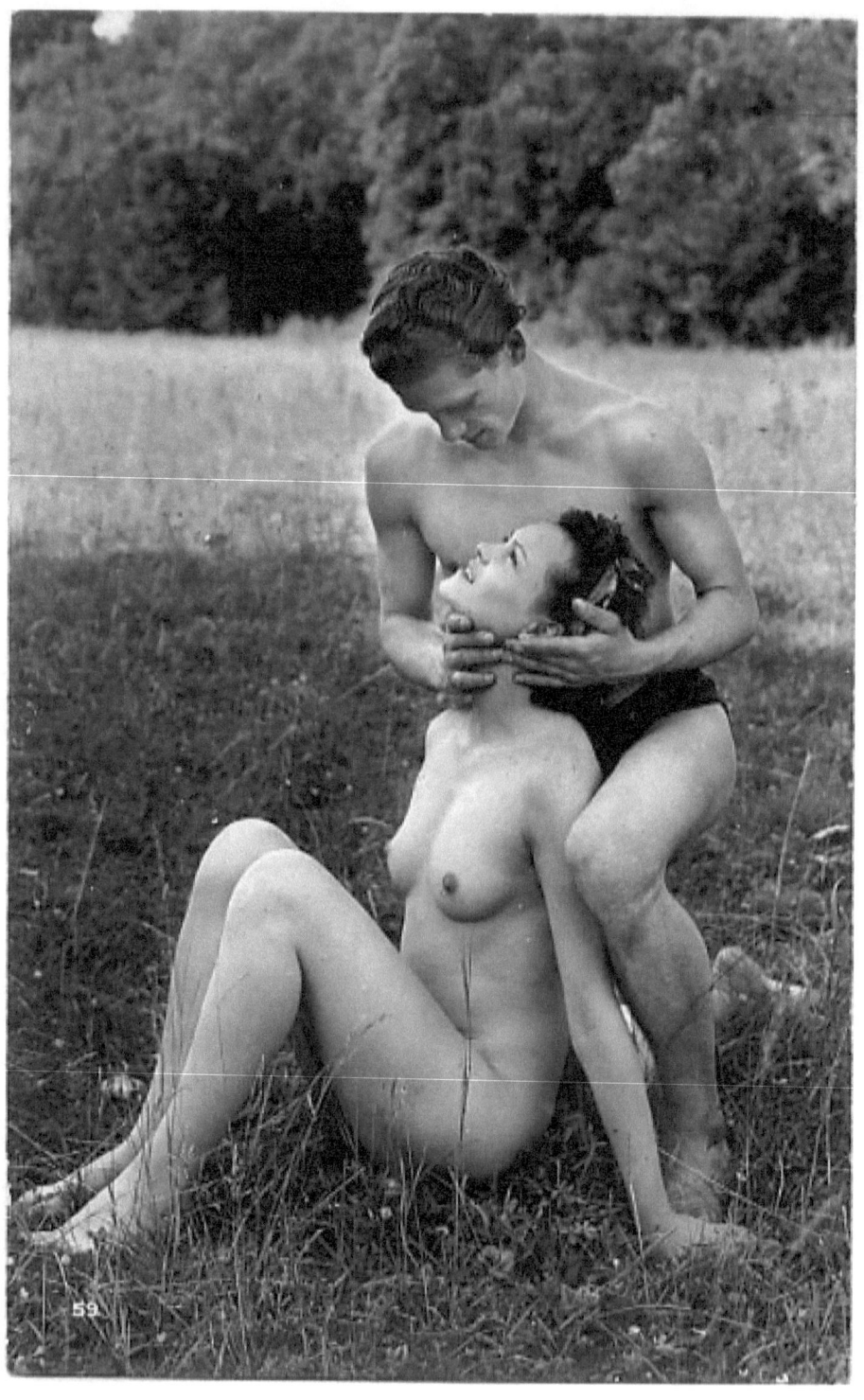

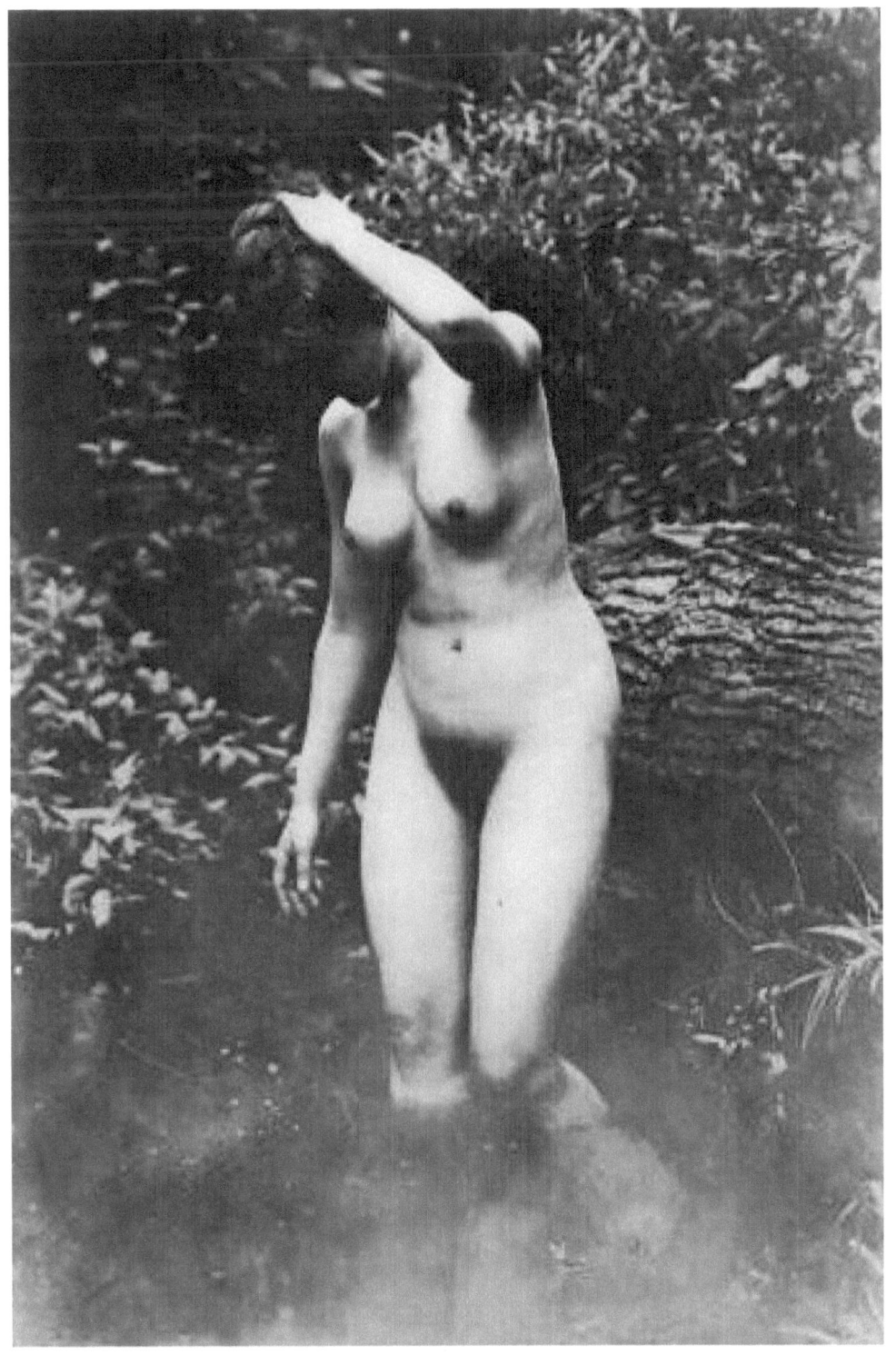

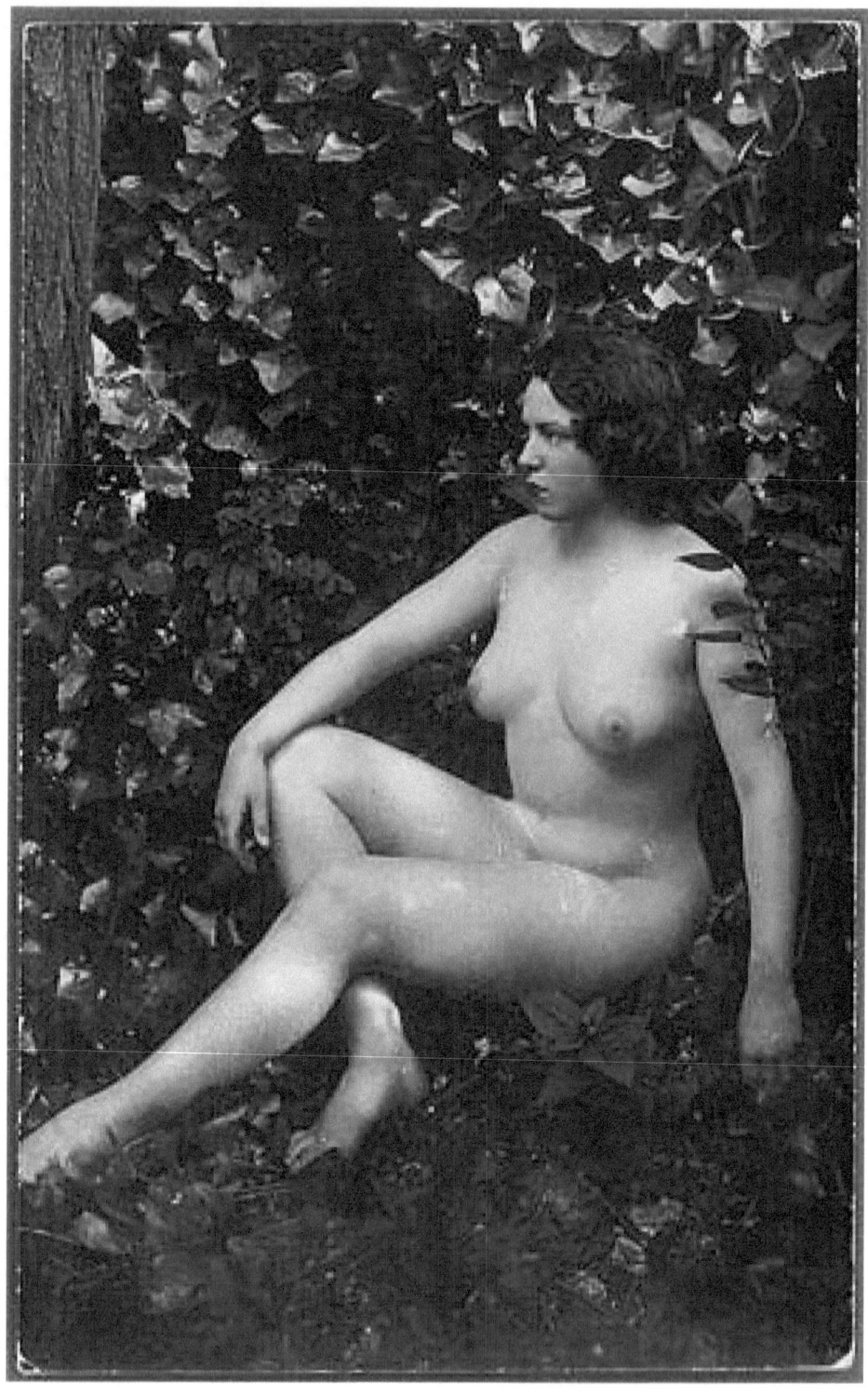

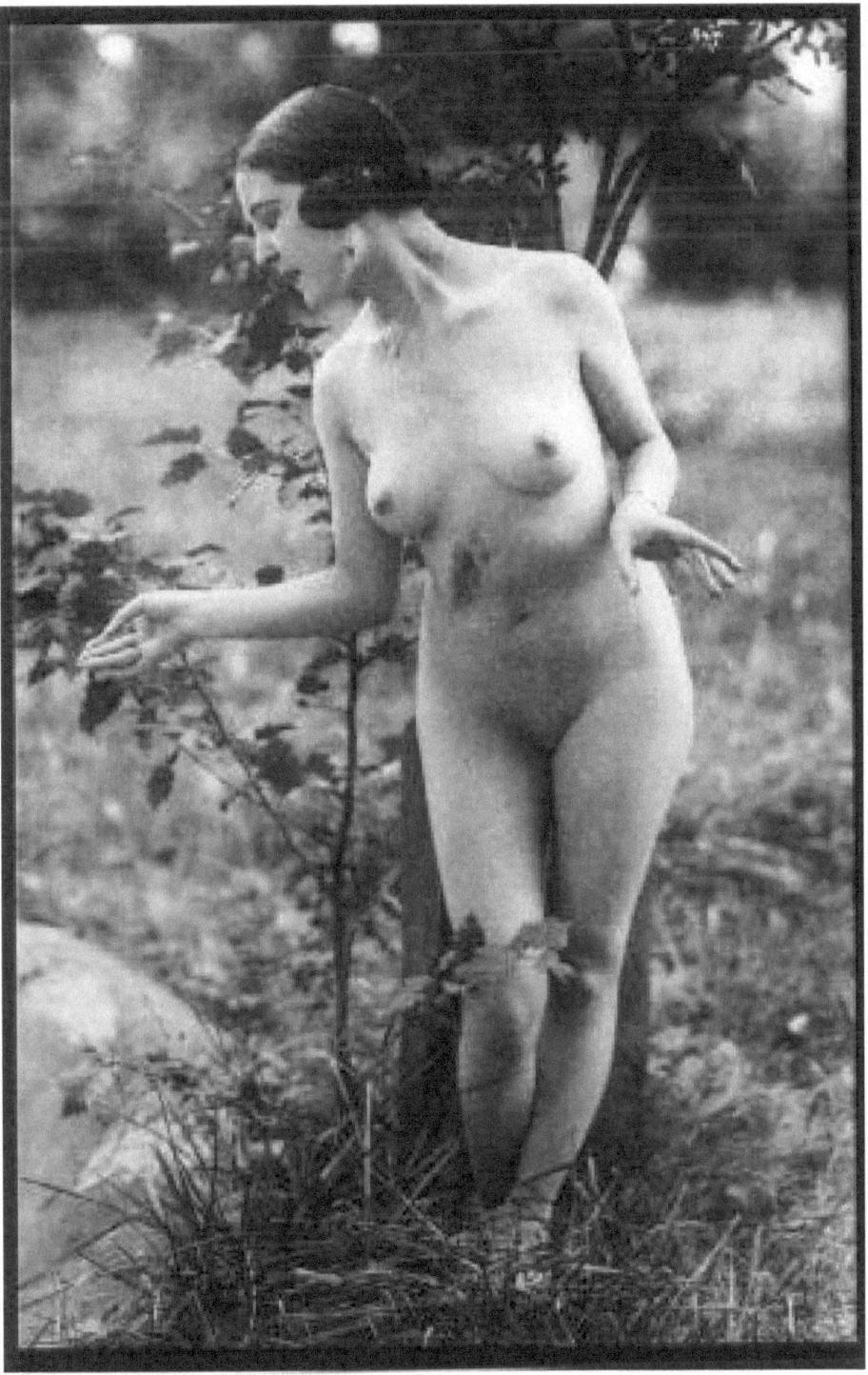

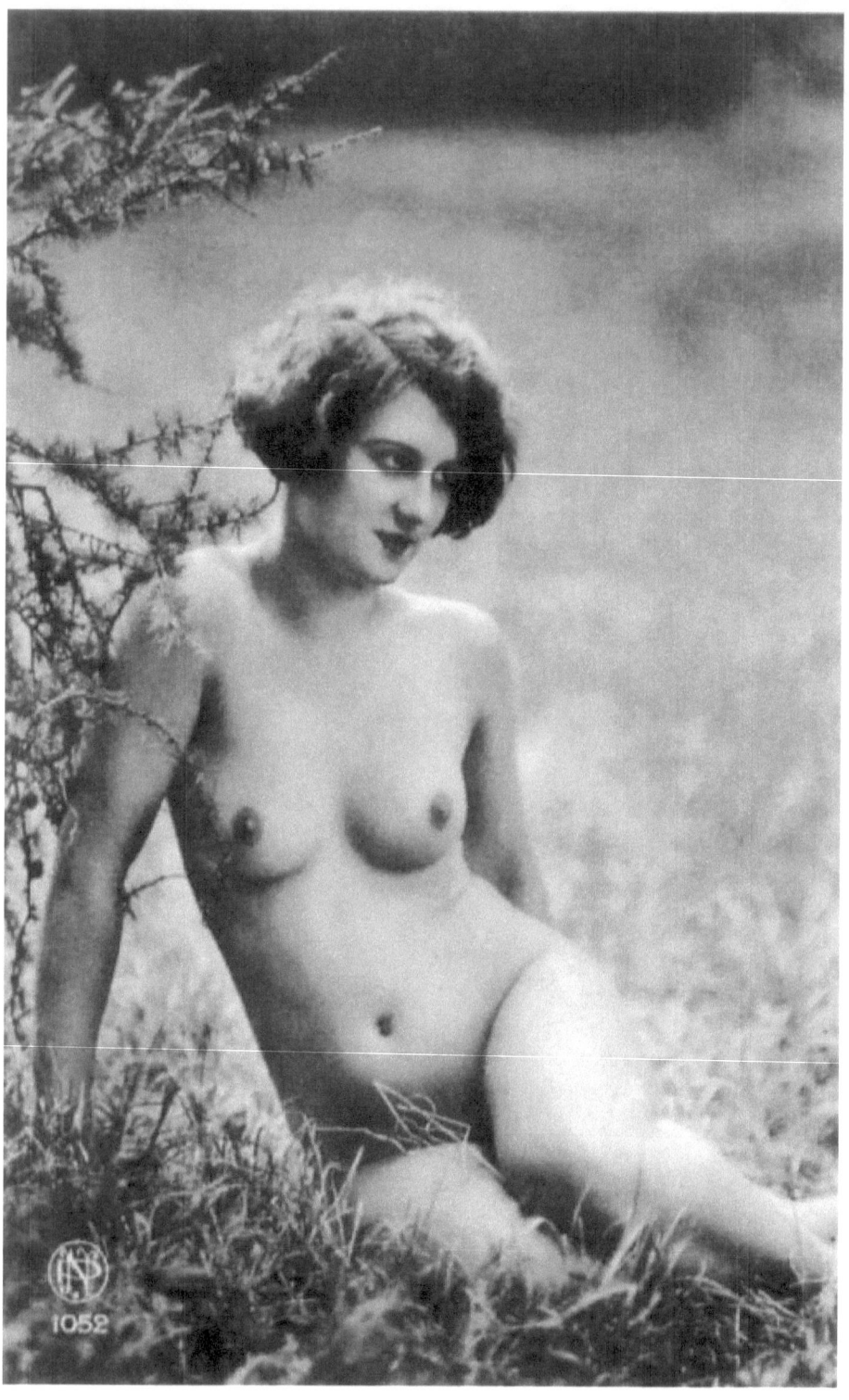

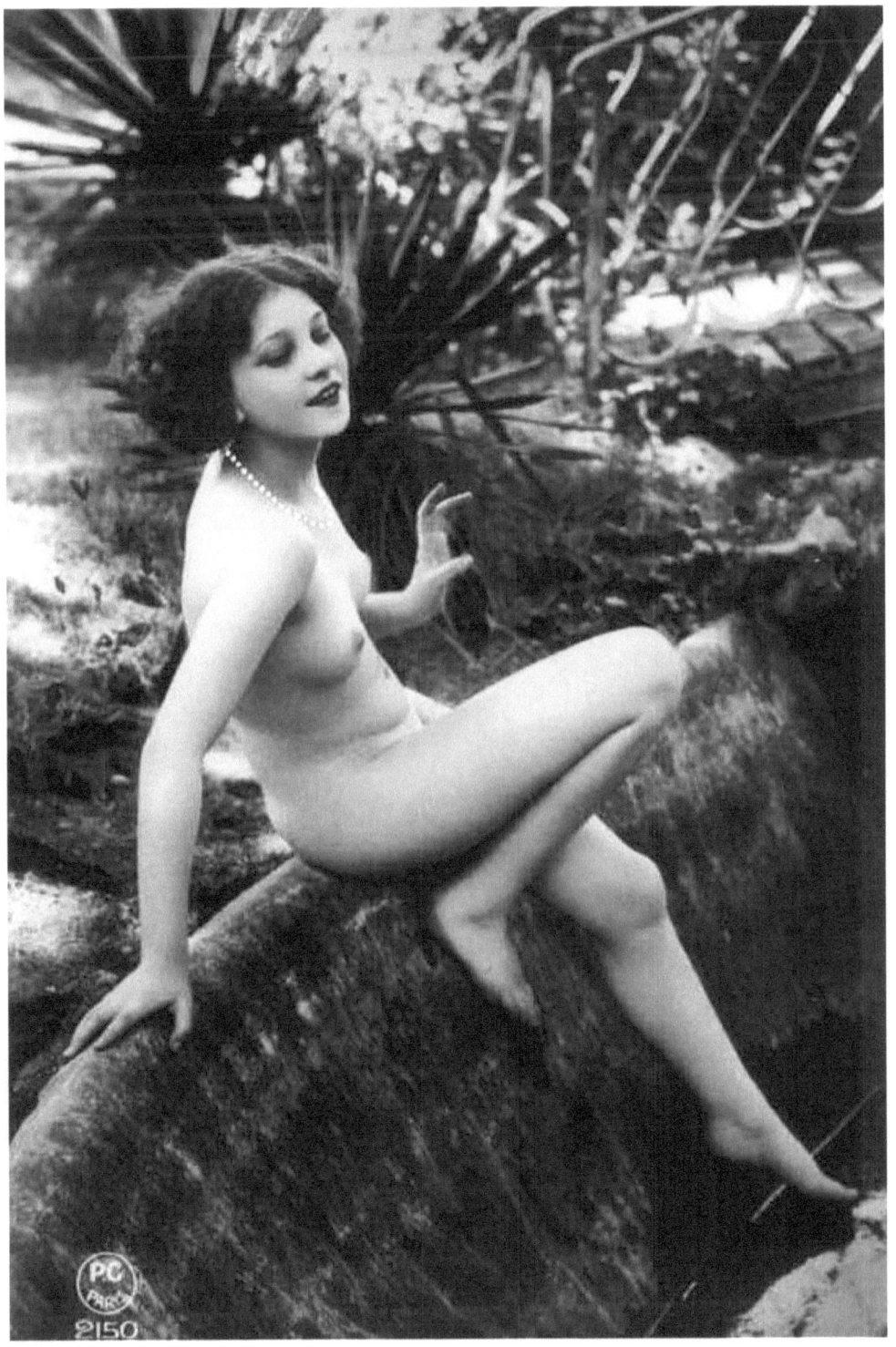

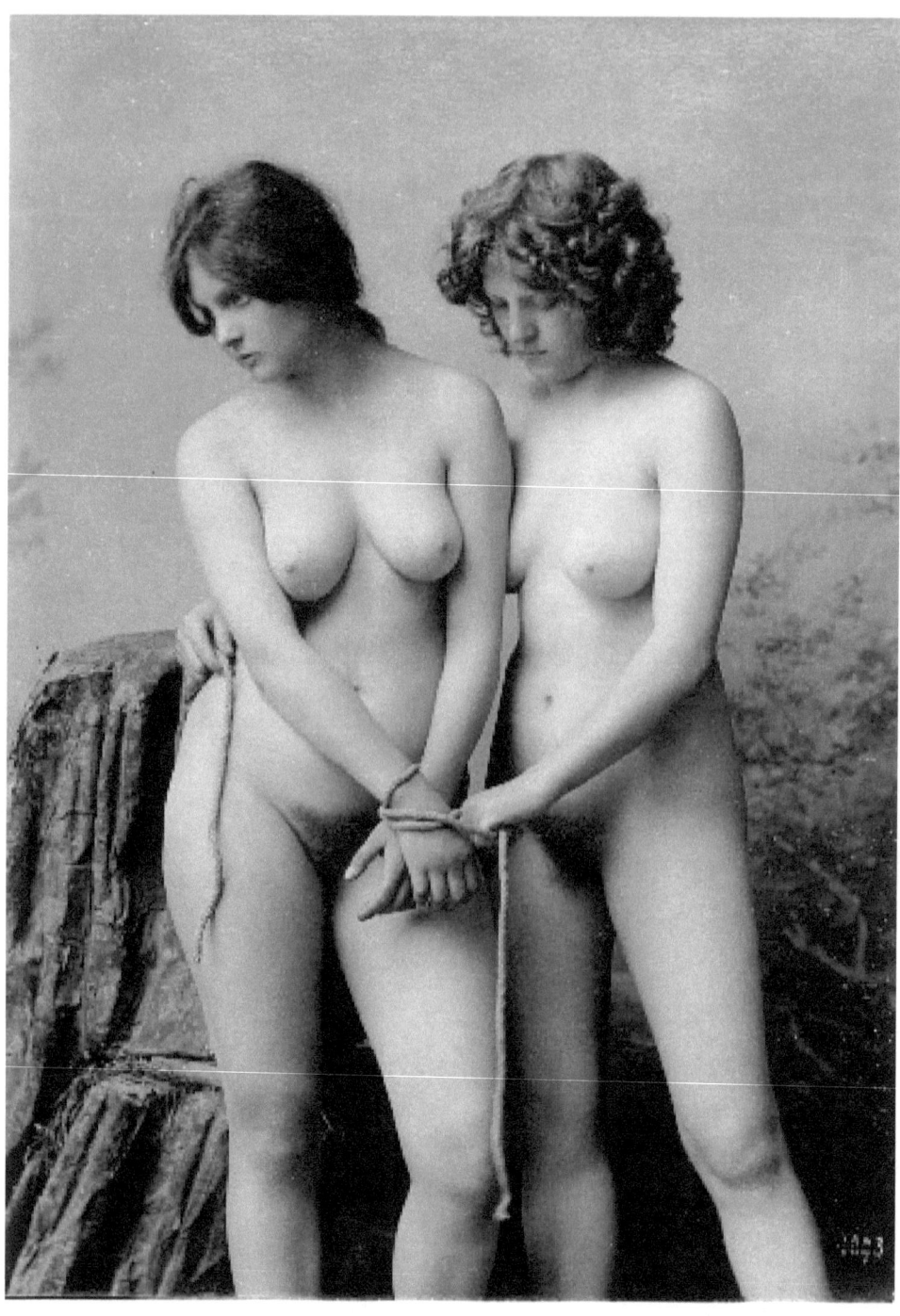

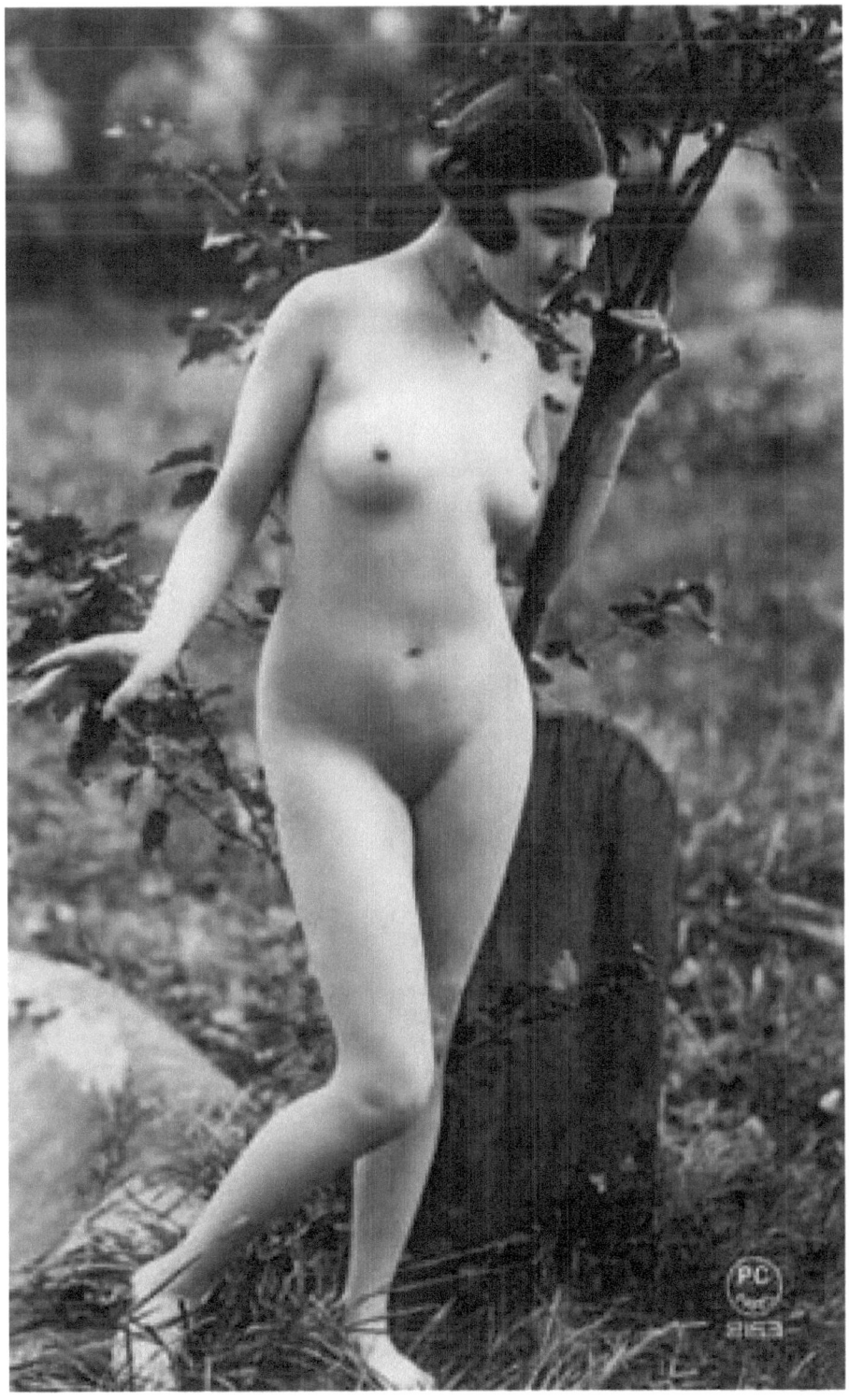

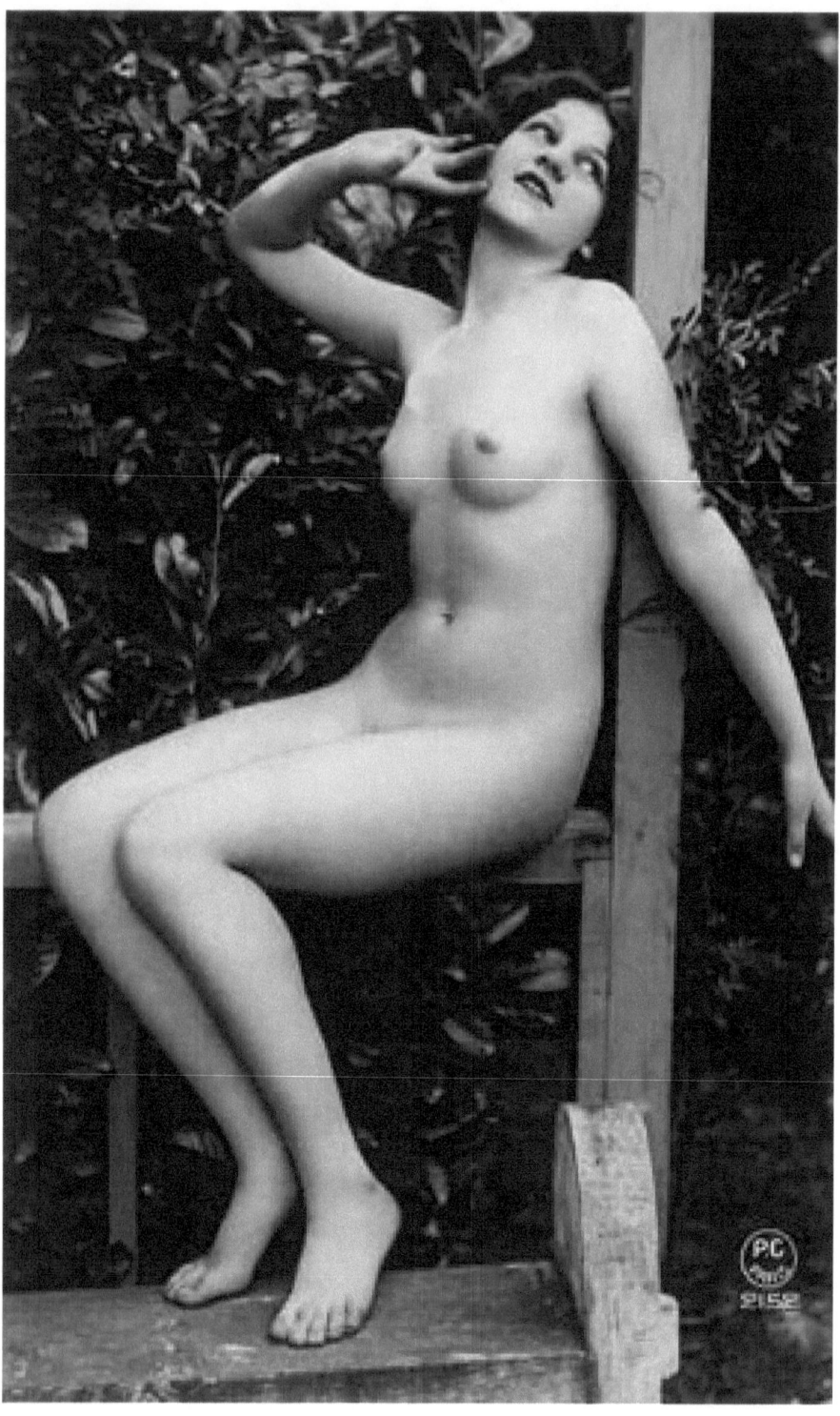

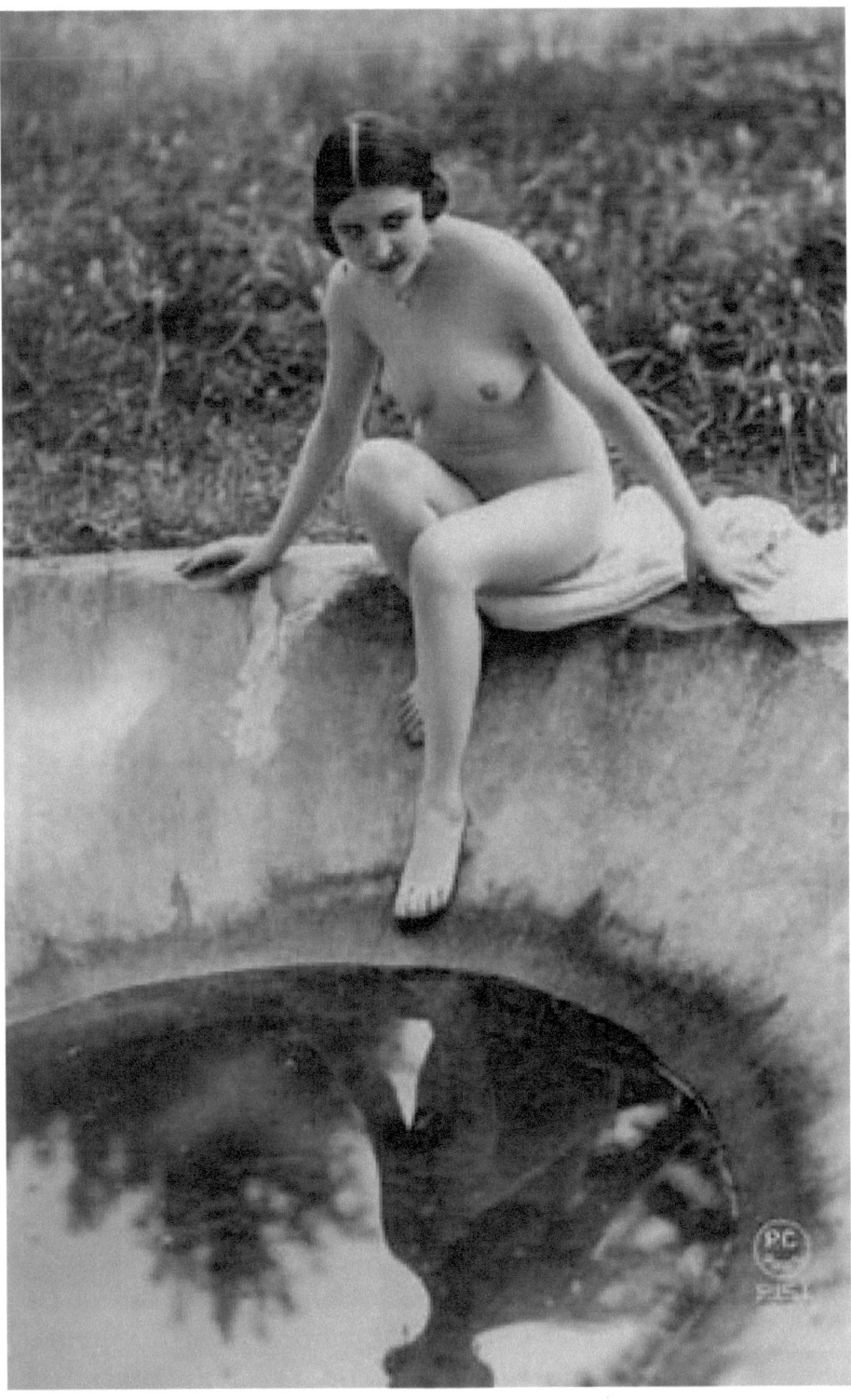

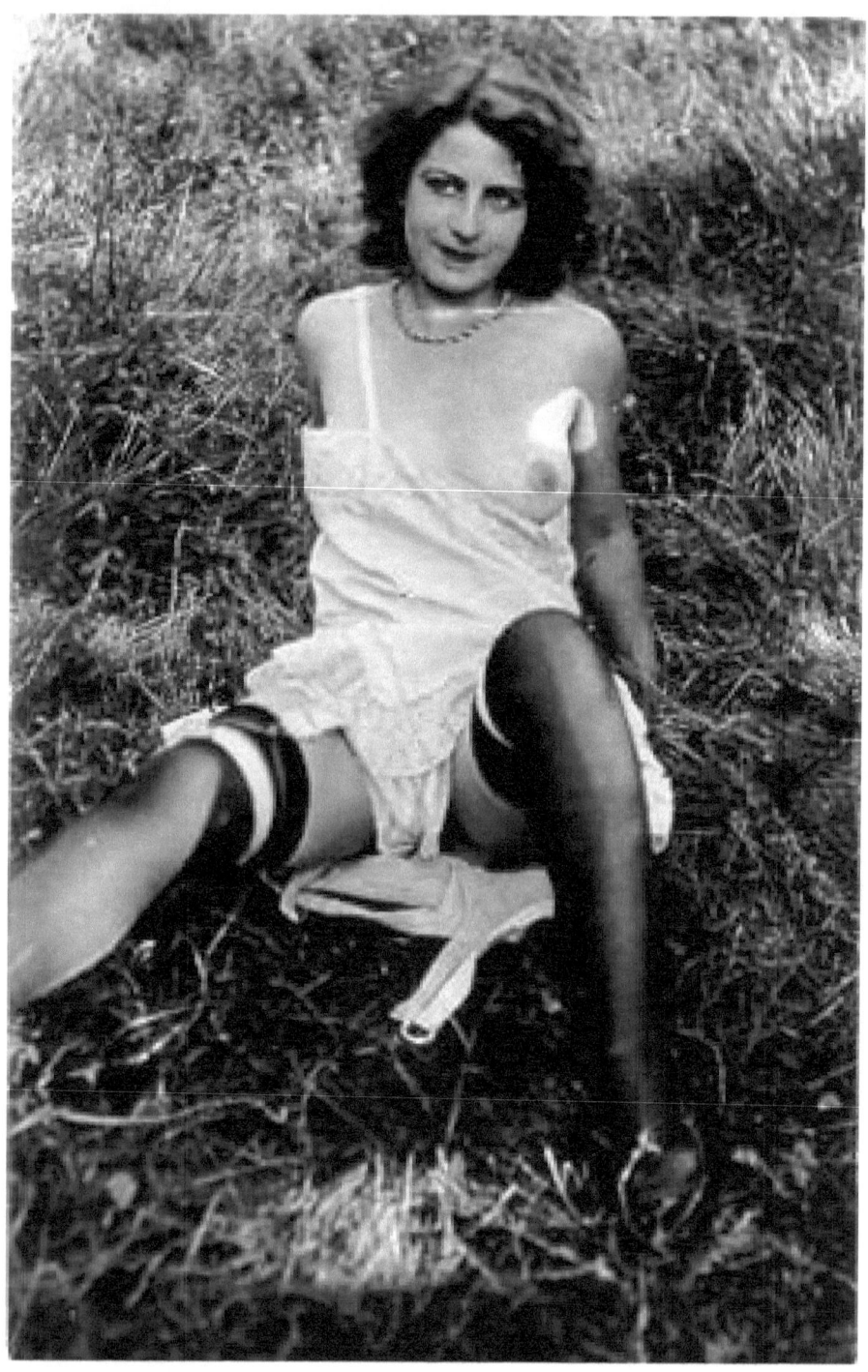

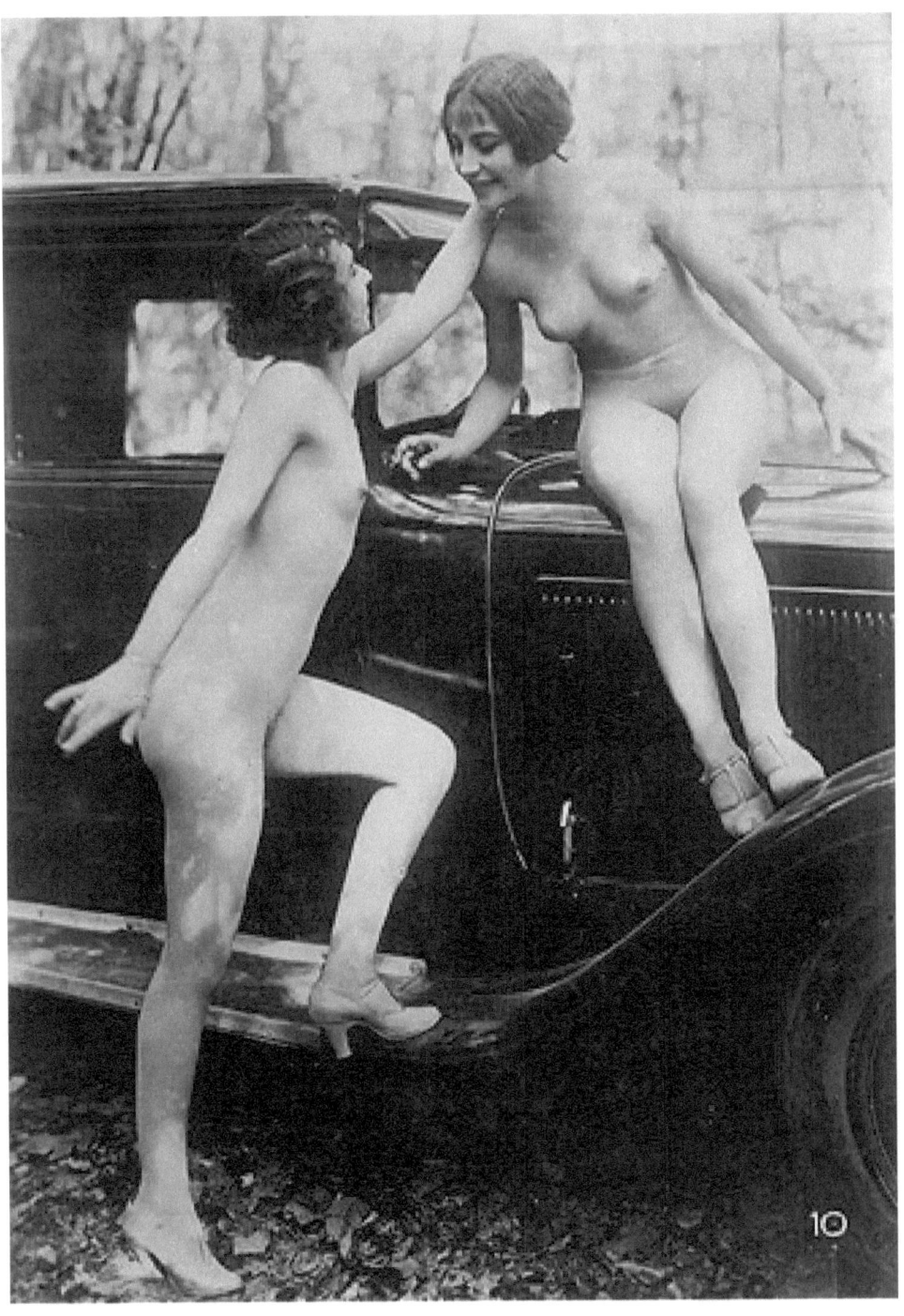

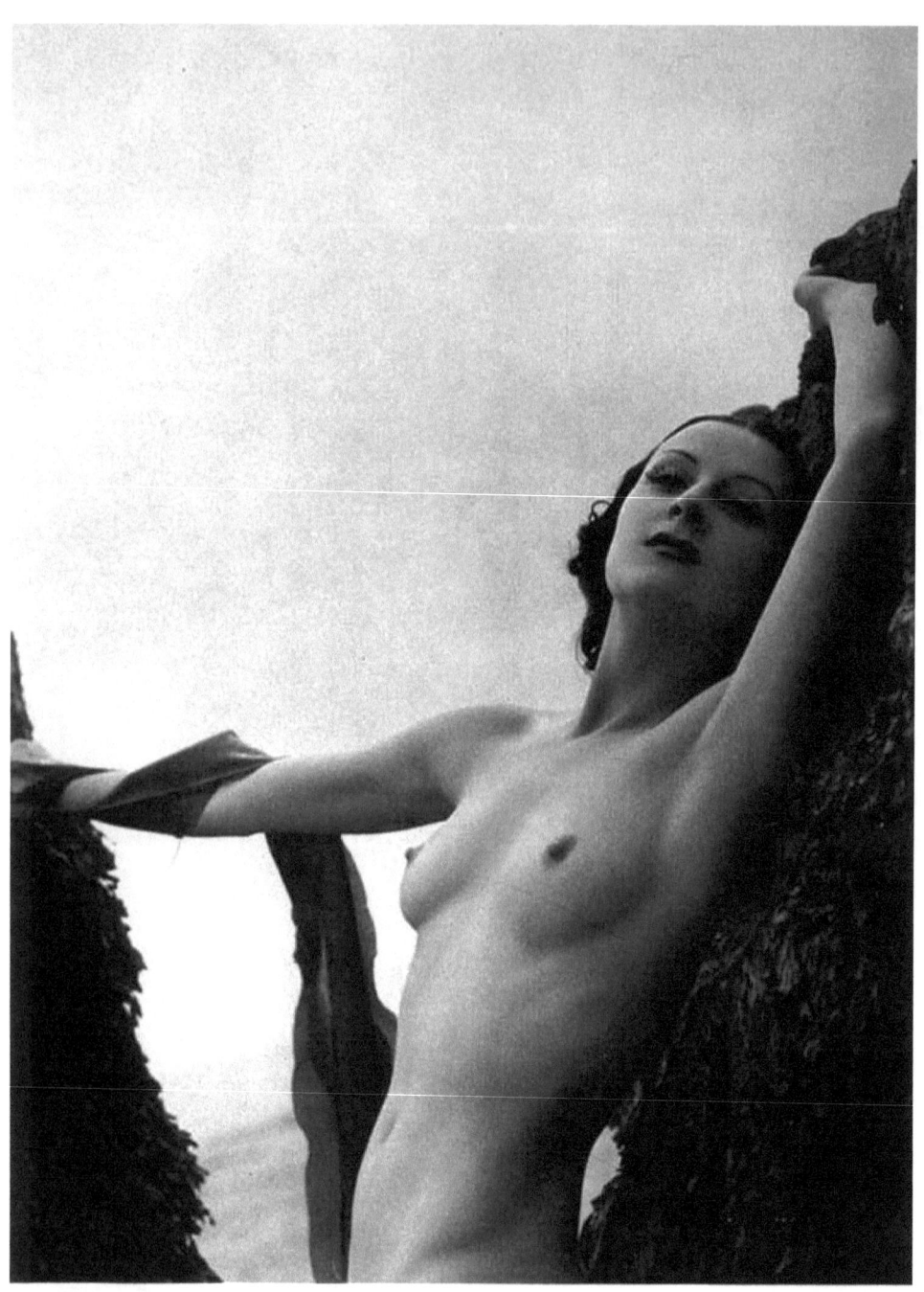

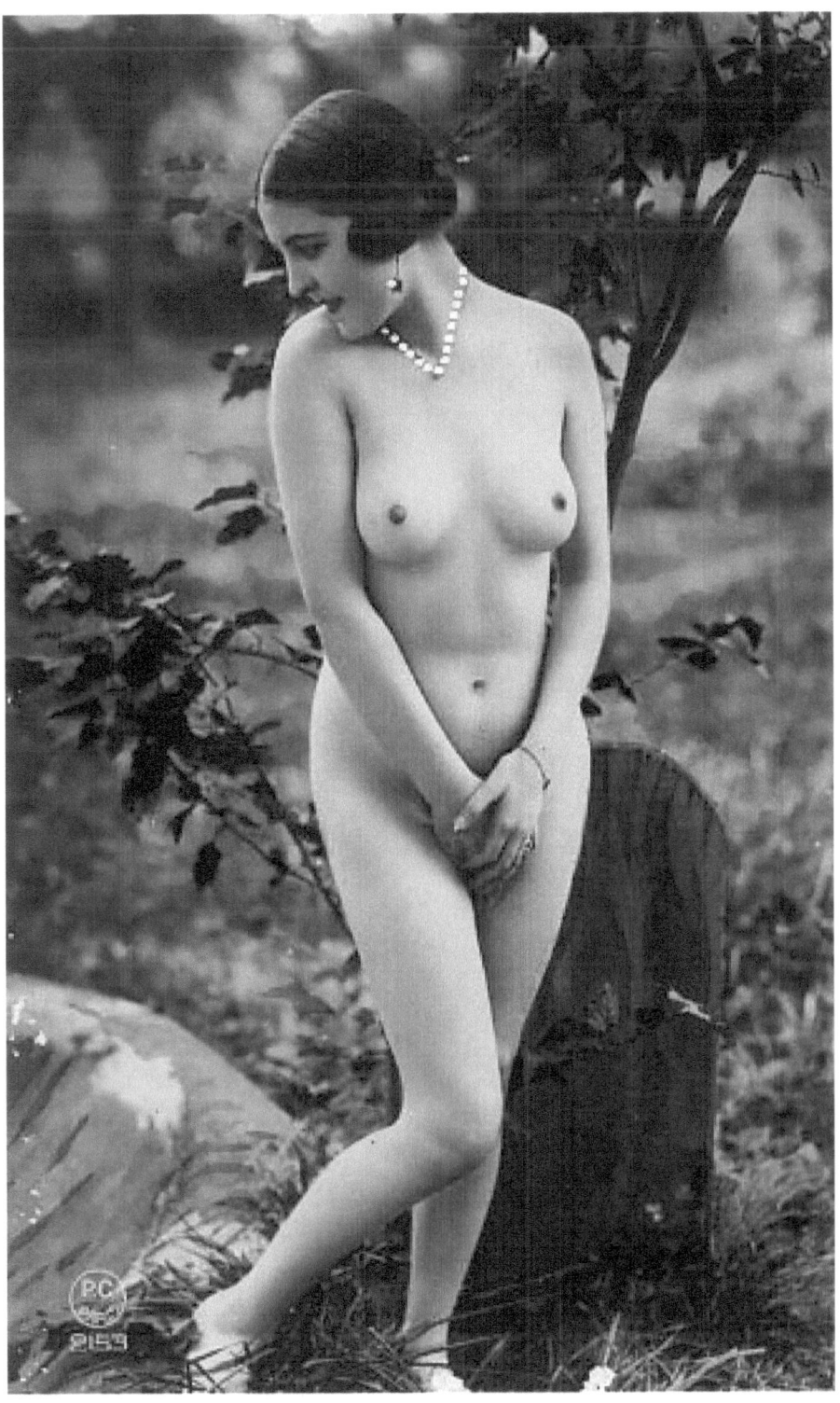

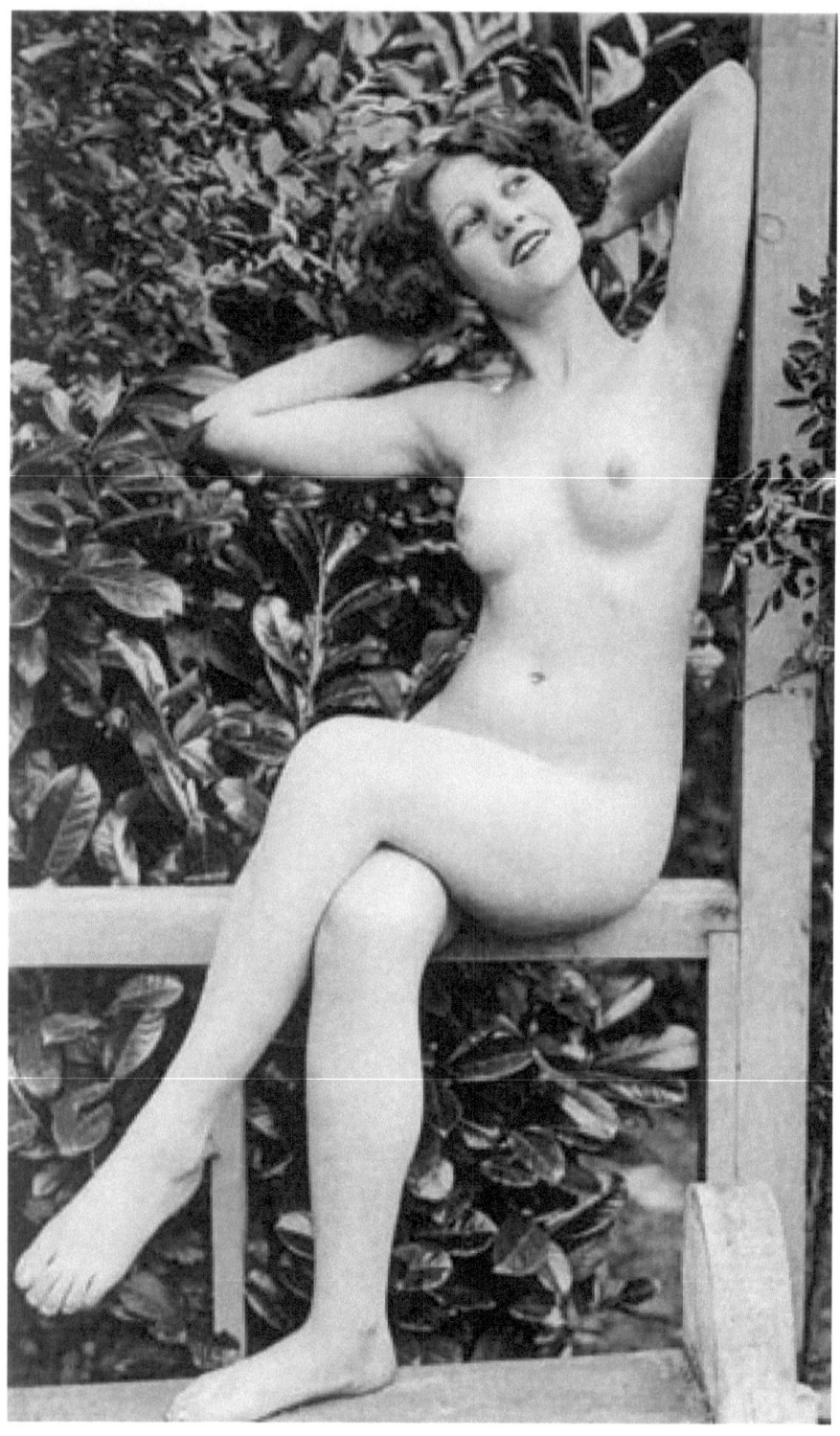

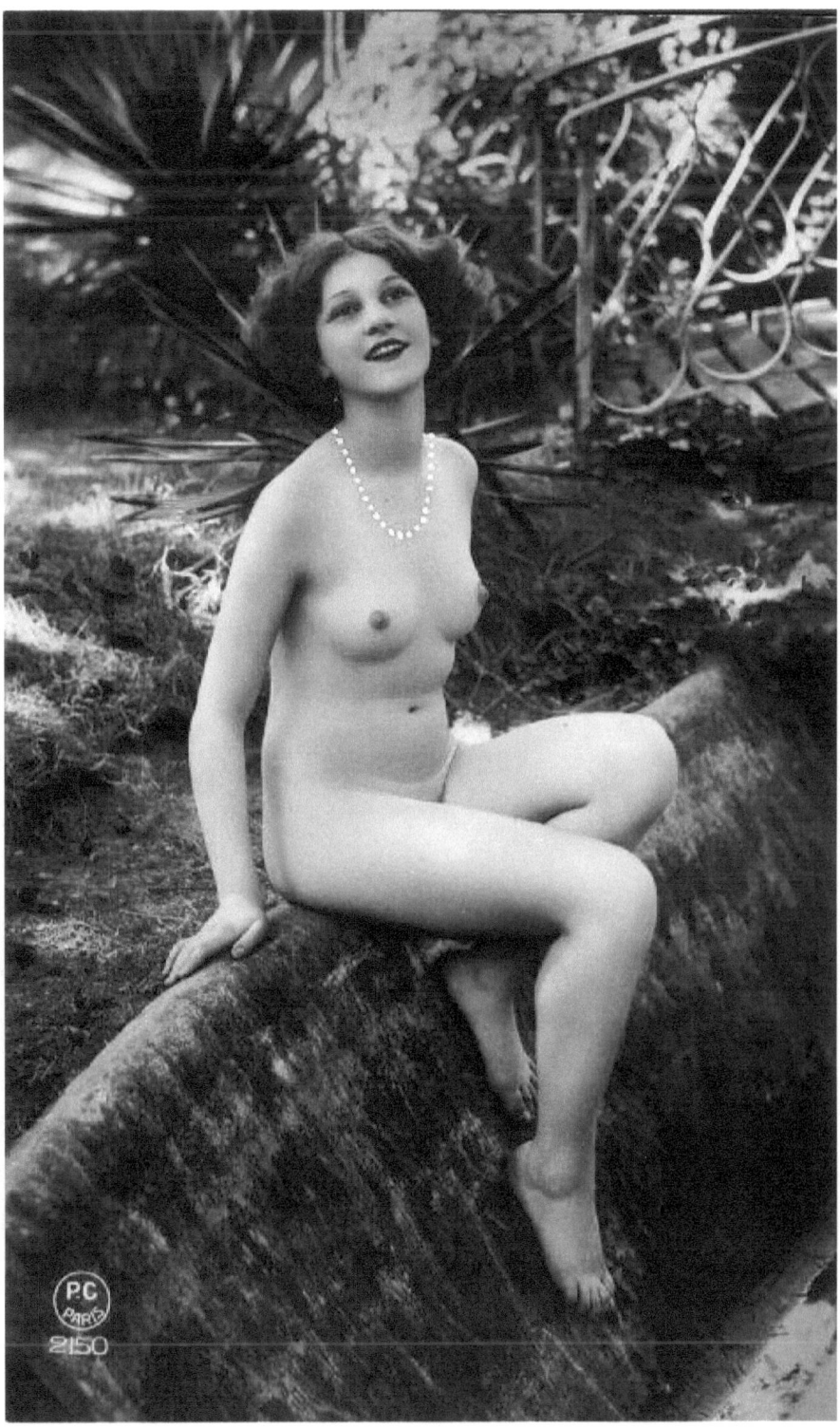

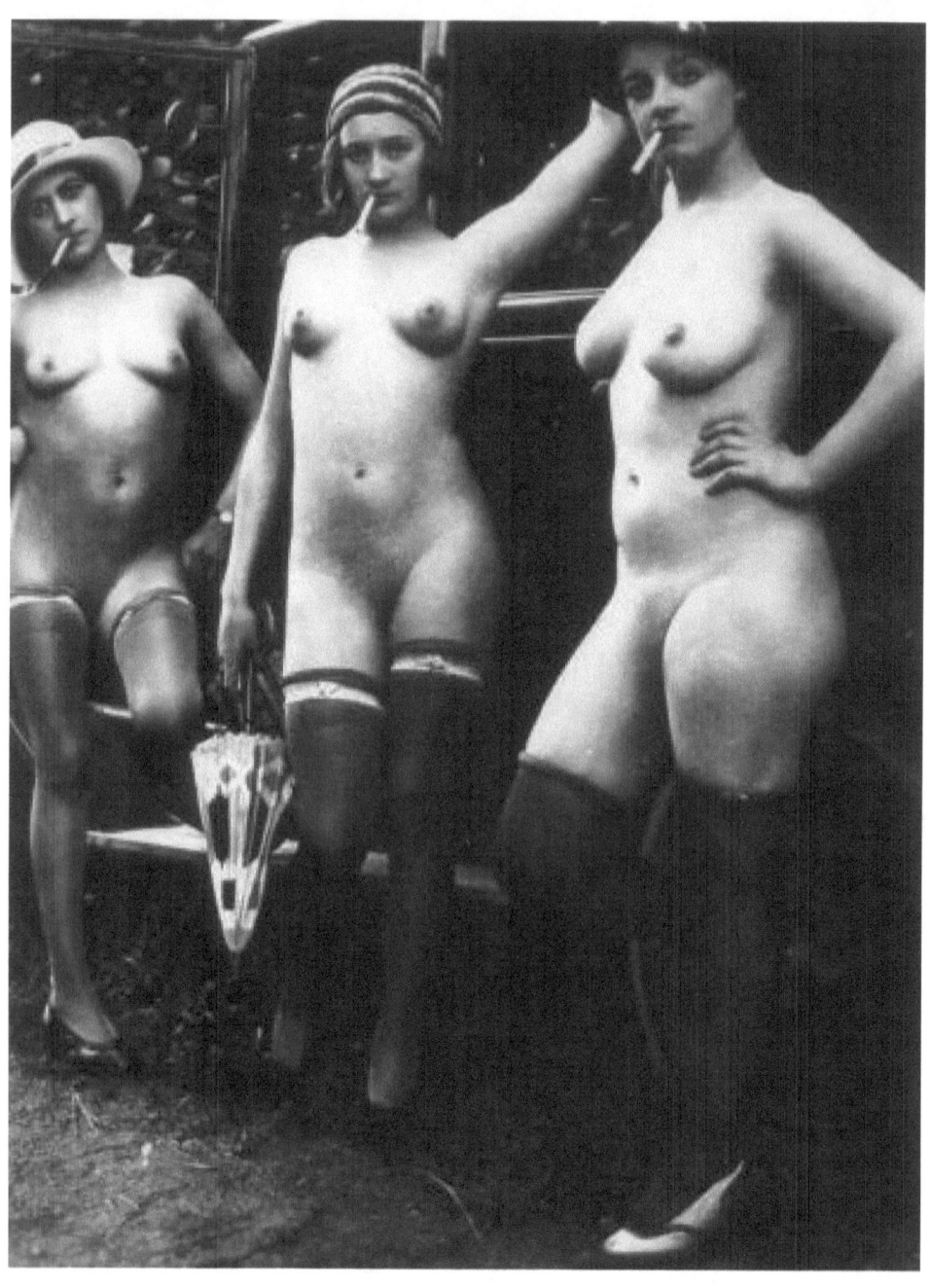

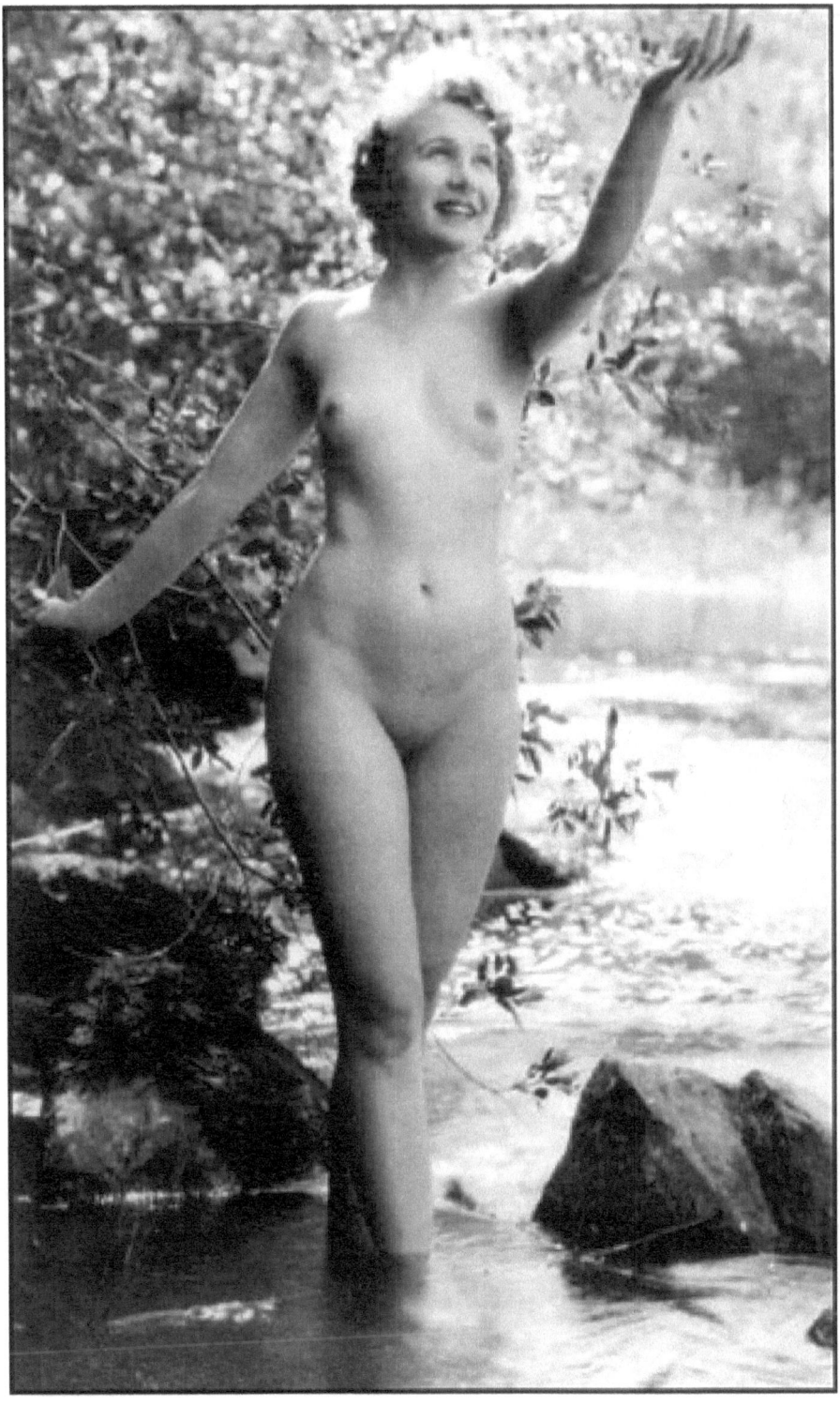

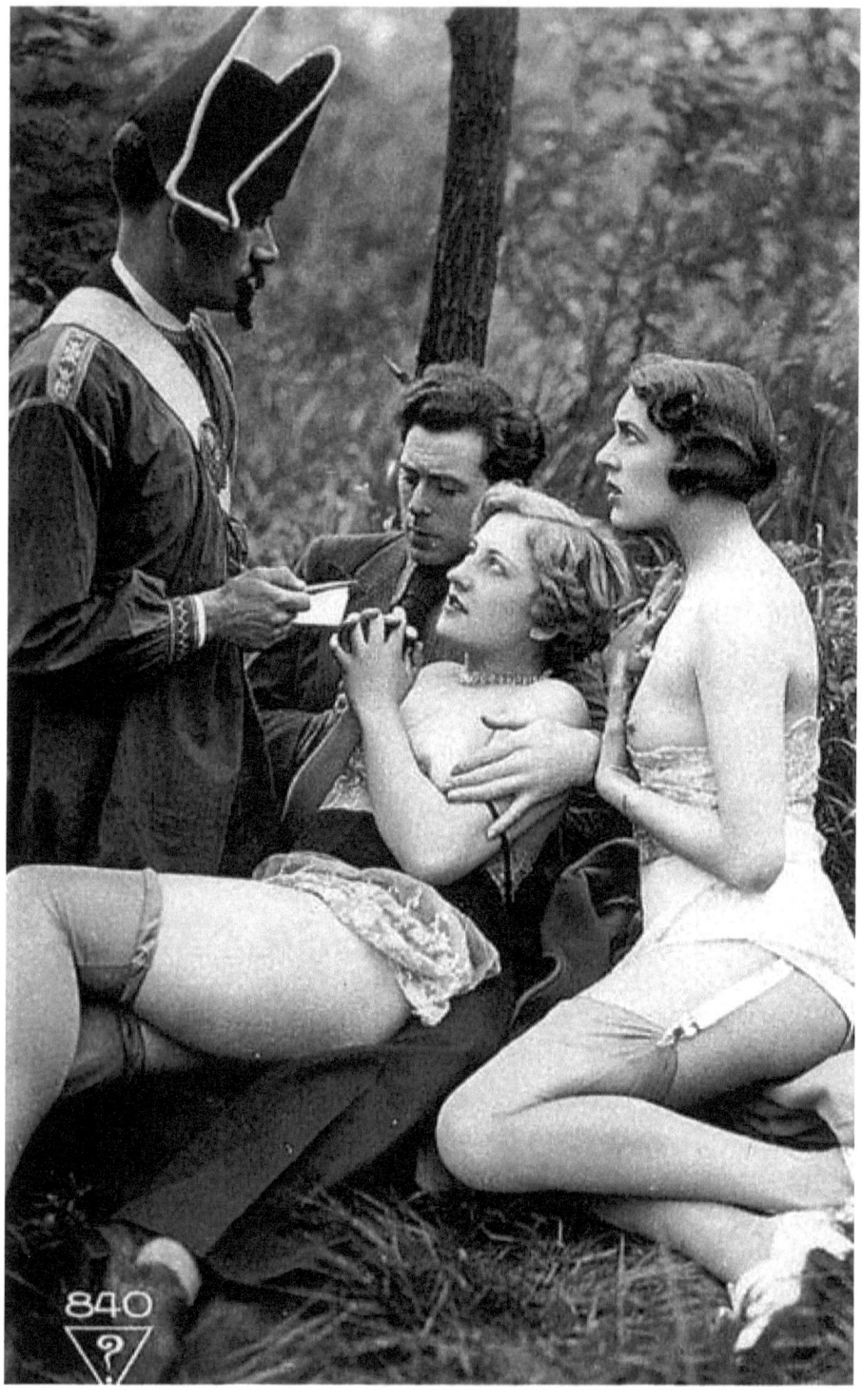

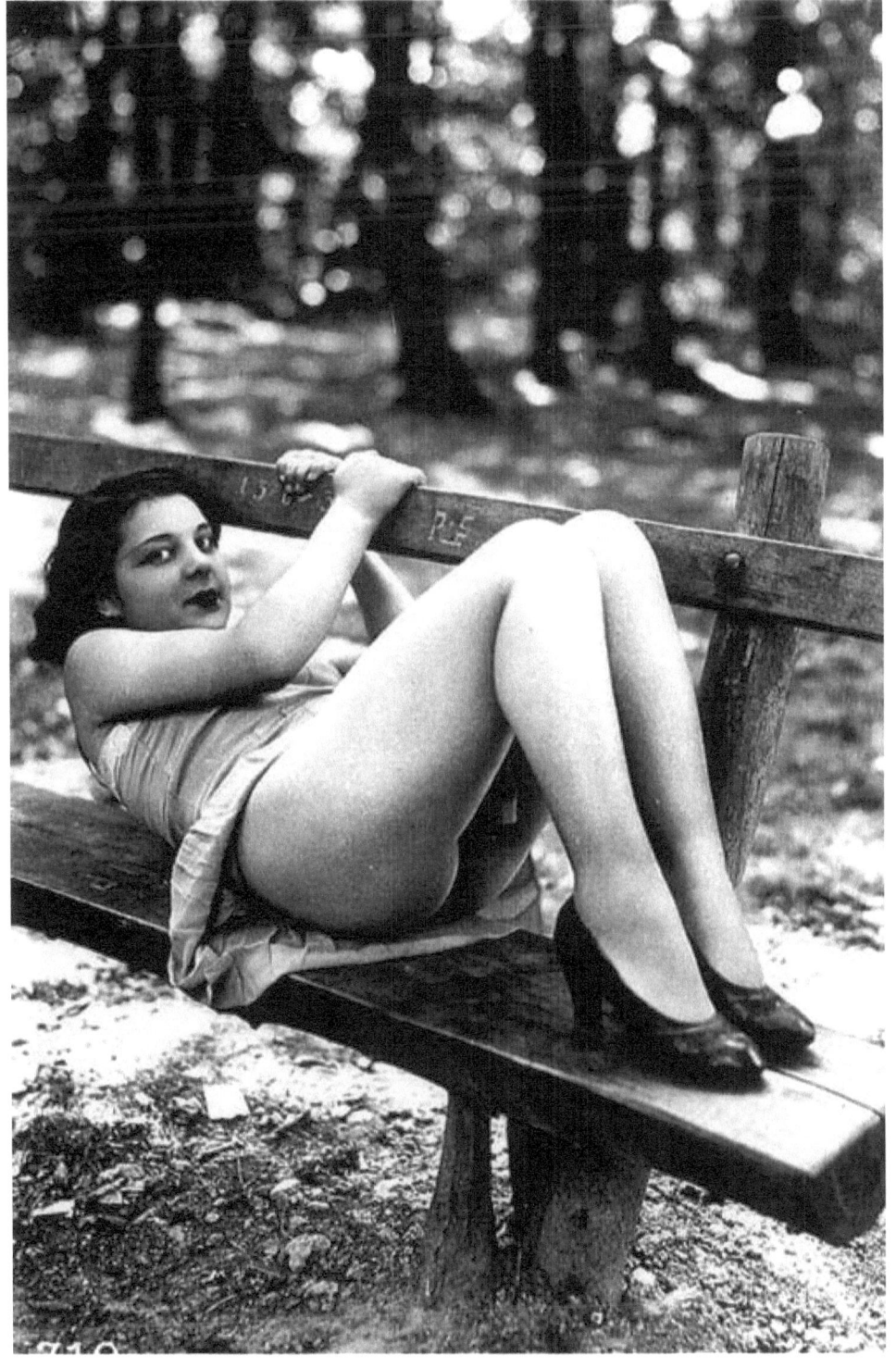

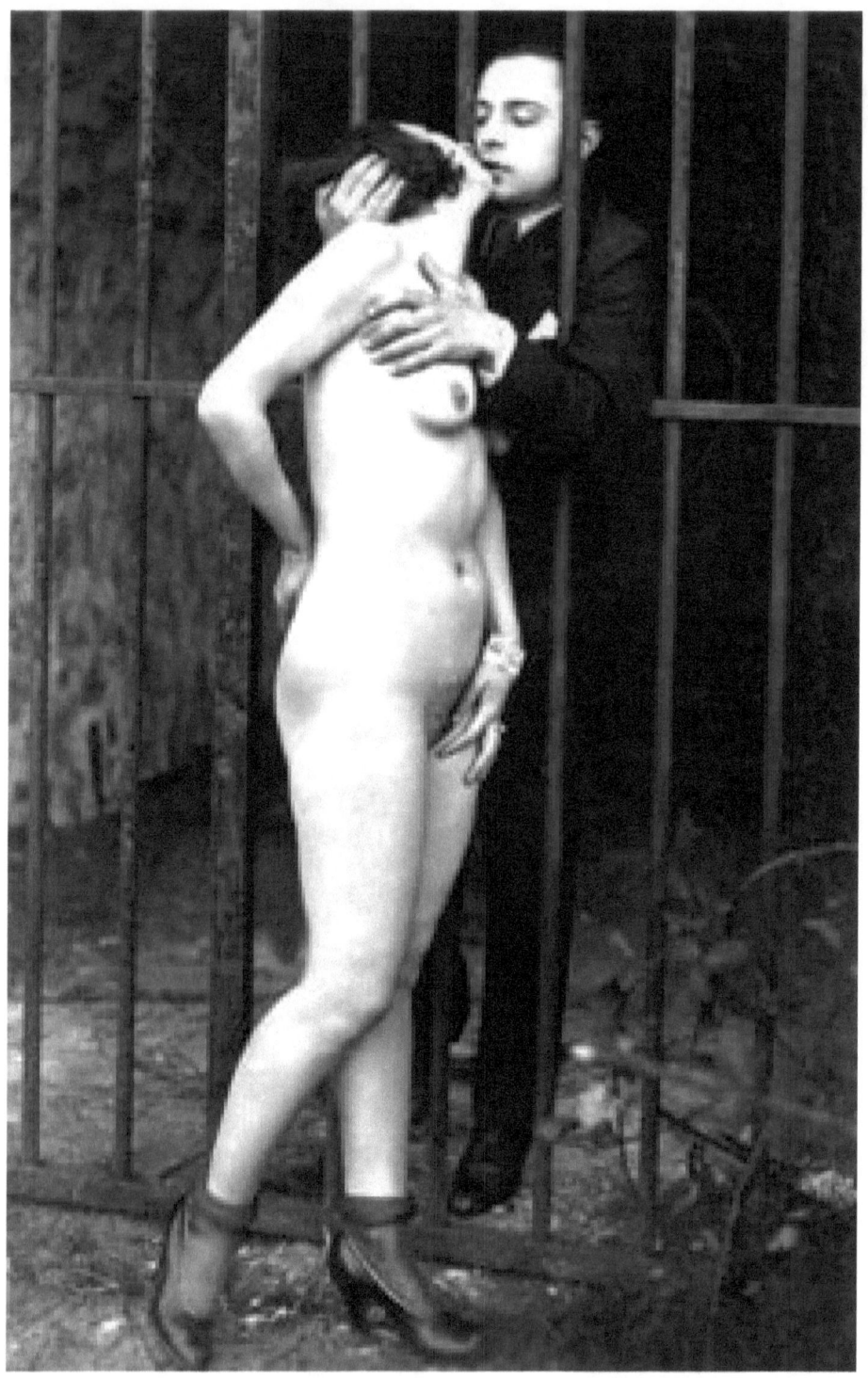

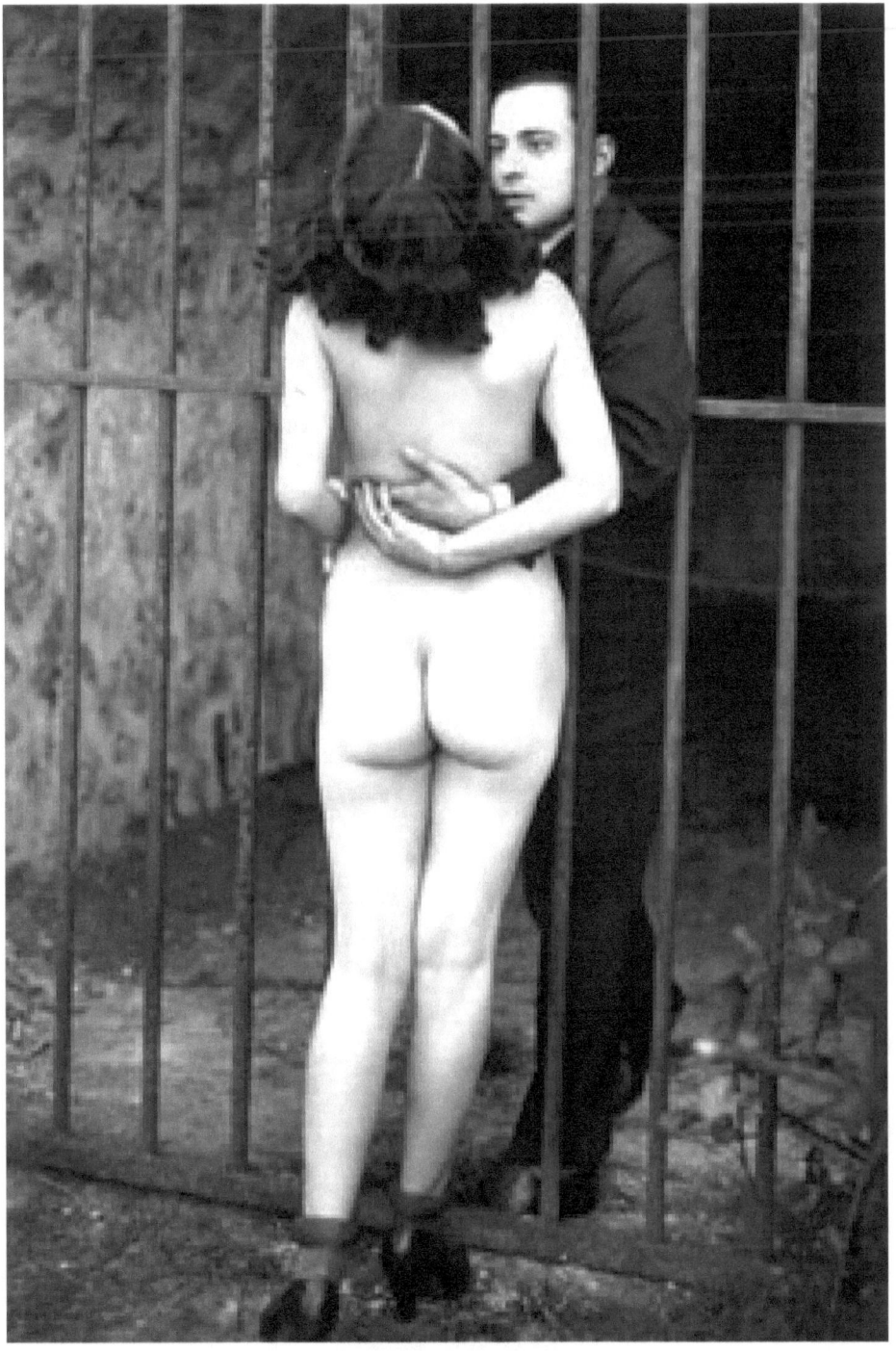

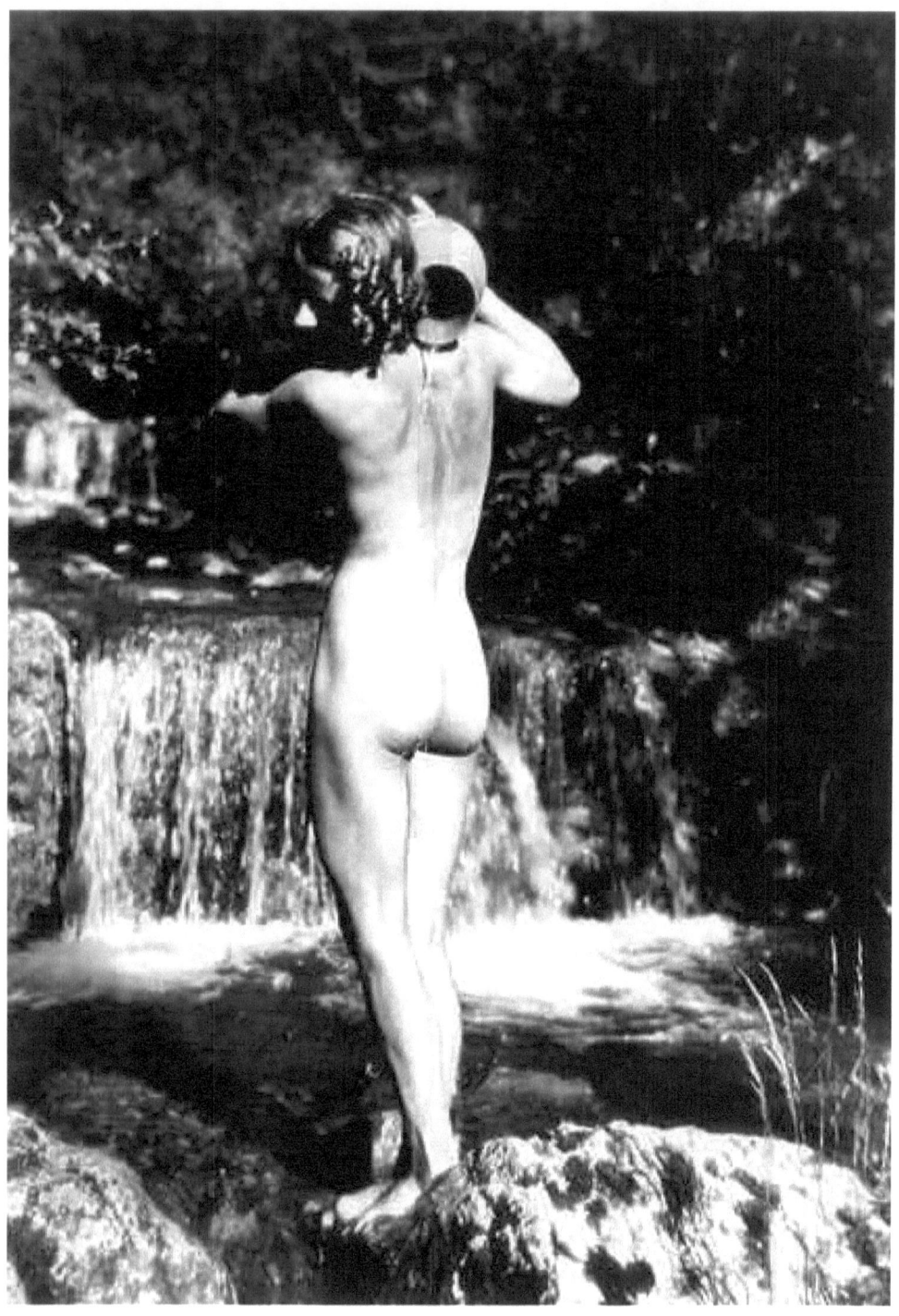

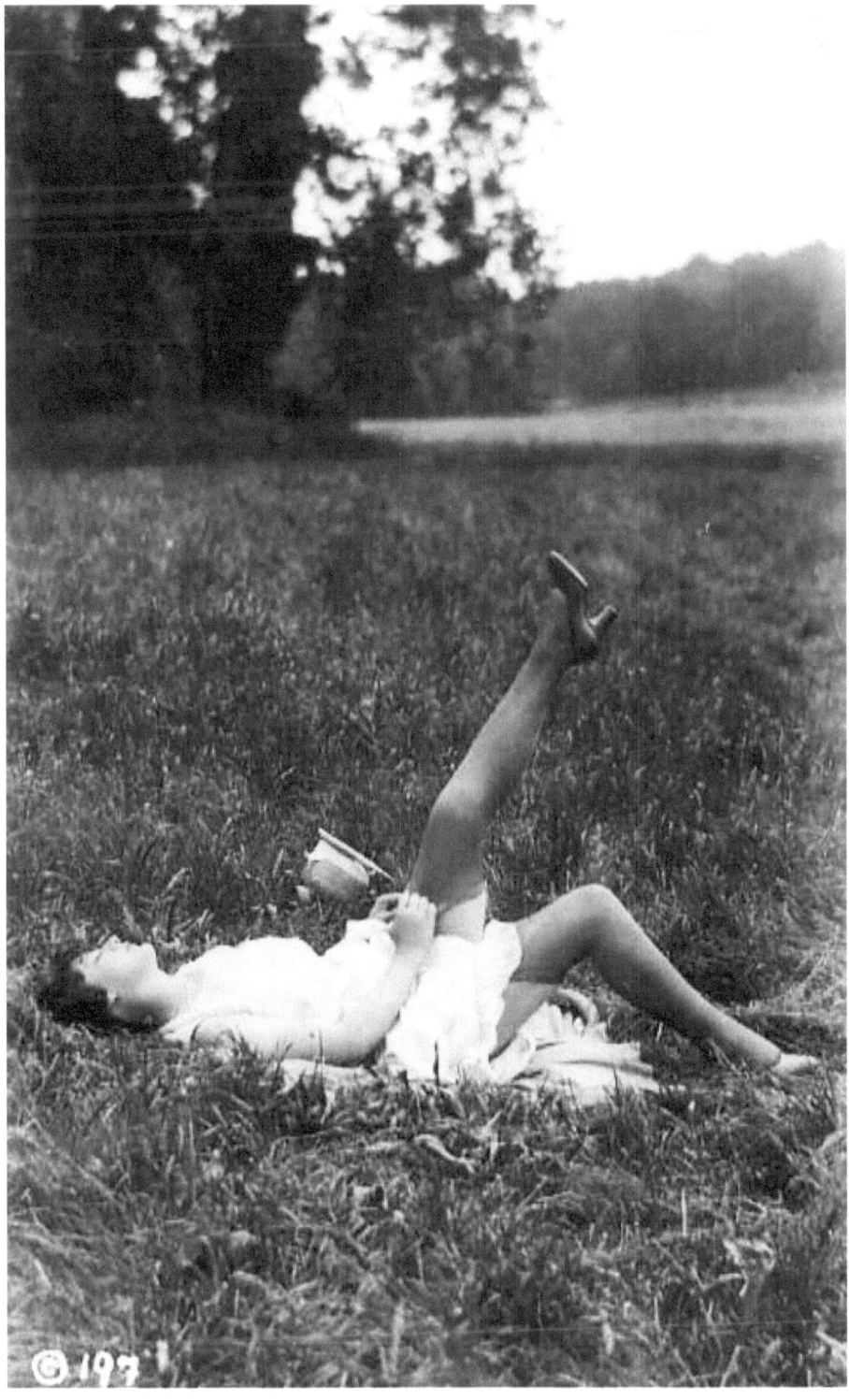

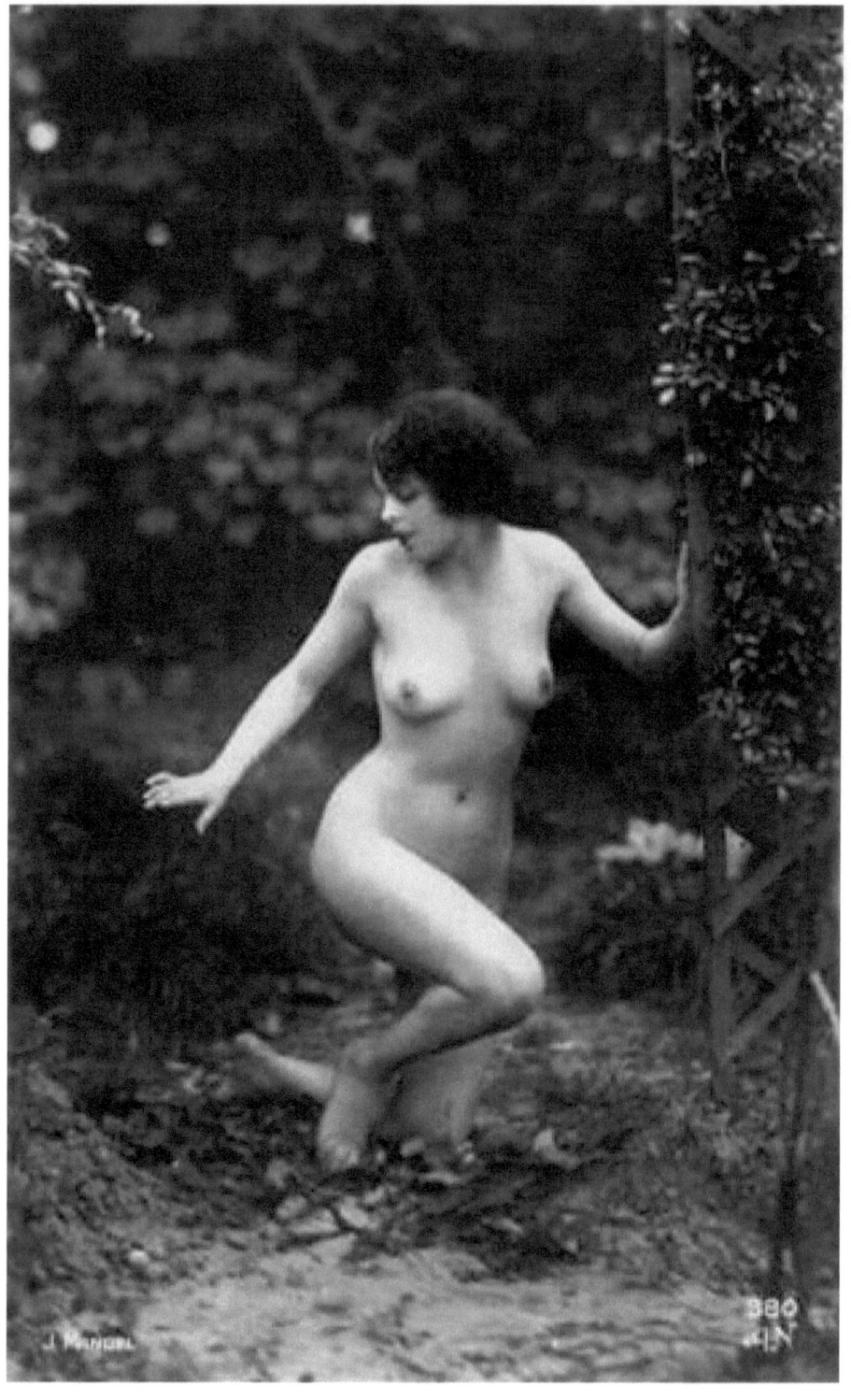

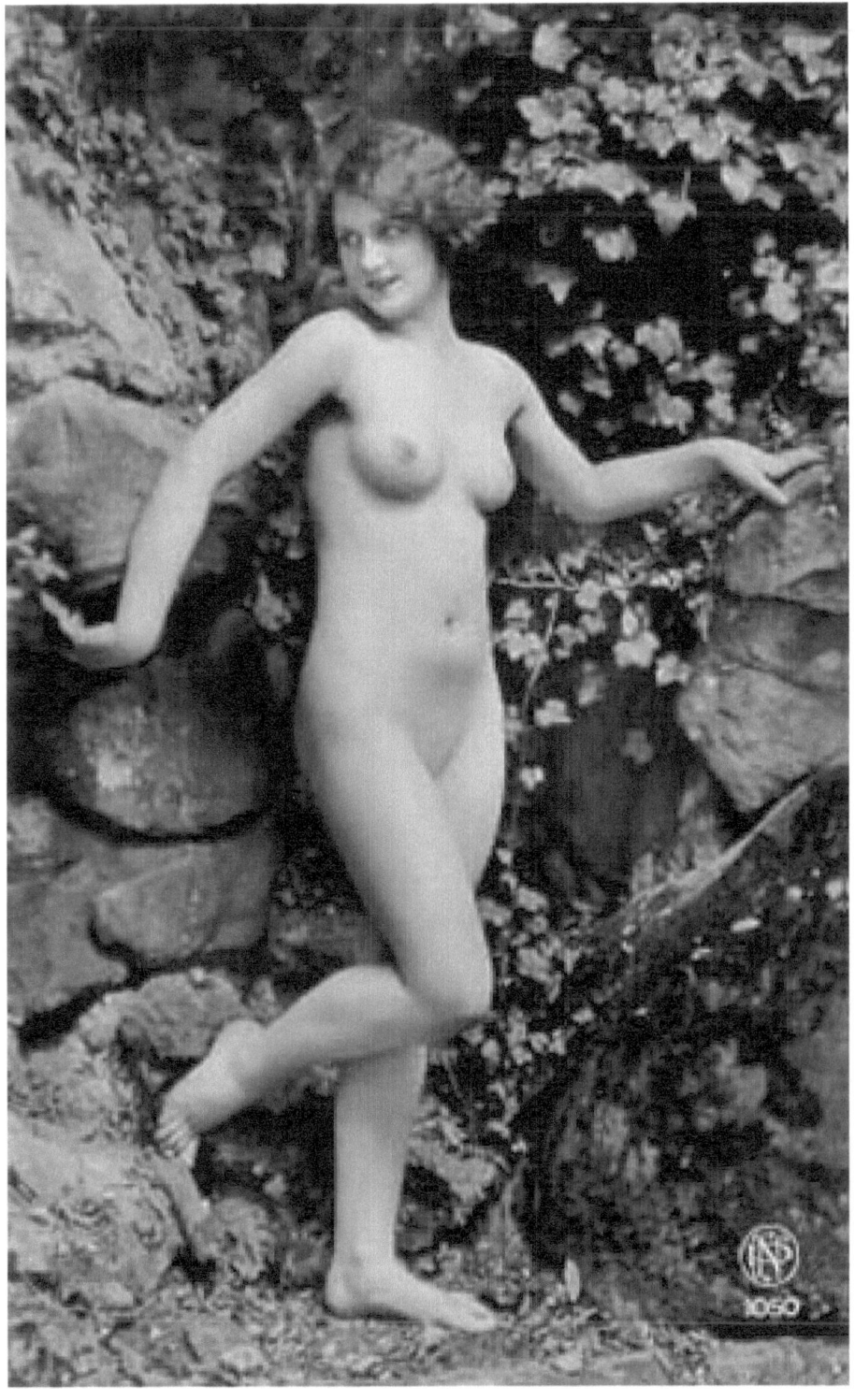

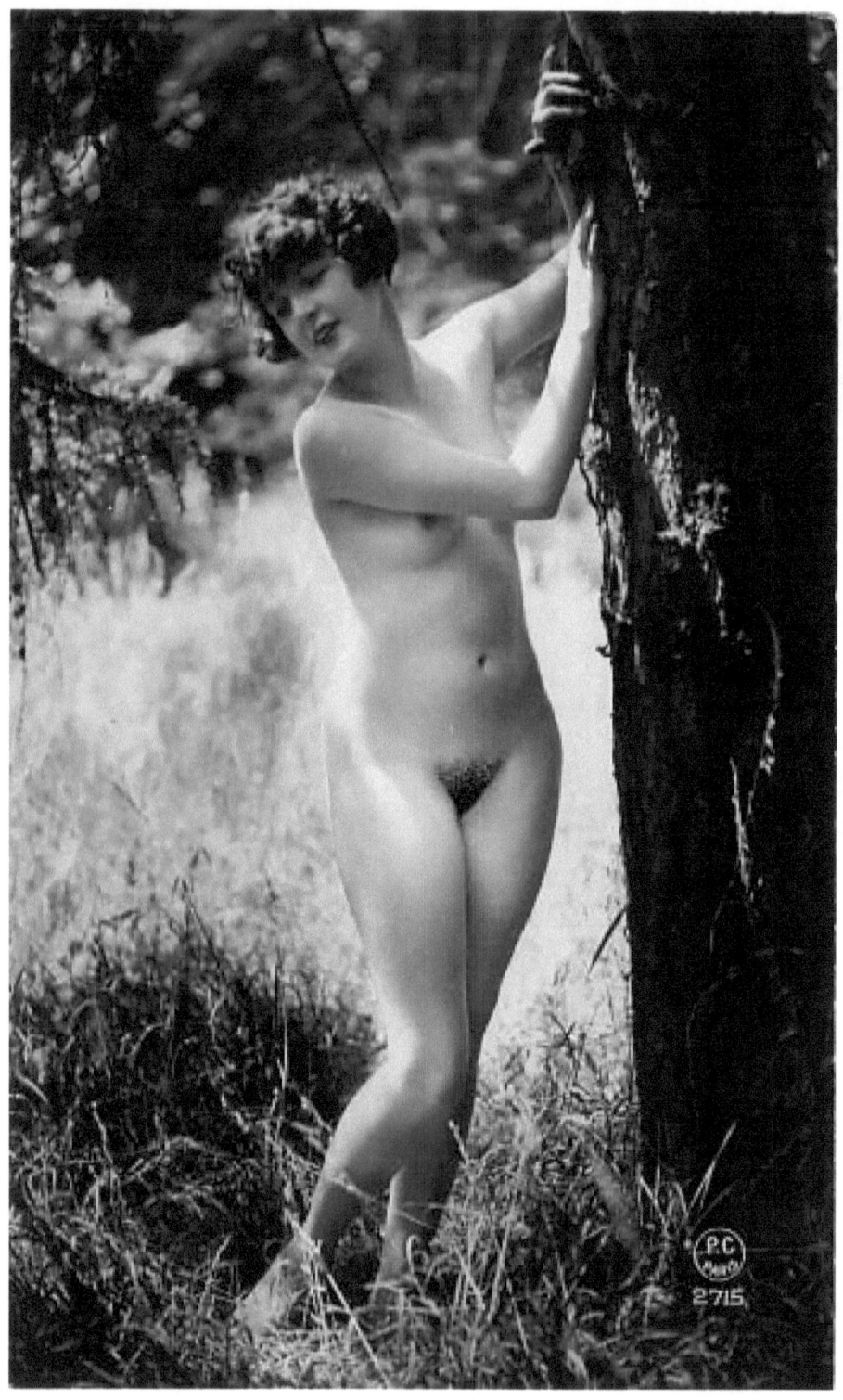

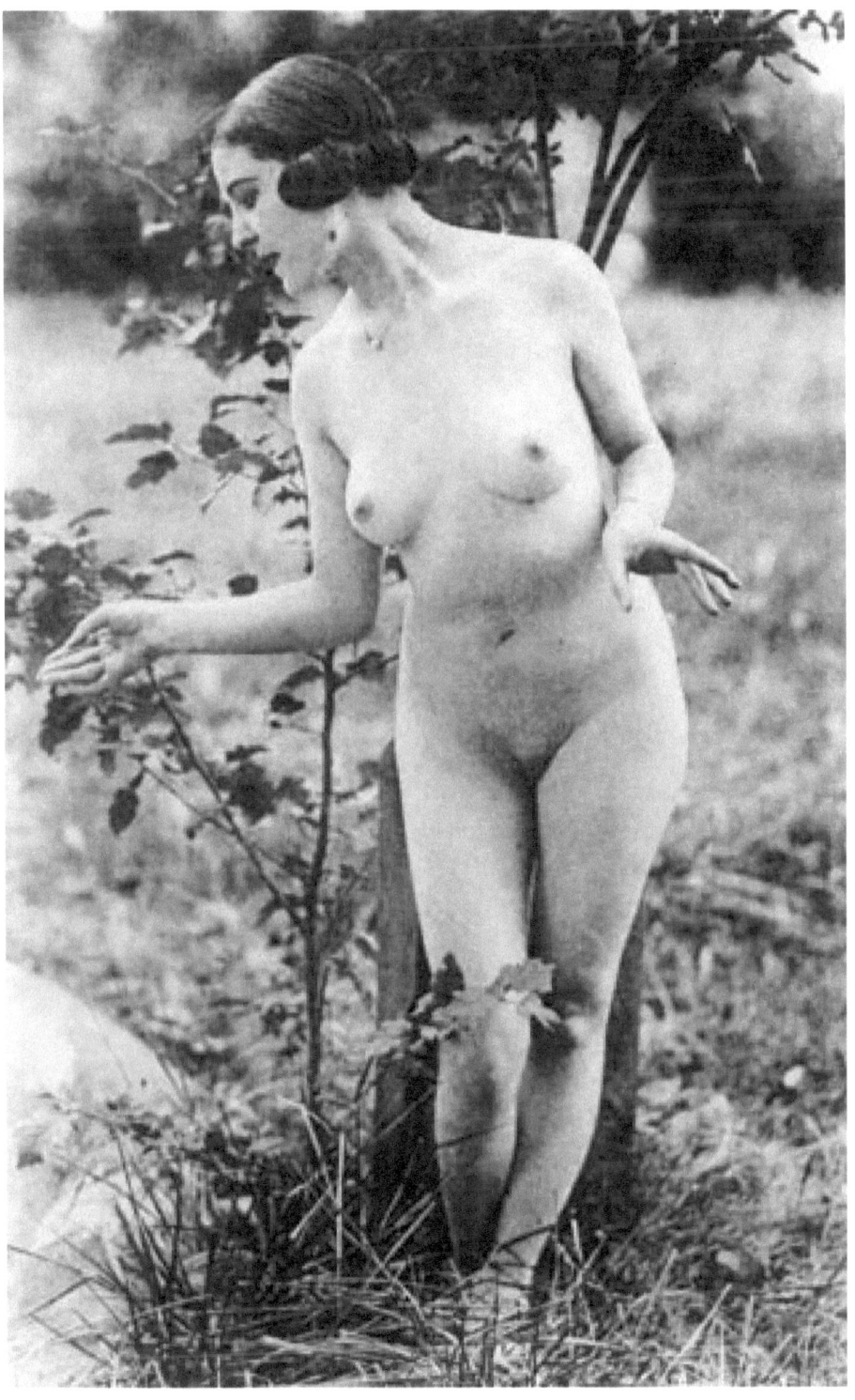

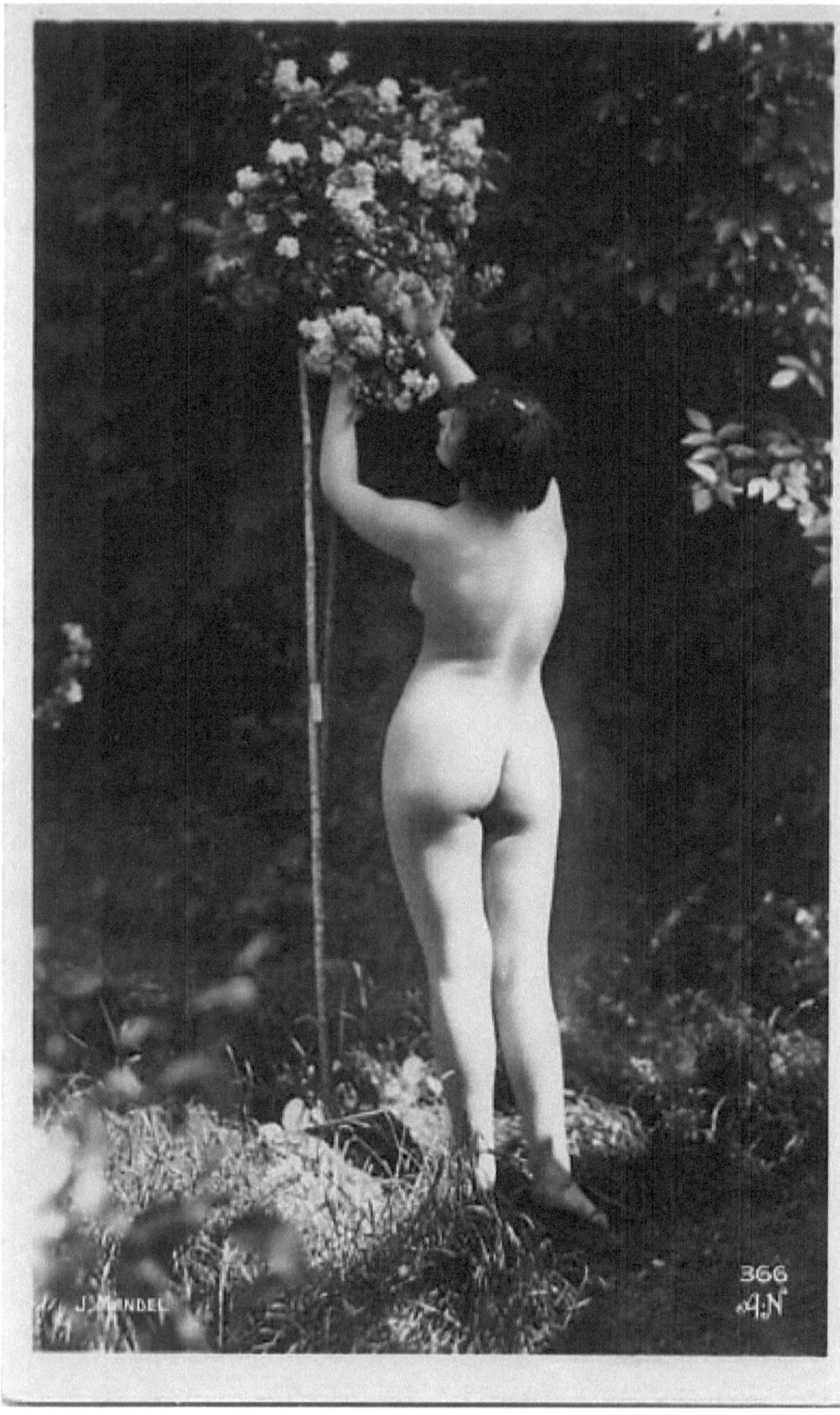

J. MANDEL

366
A.N

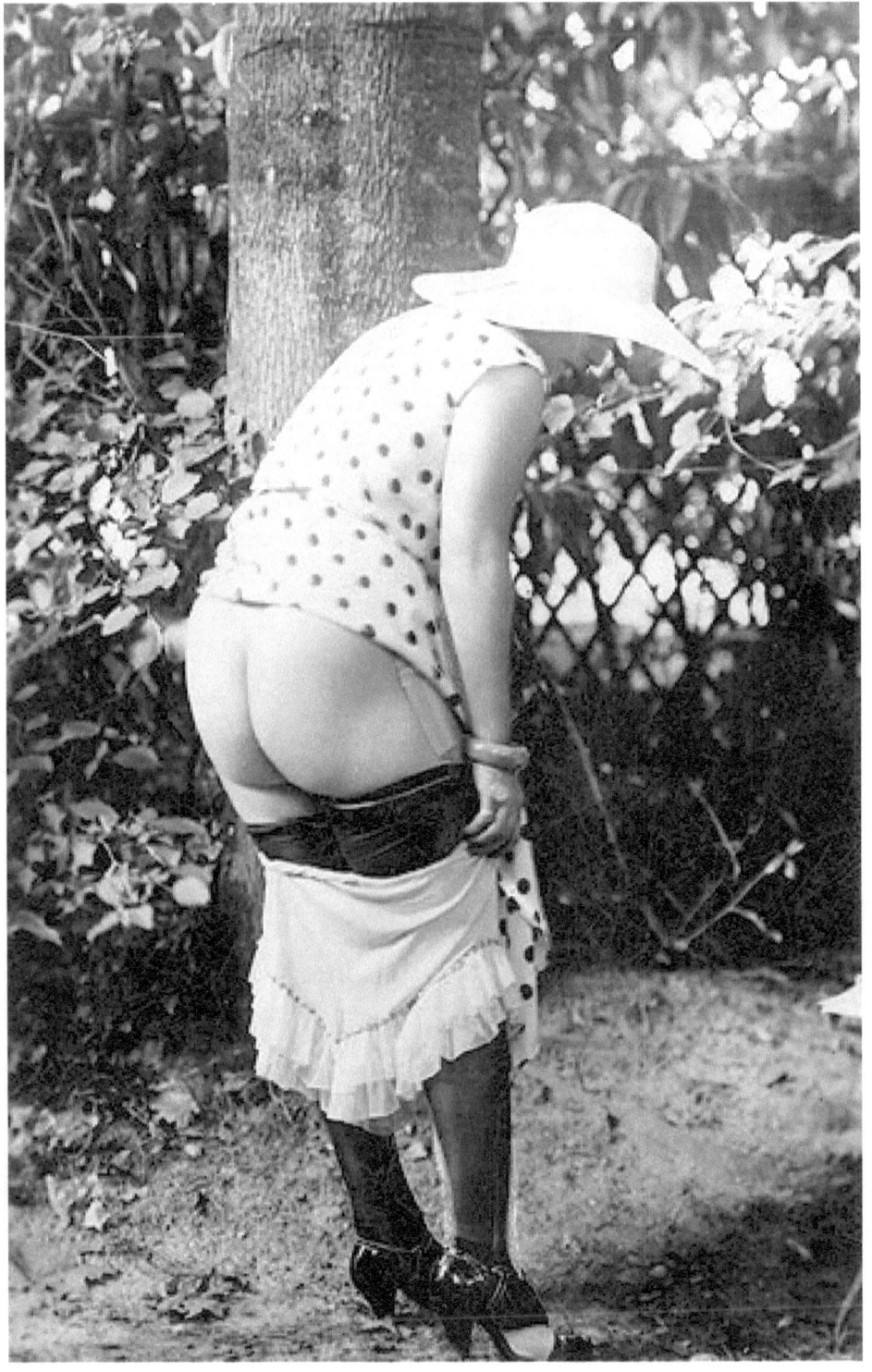

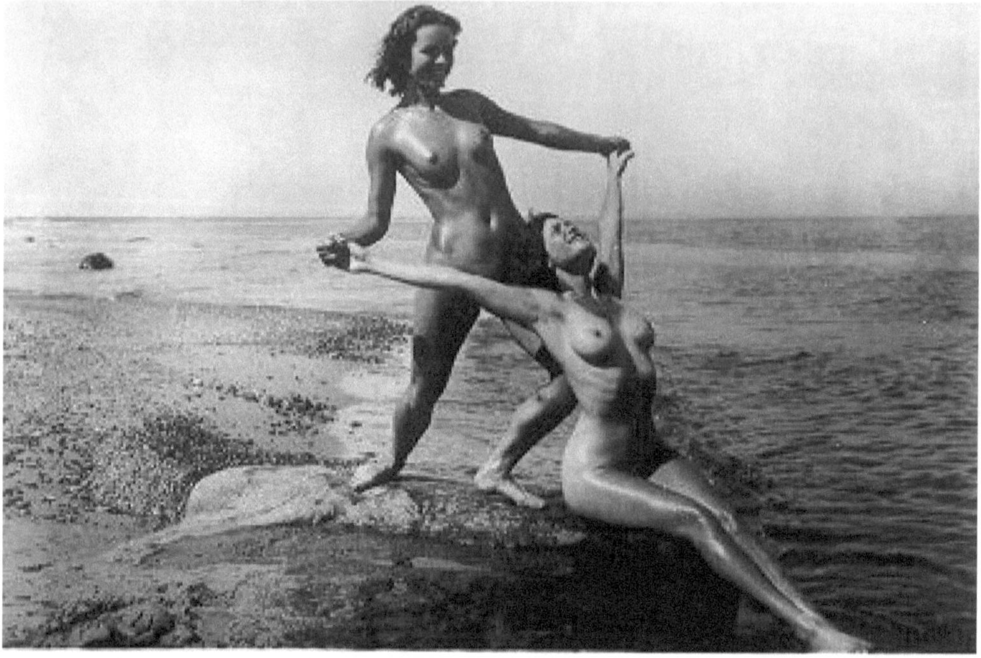

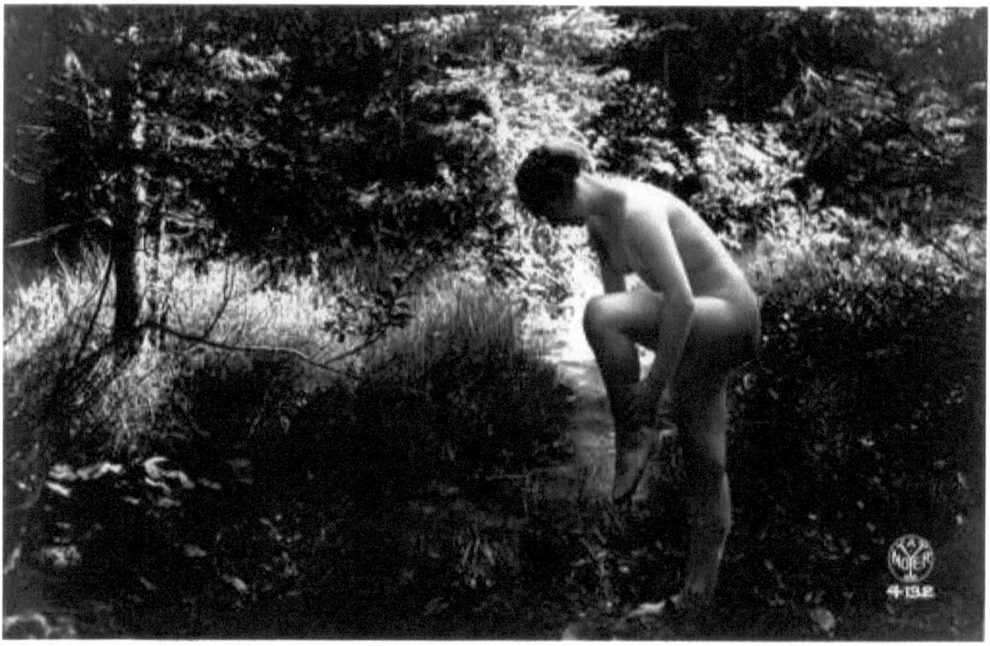
4132

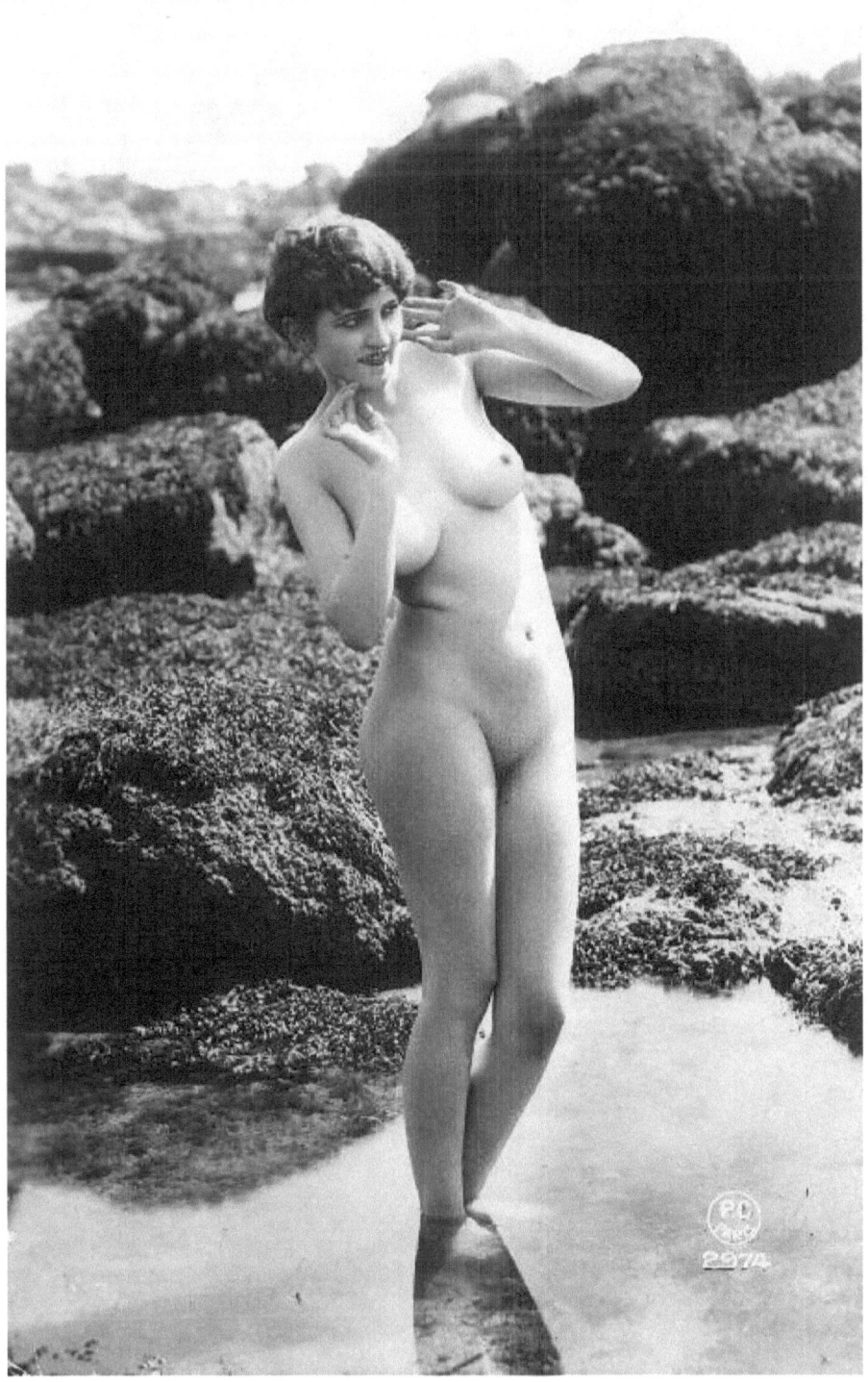

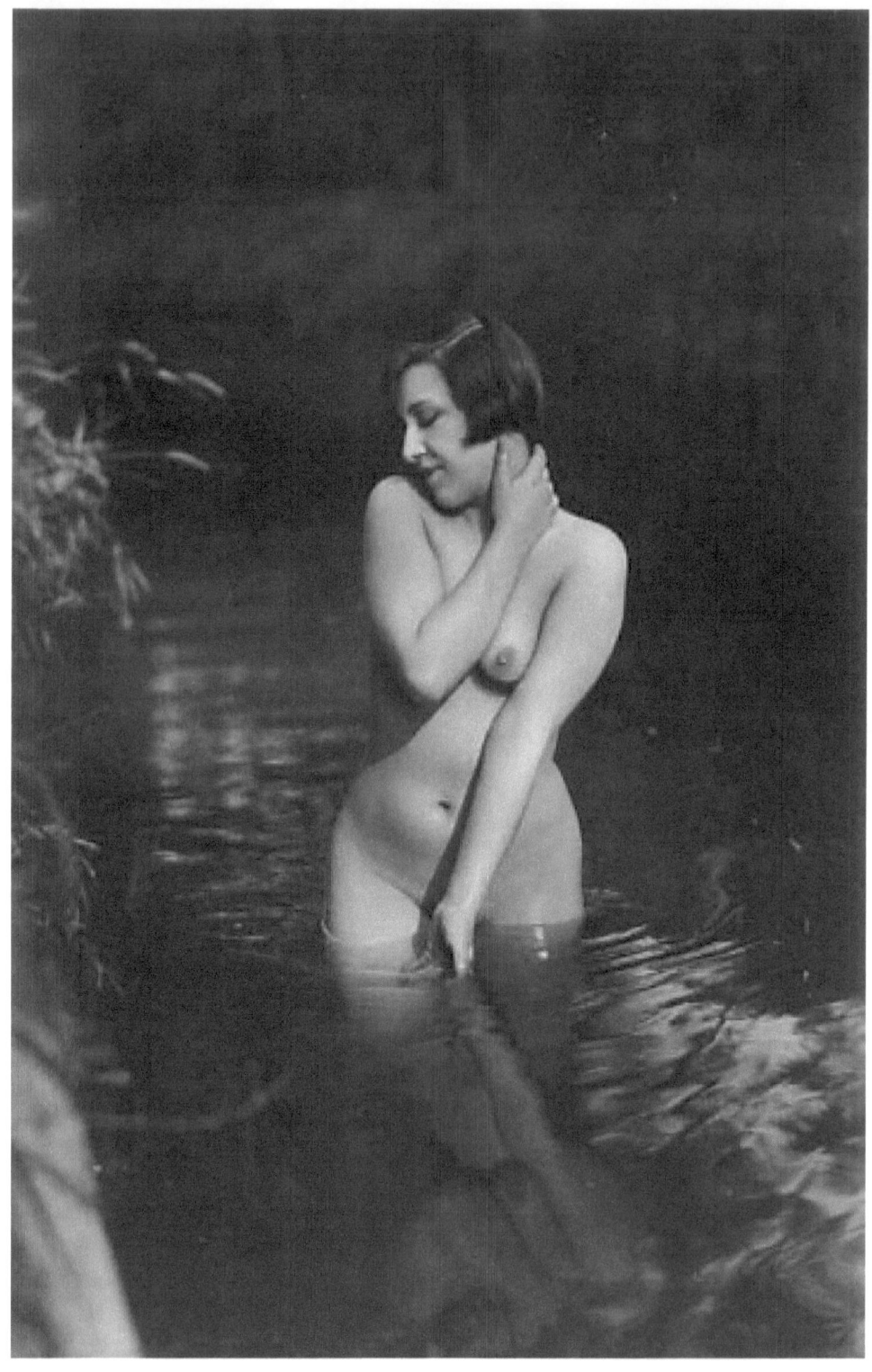

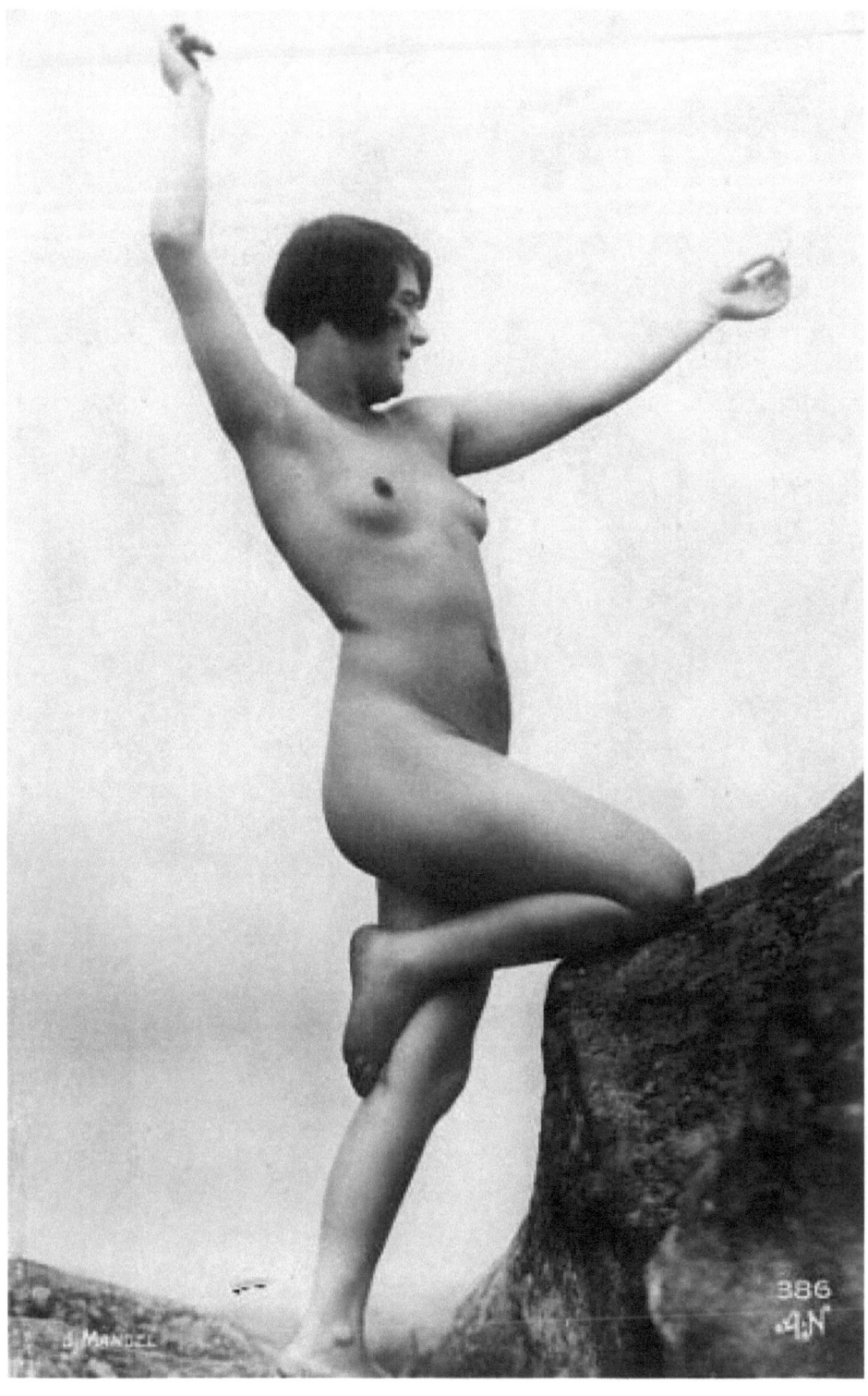

386

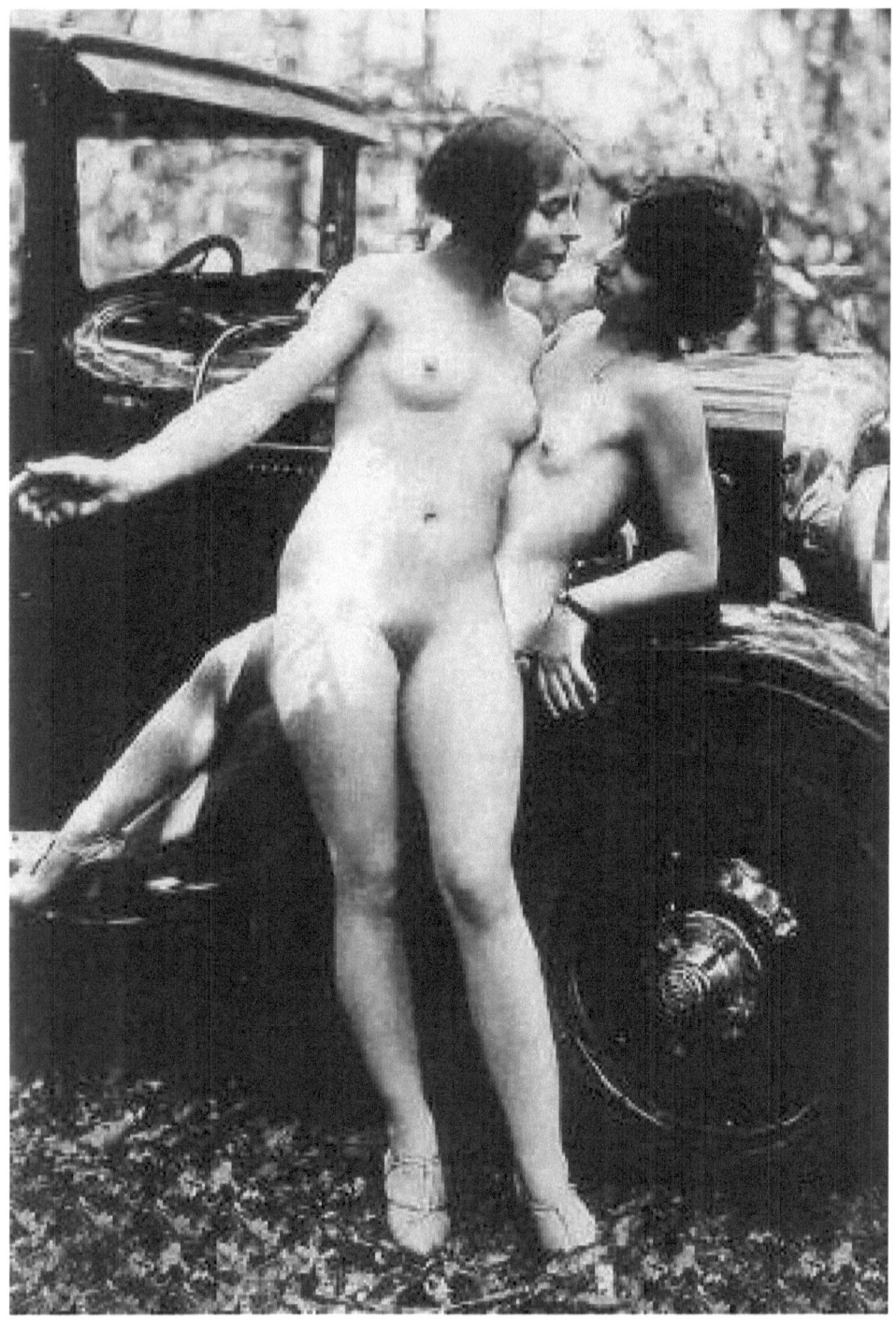

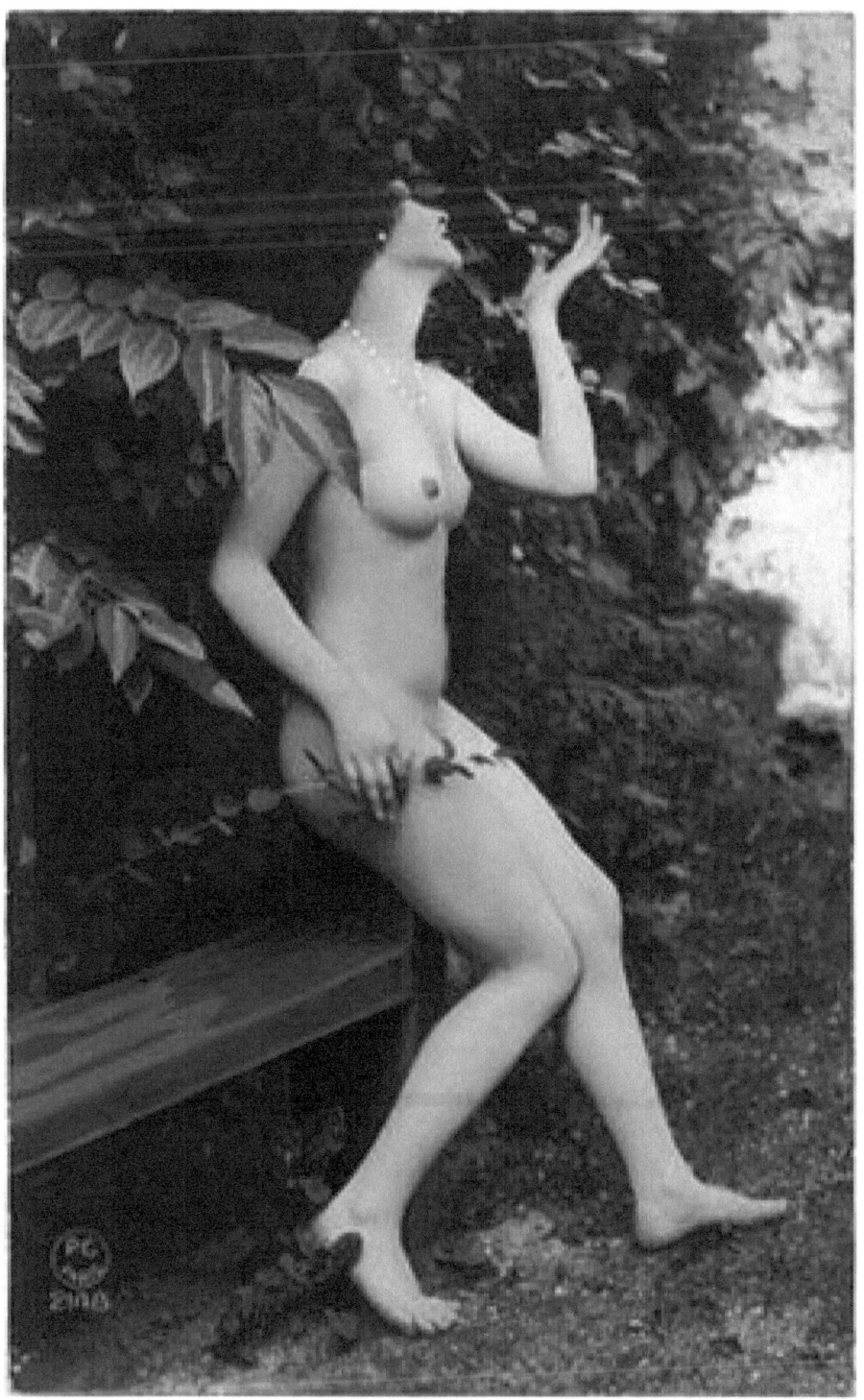

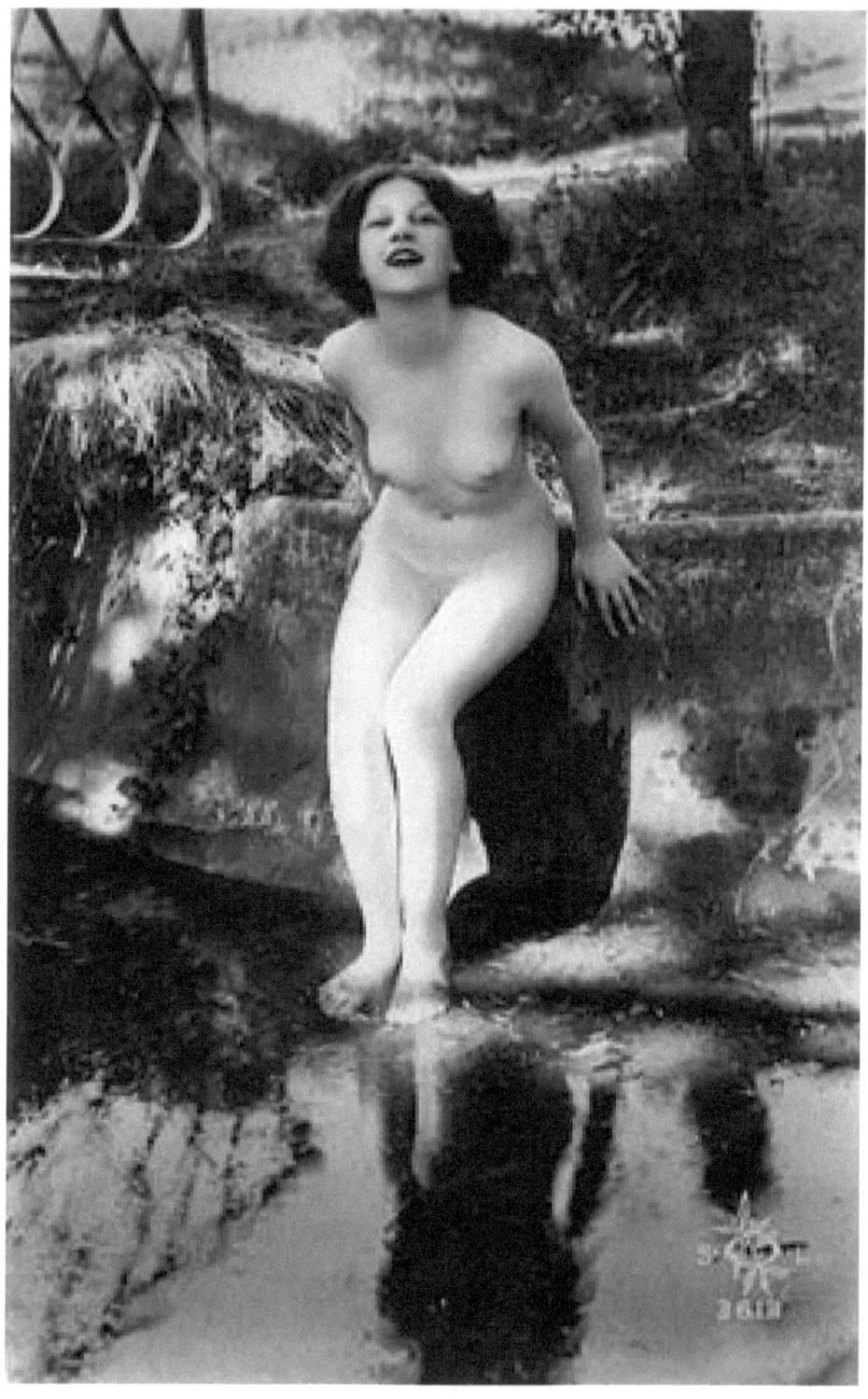

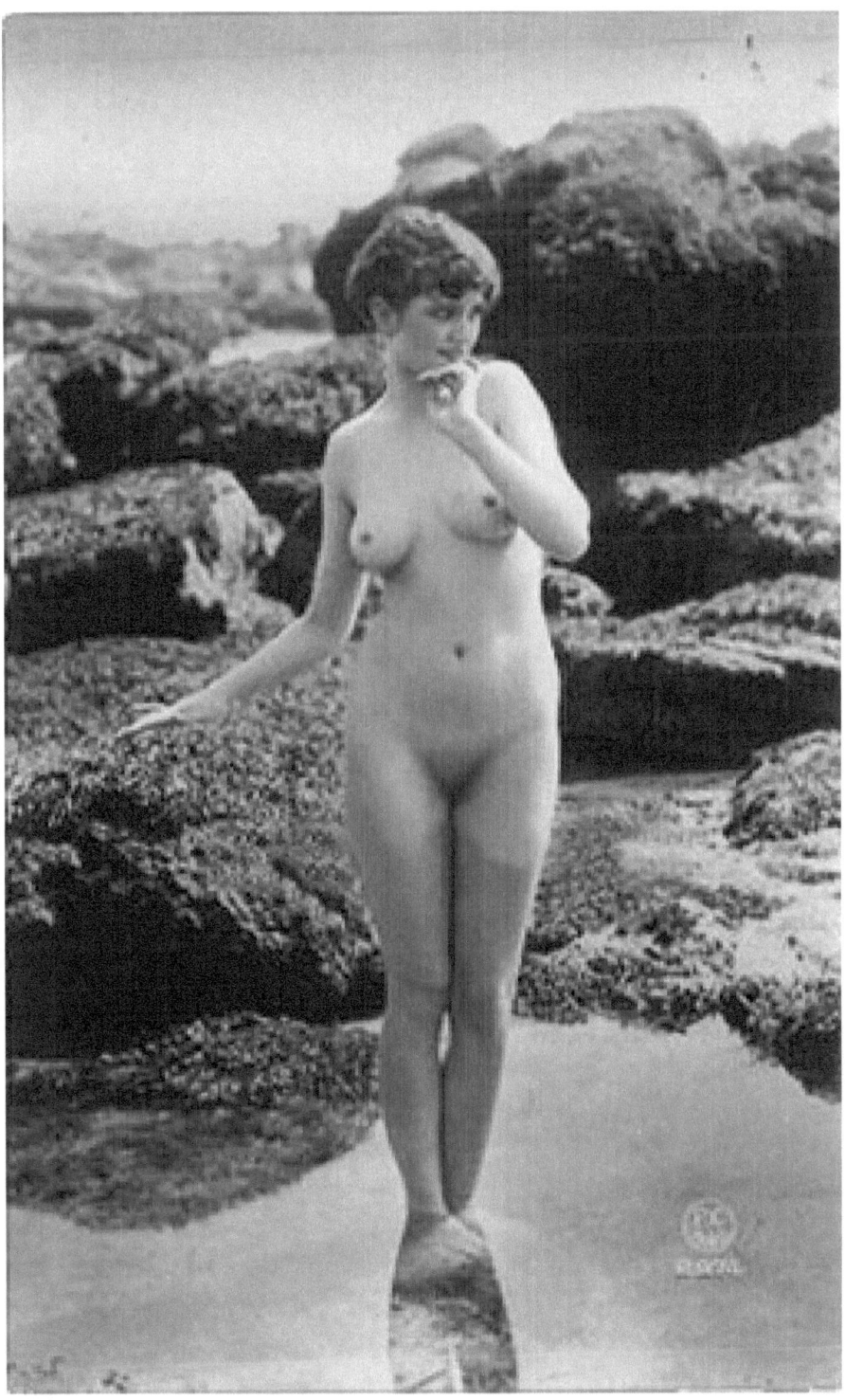

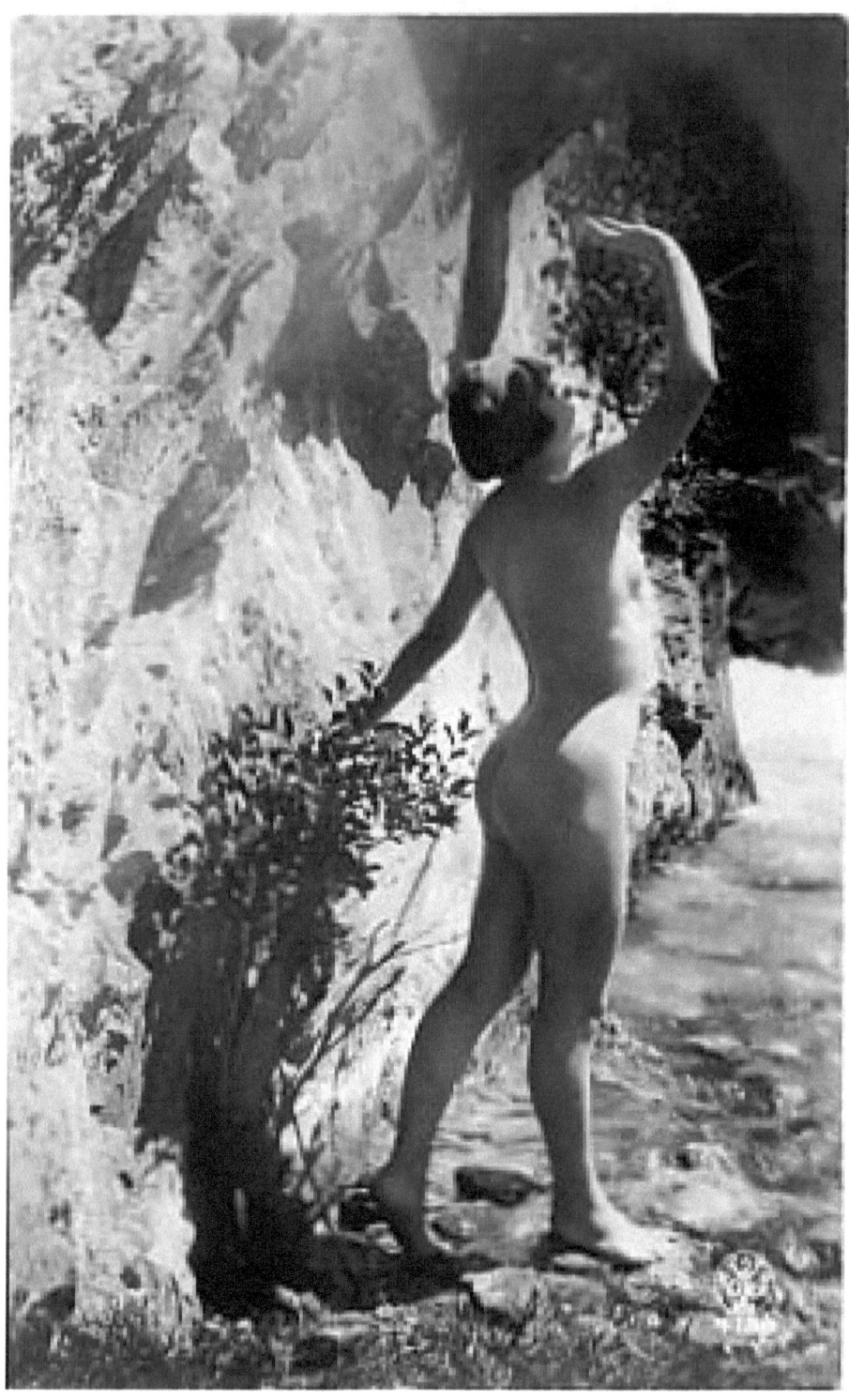

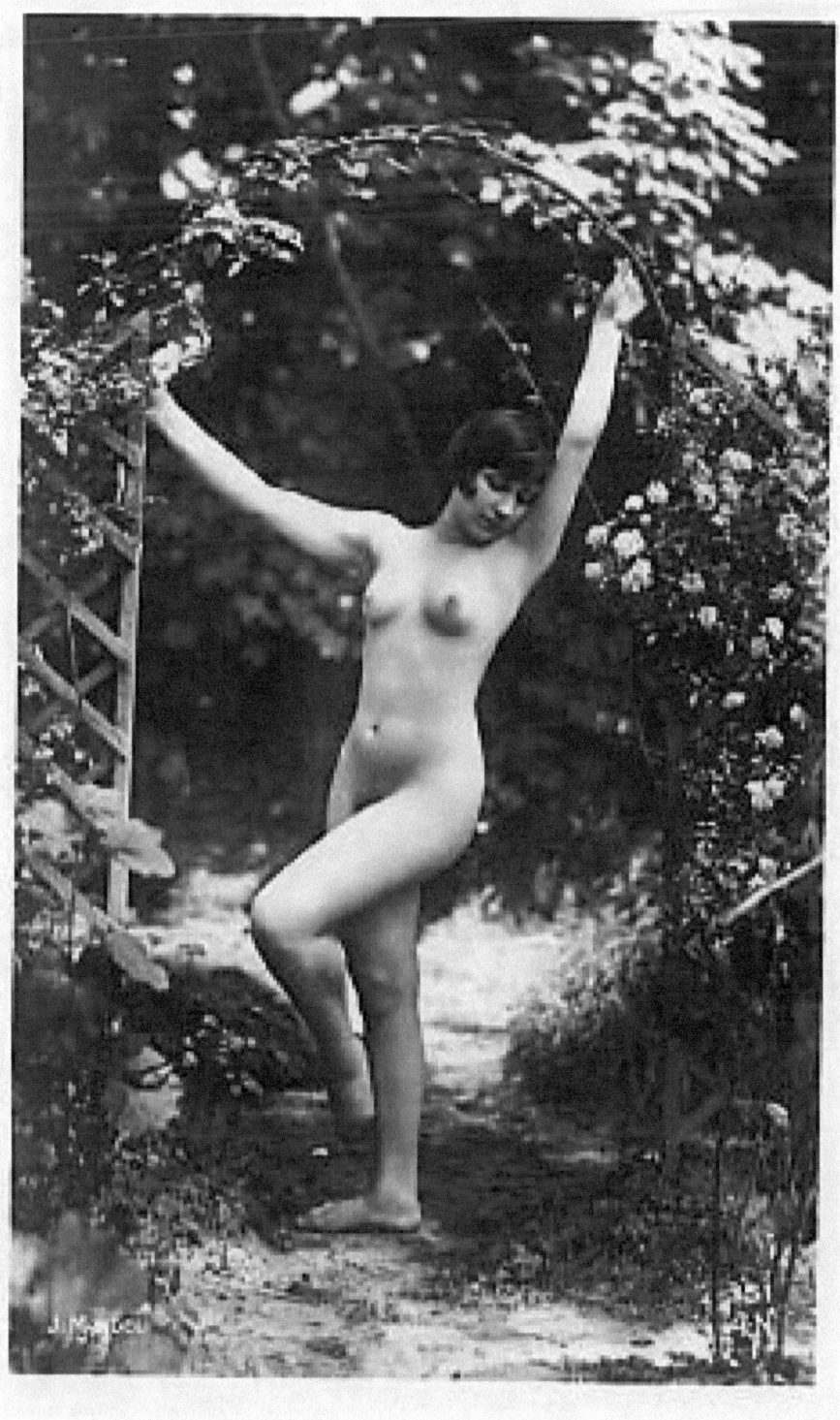

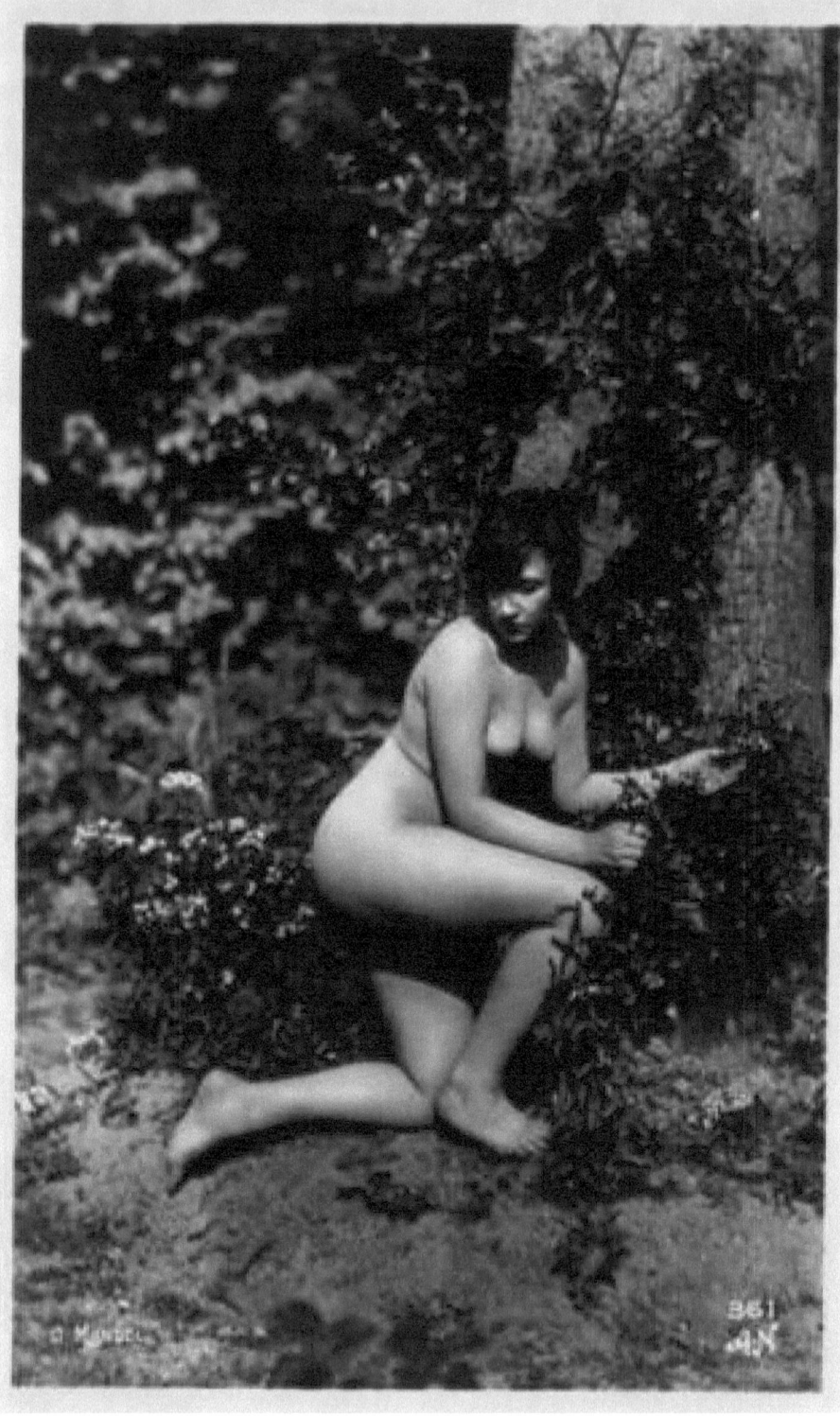

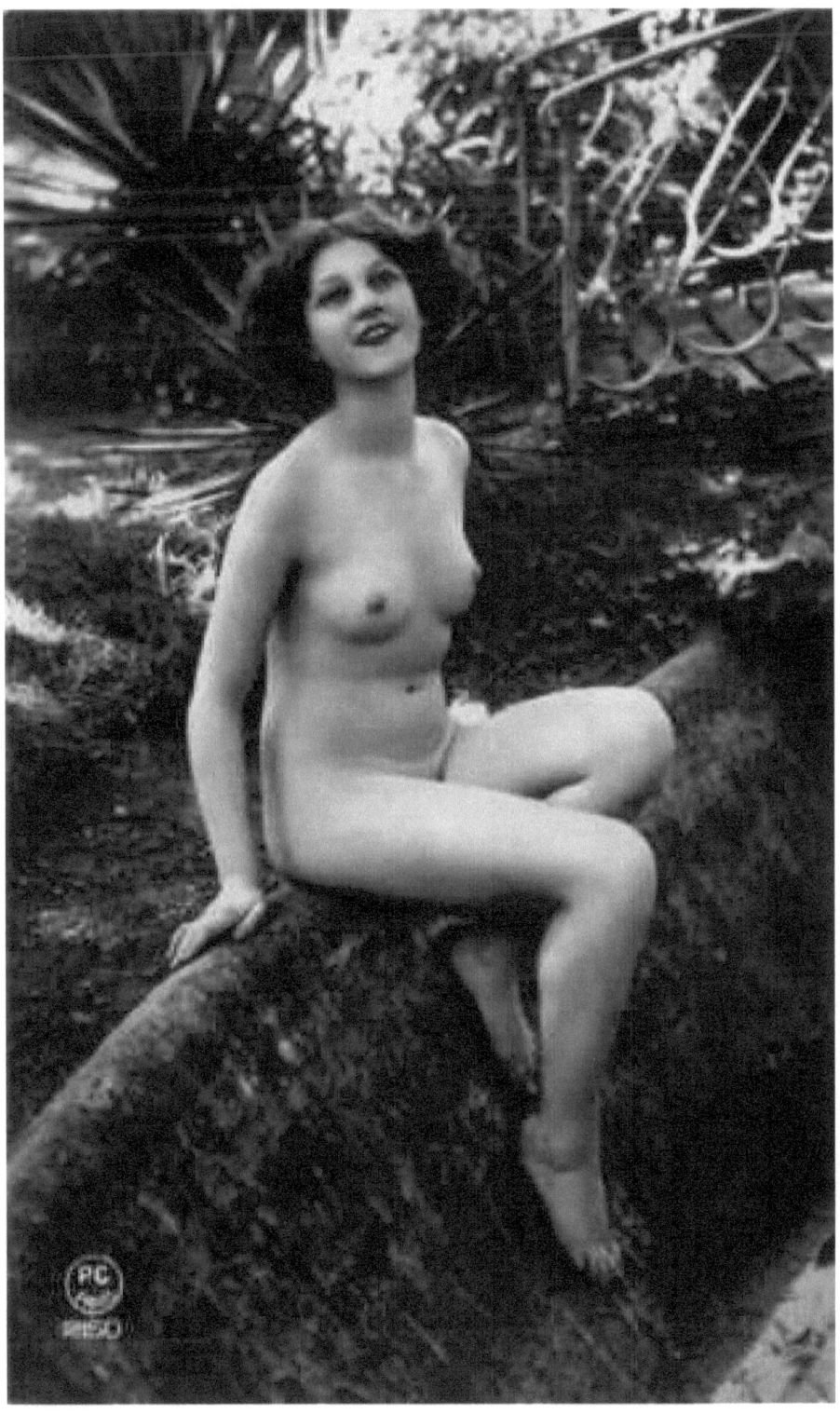

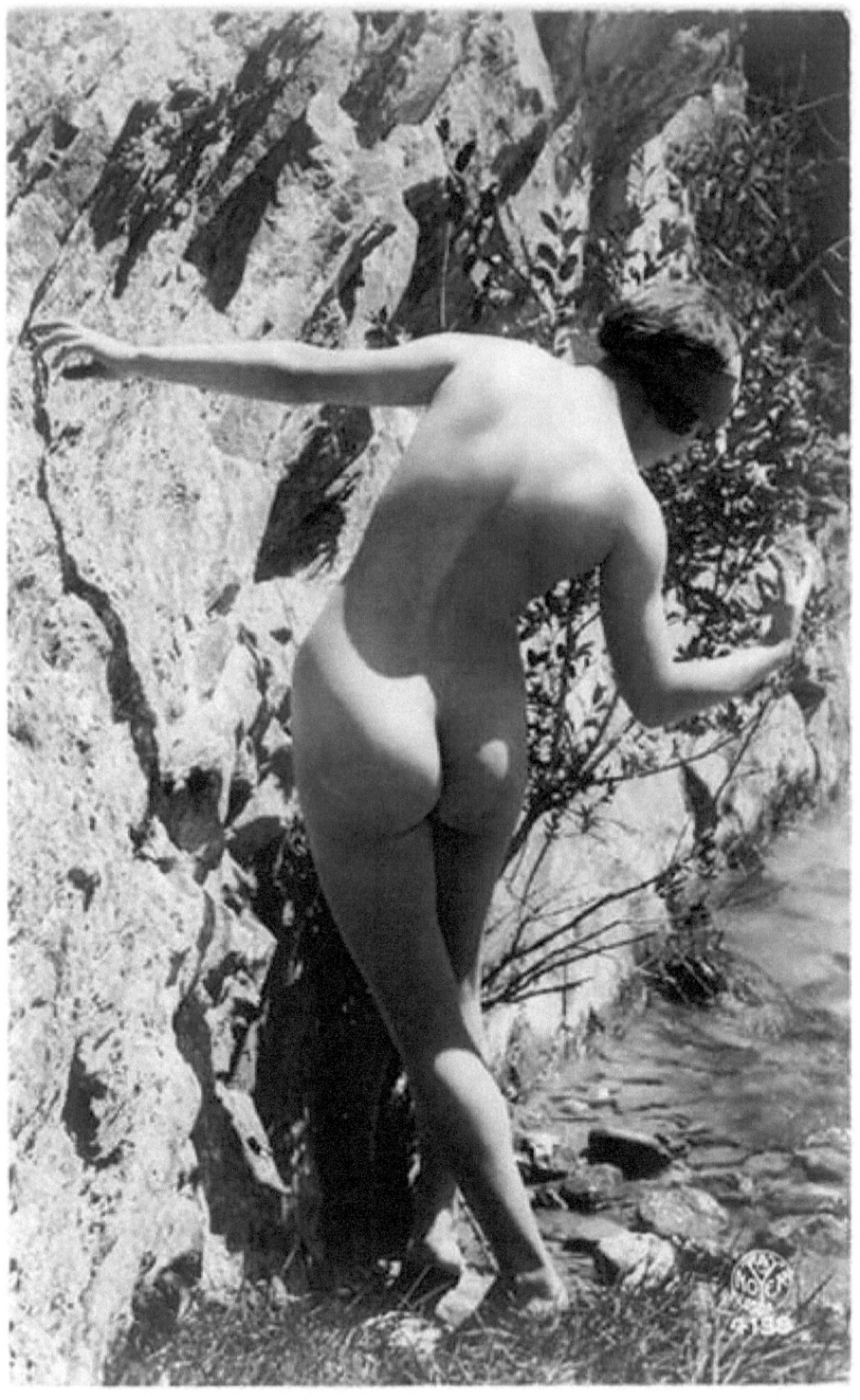

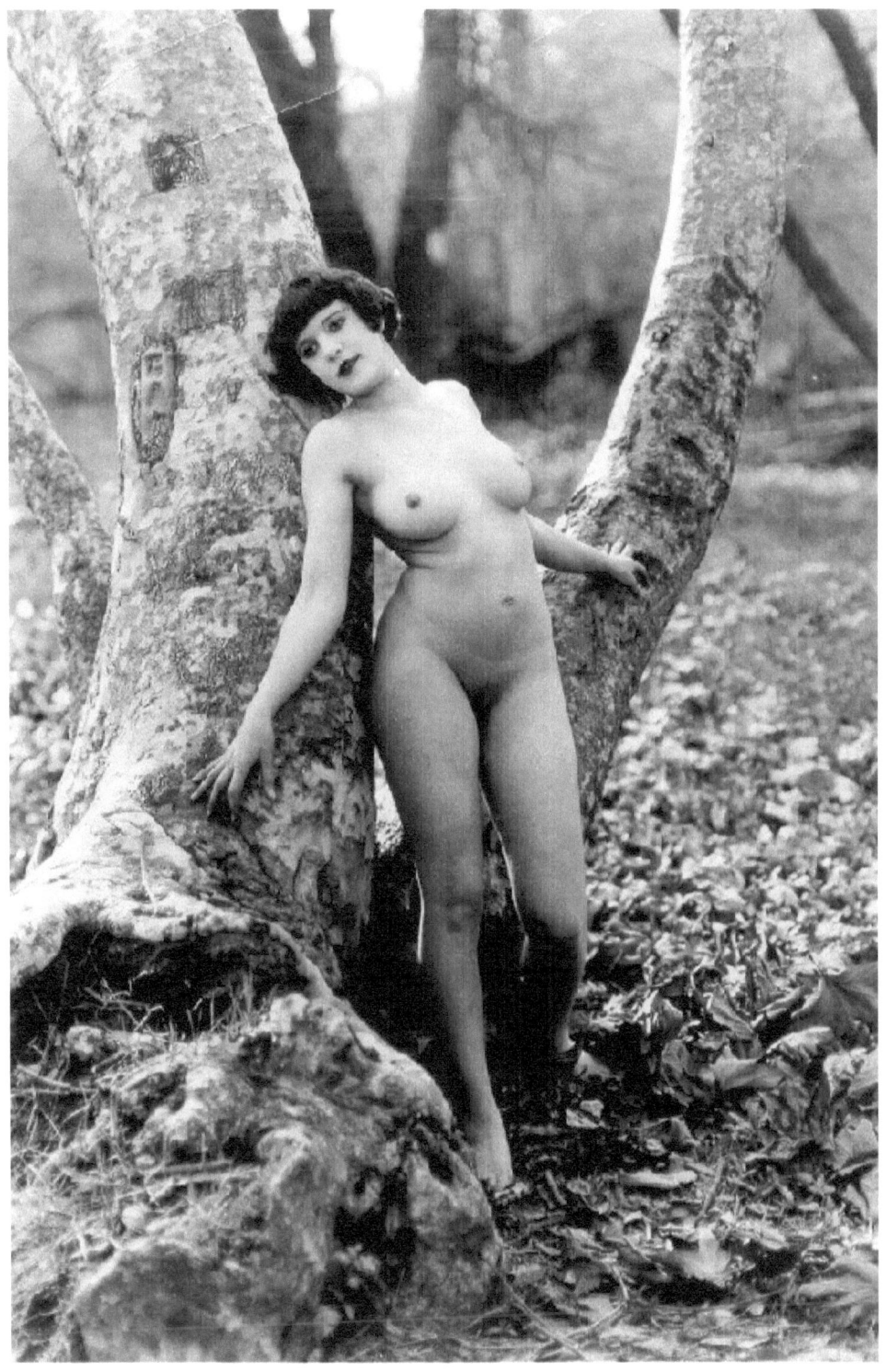

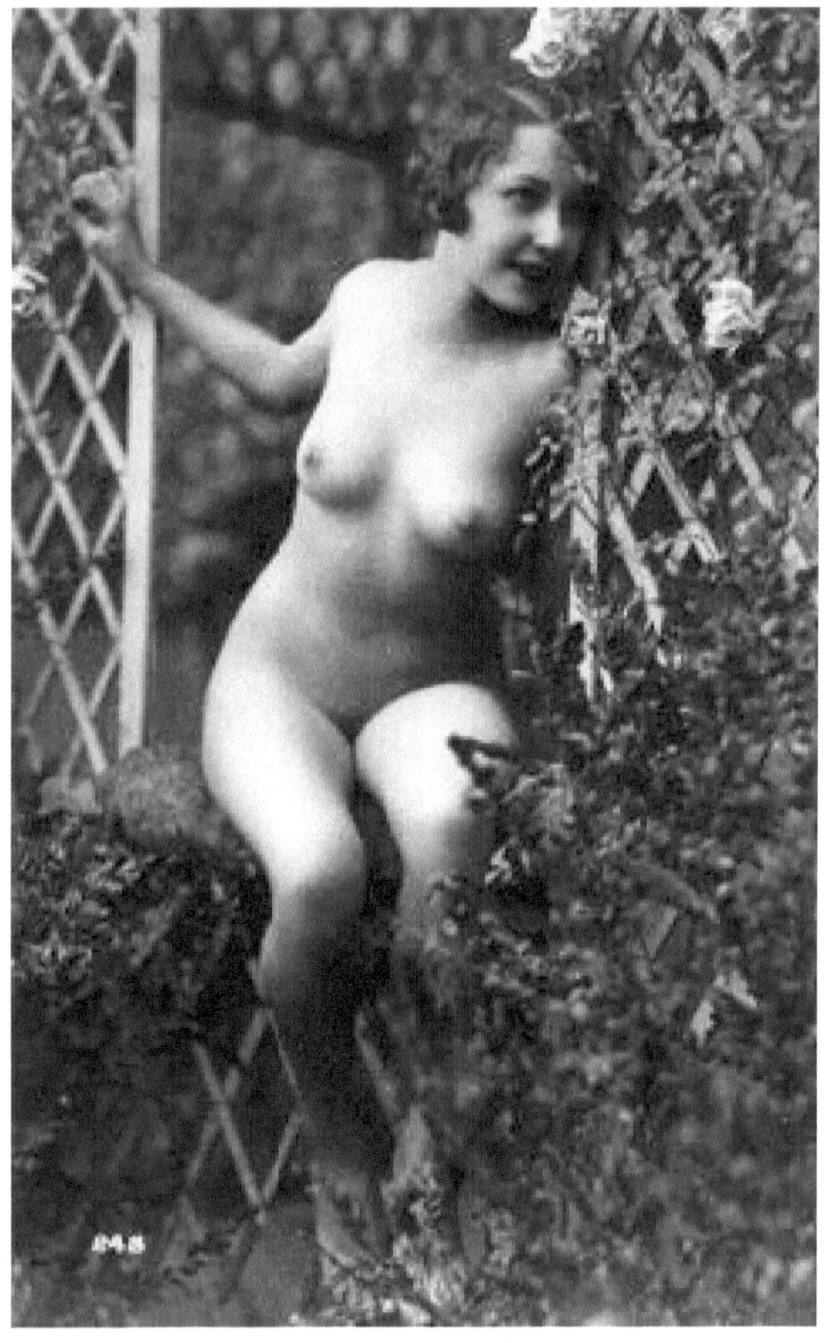

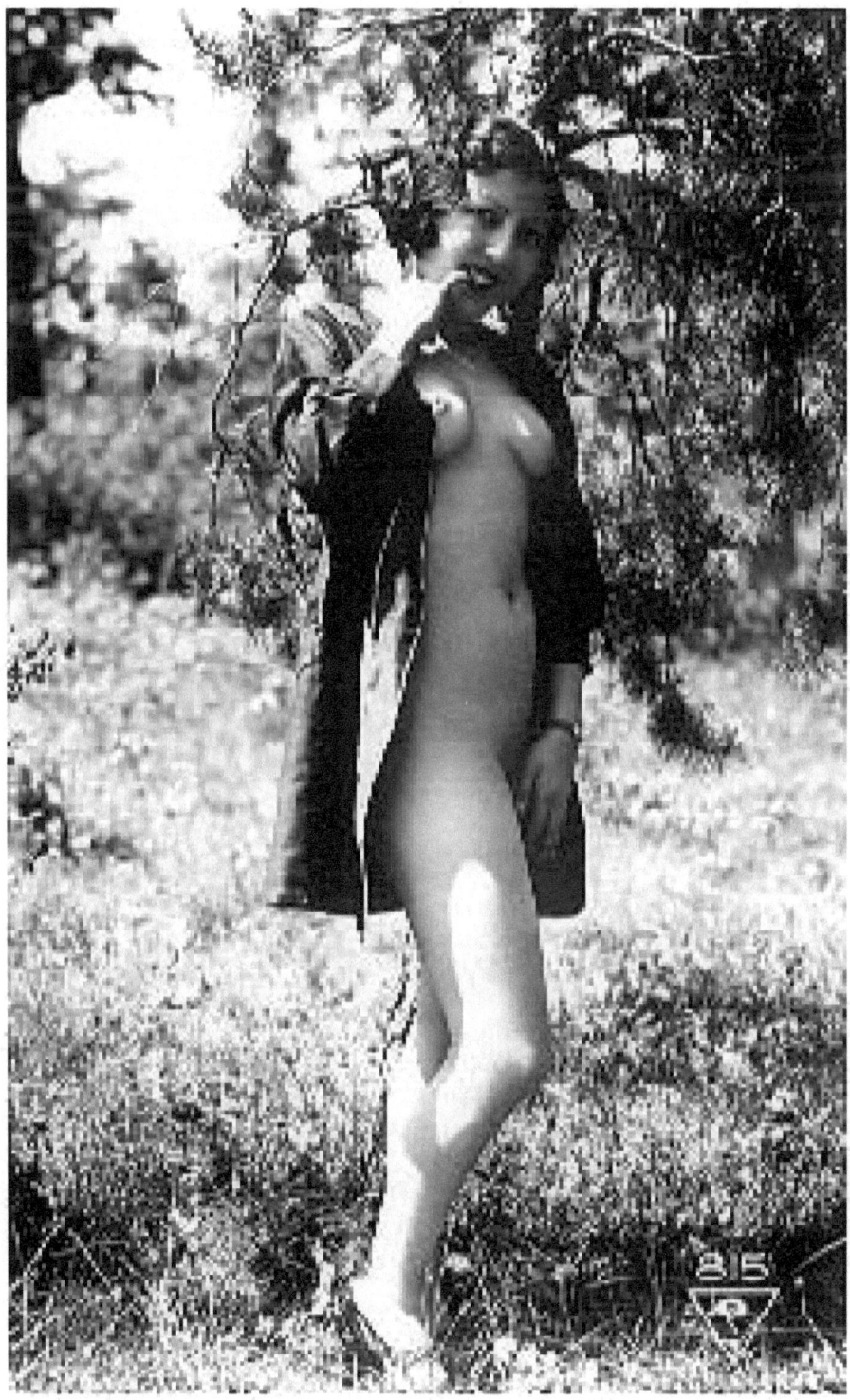

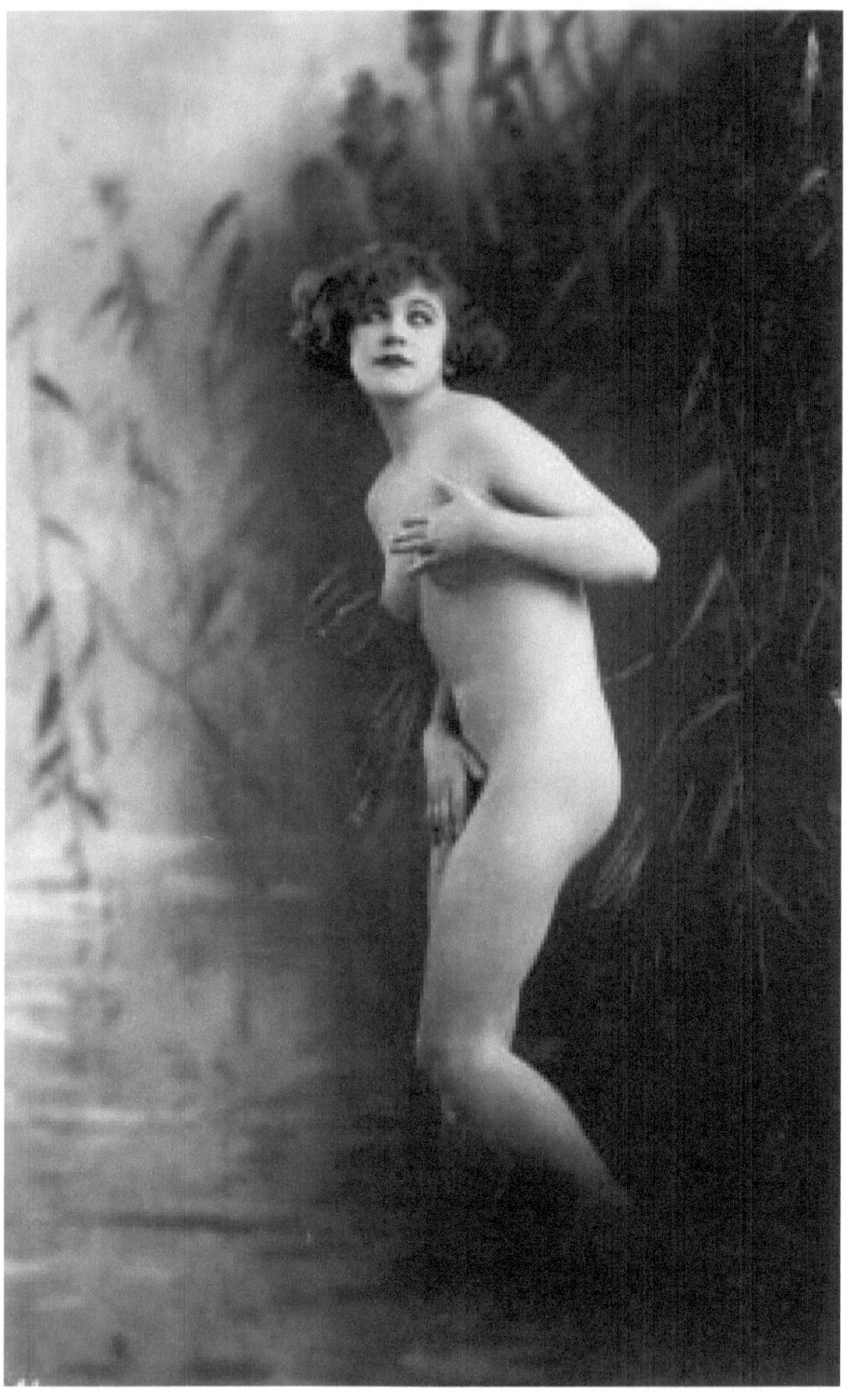

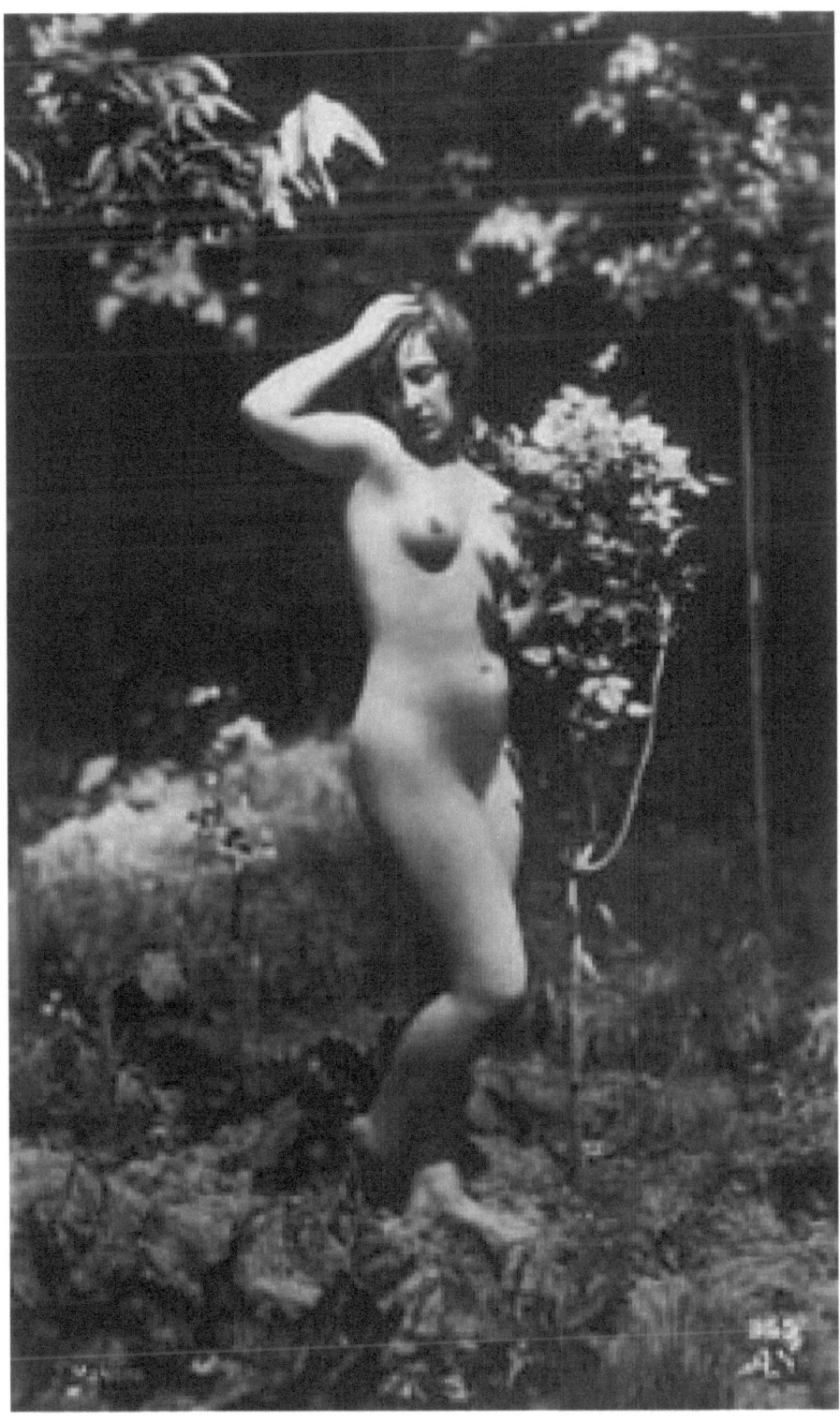

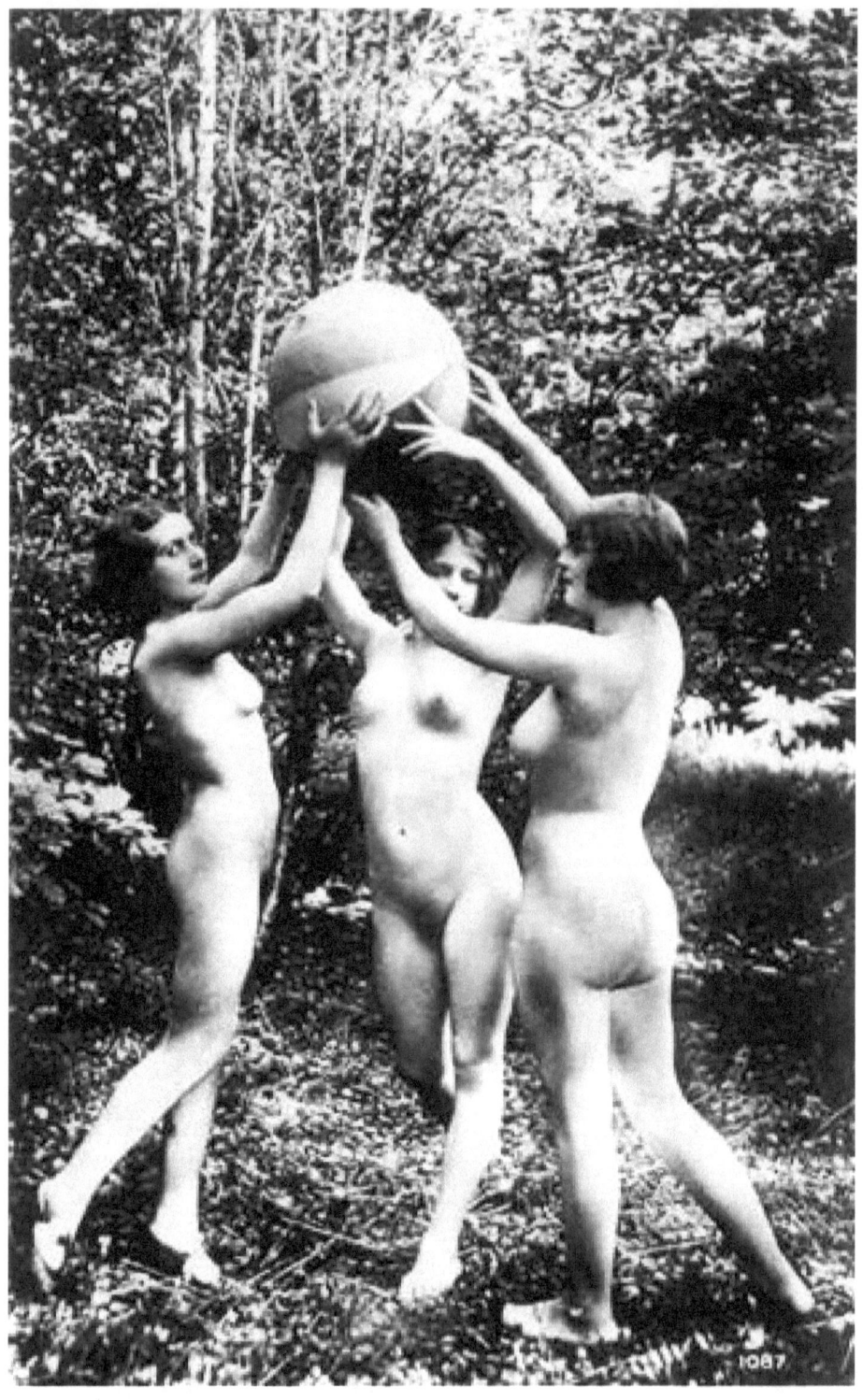

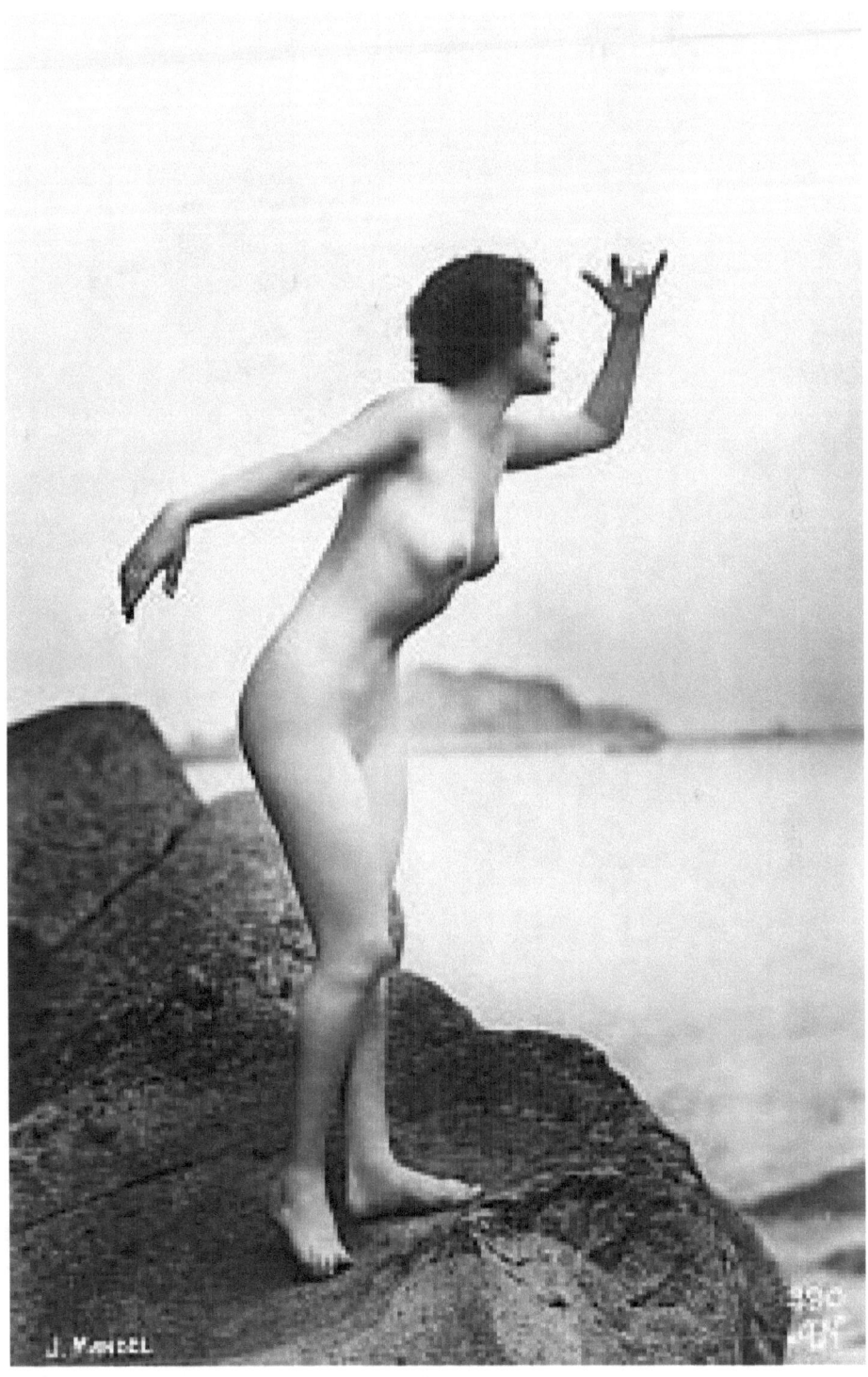

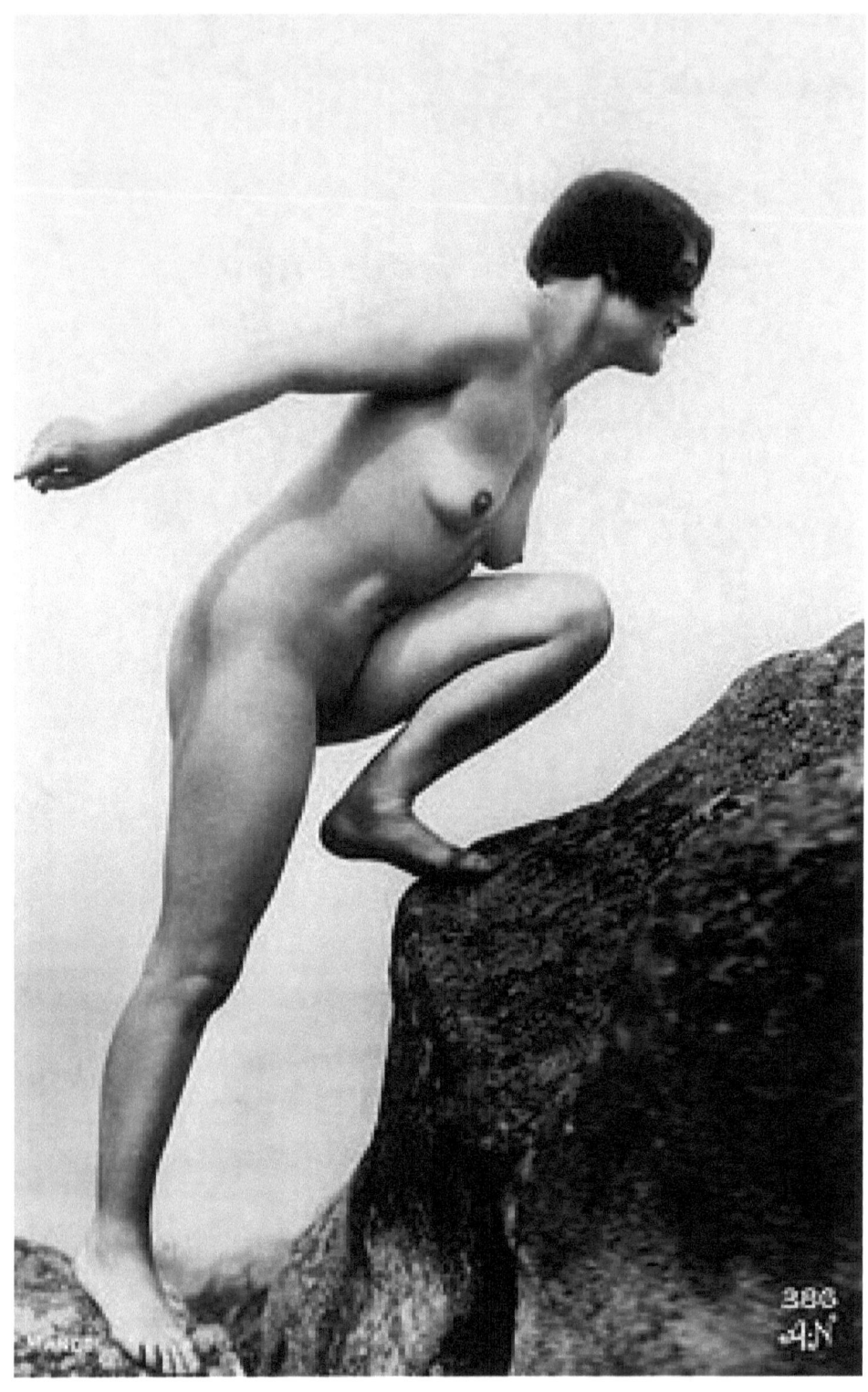

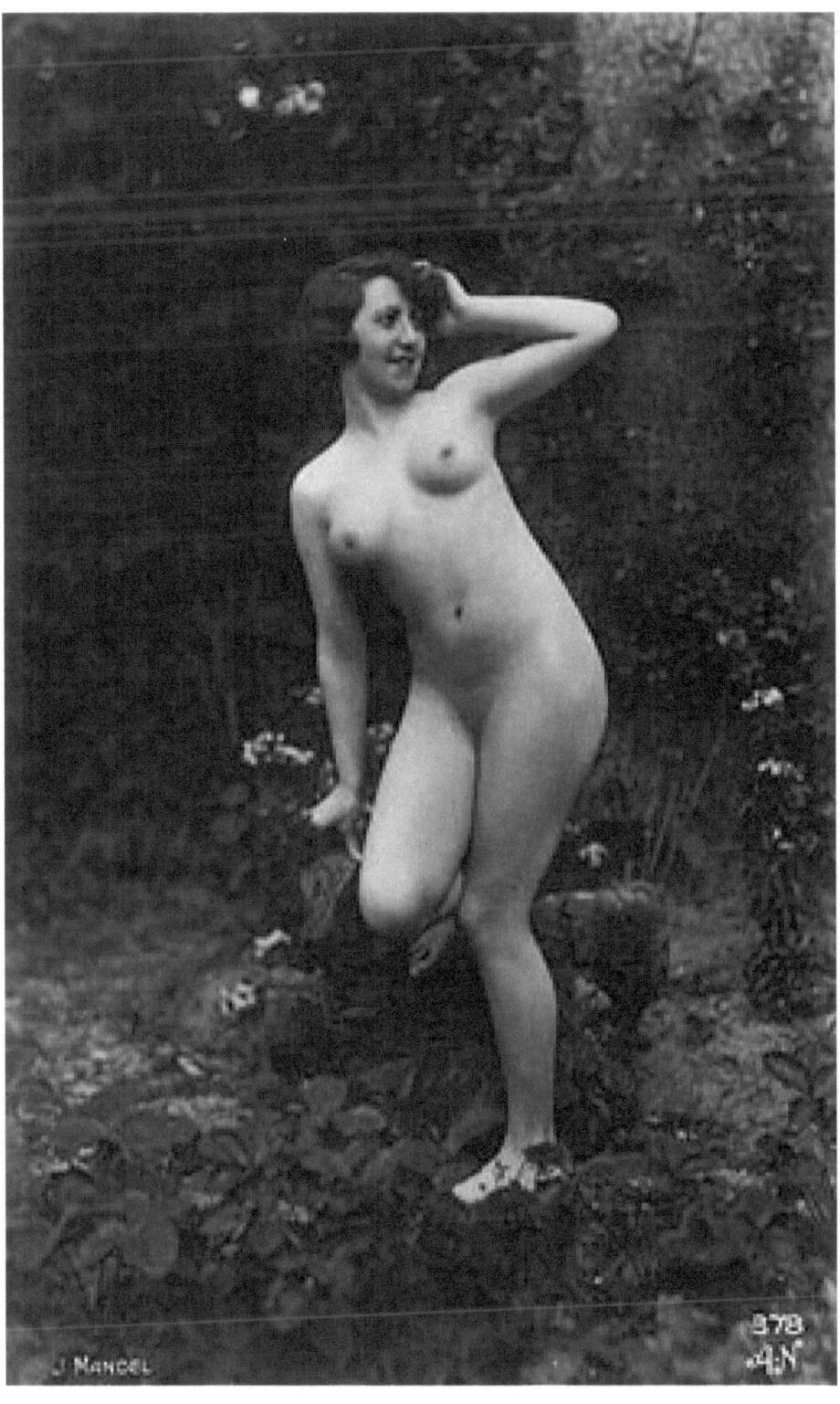

J MANDEL

378
4N

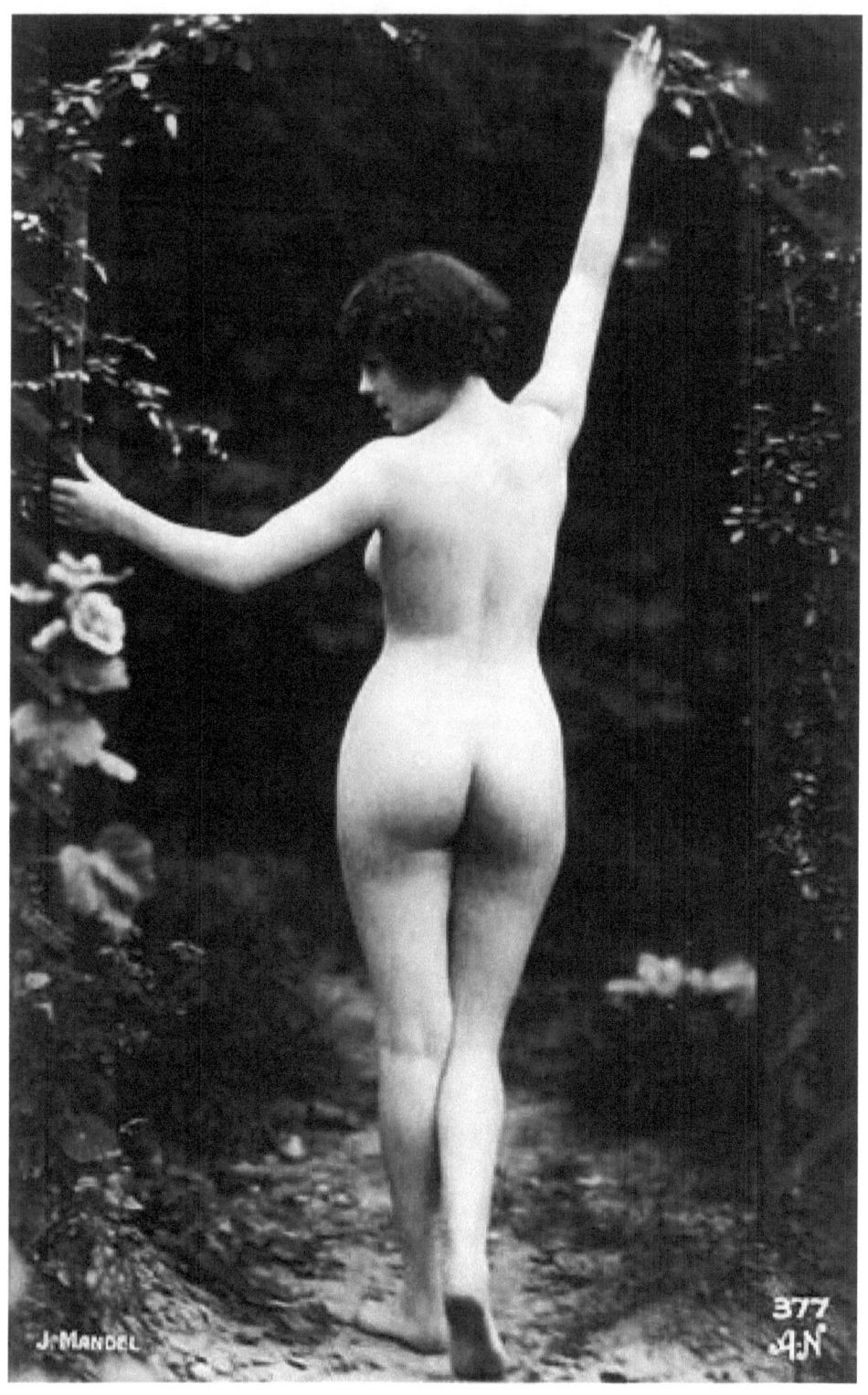

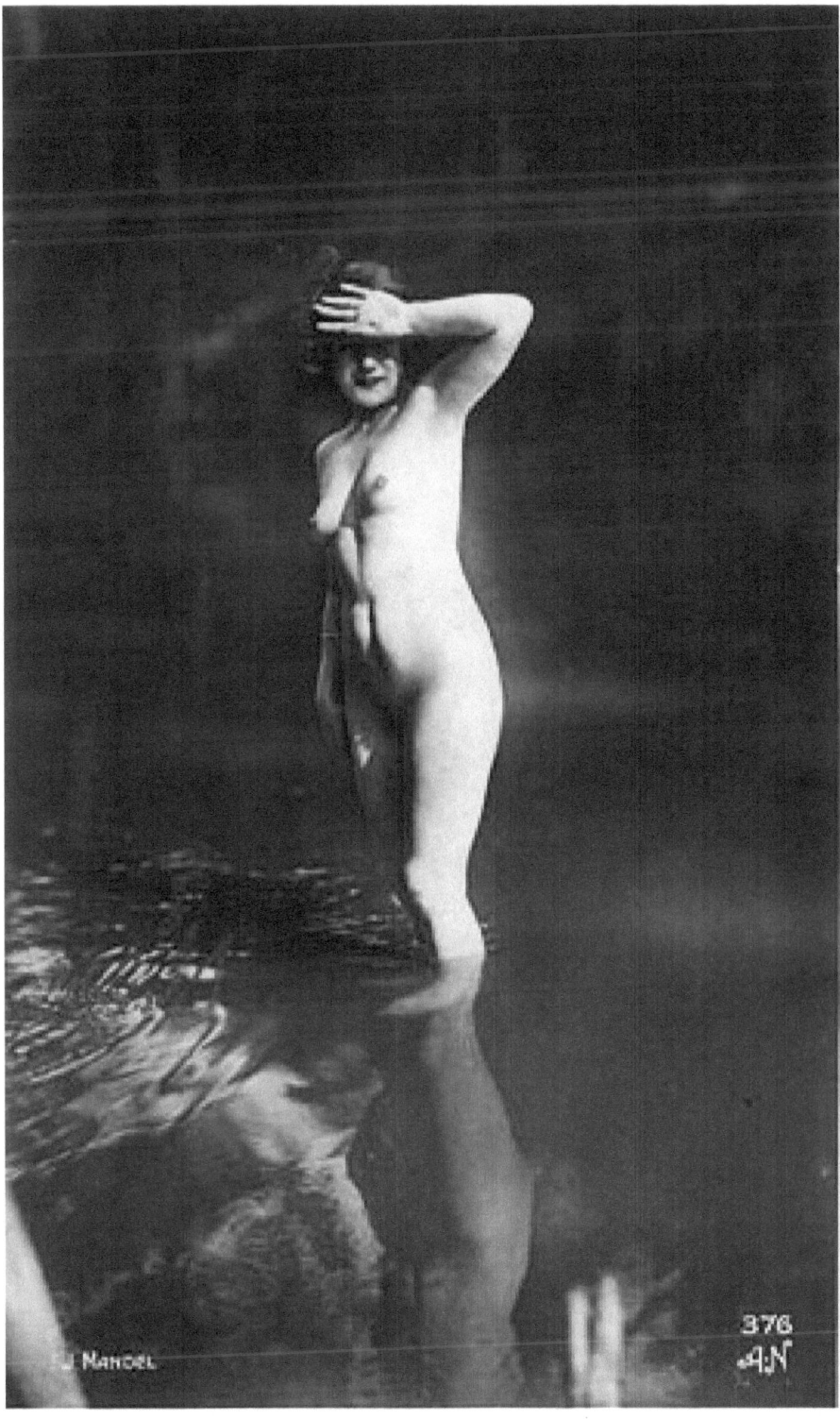

J. MANDEL

376

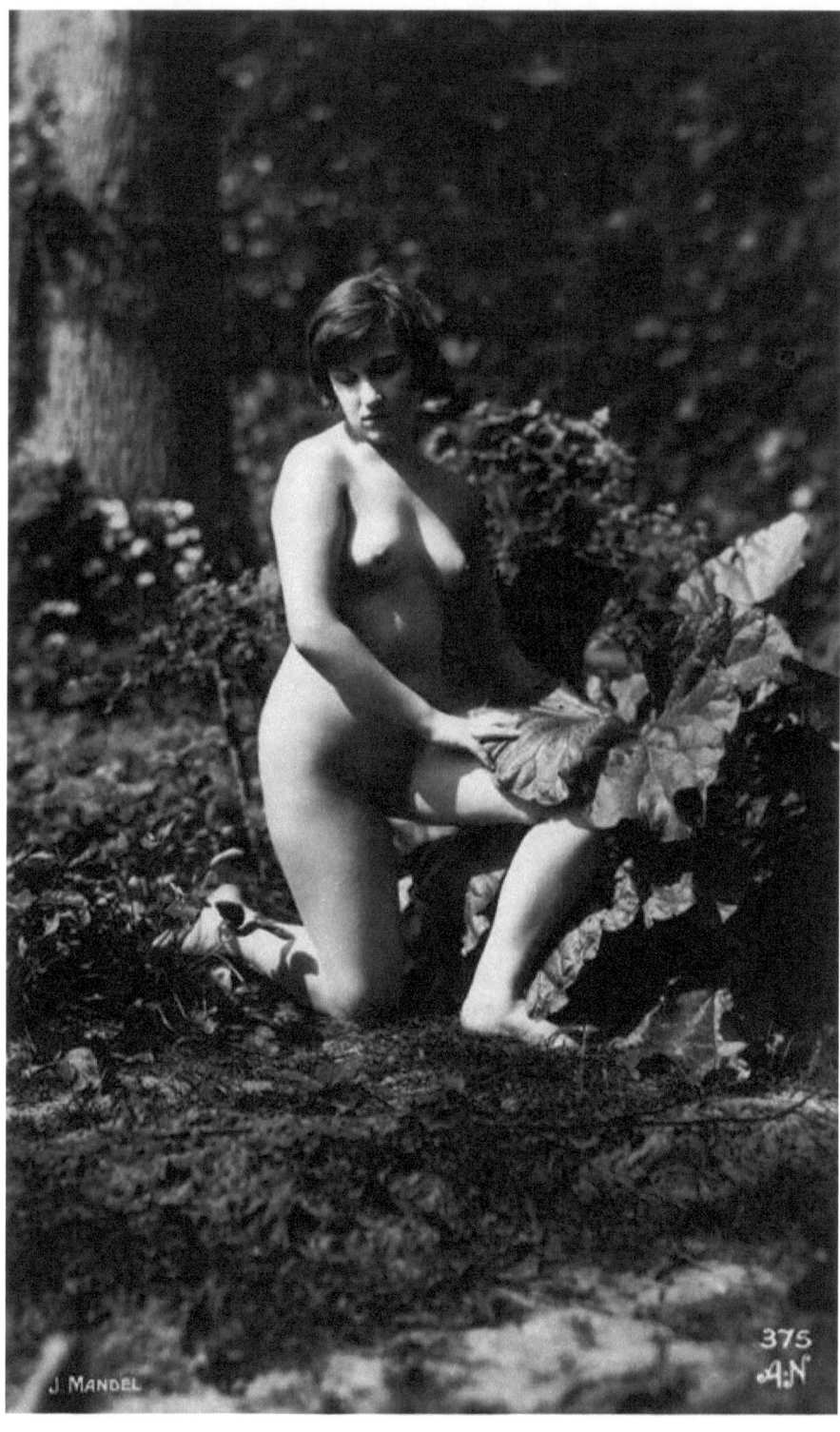

J. MANDEL

375
A·N

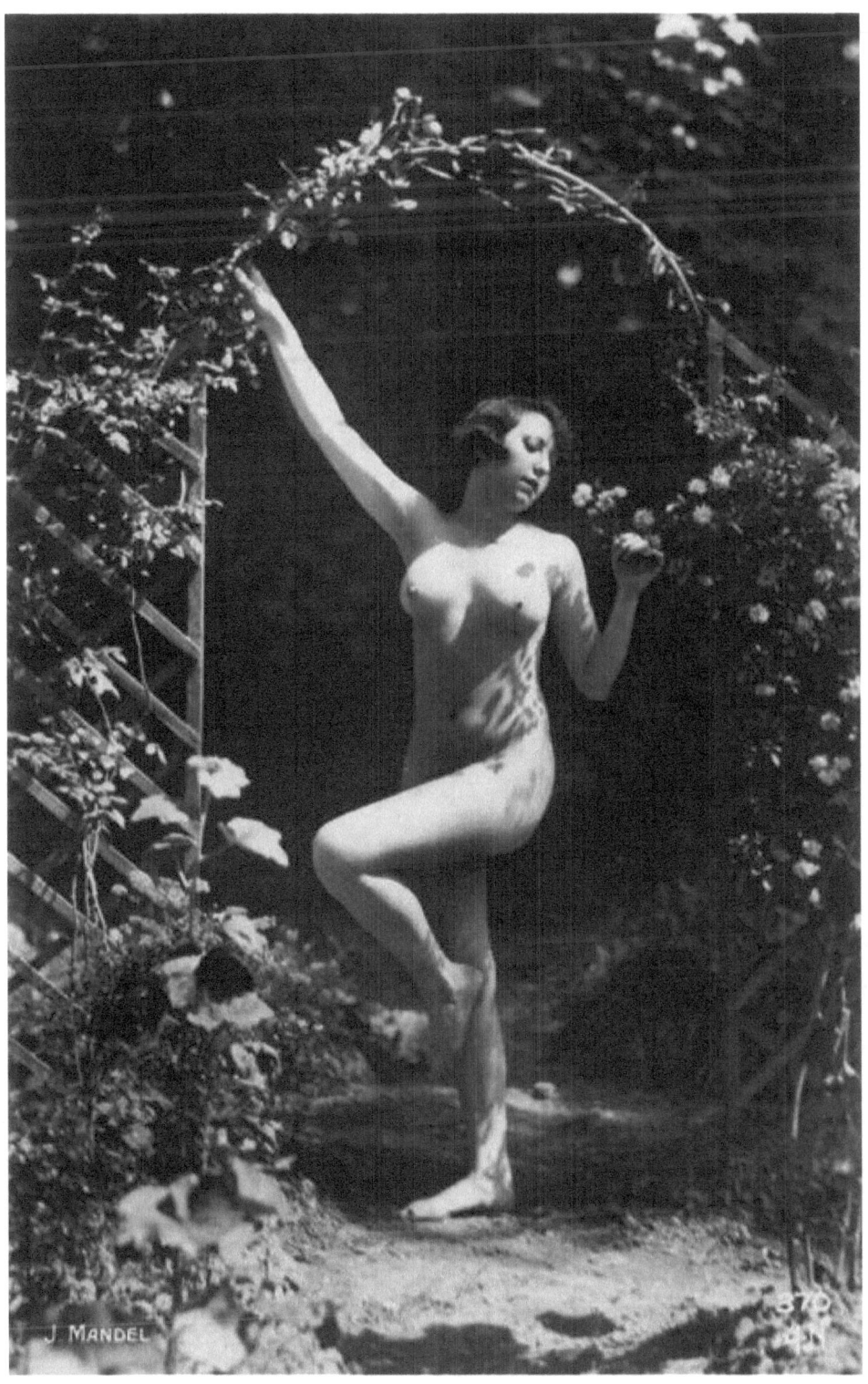

J. MANDEL

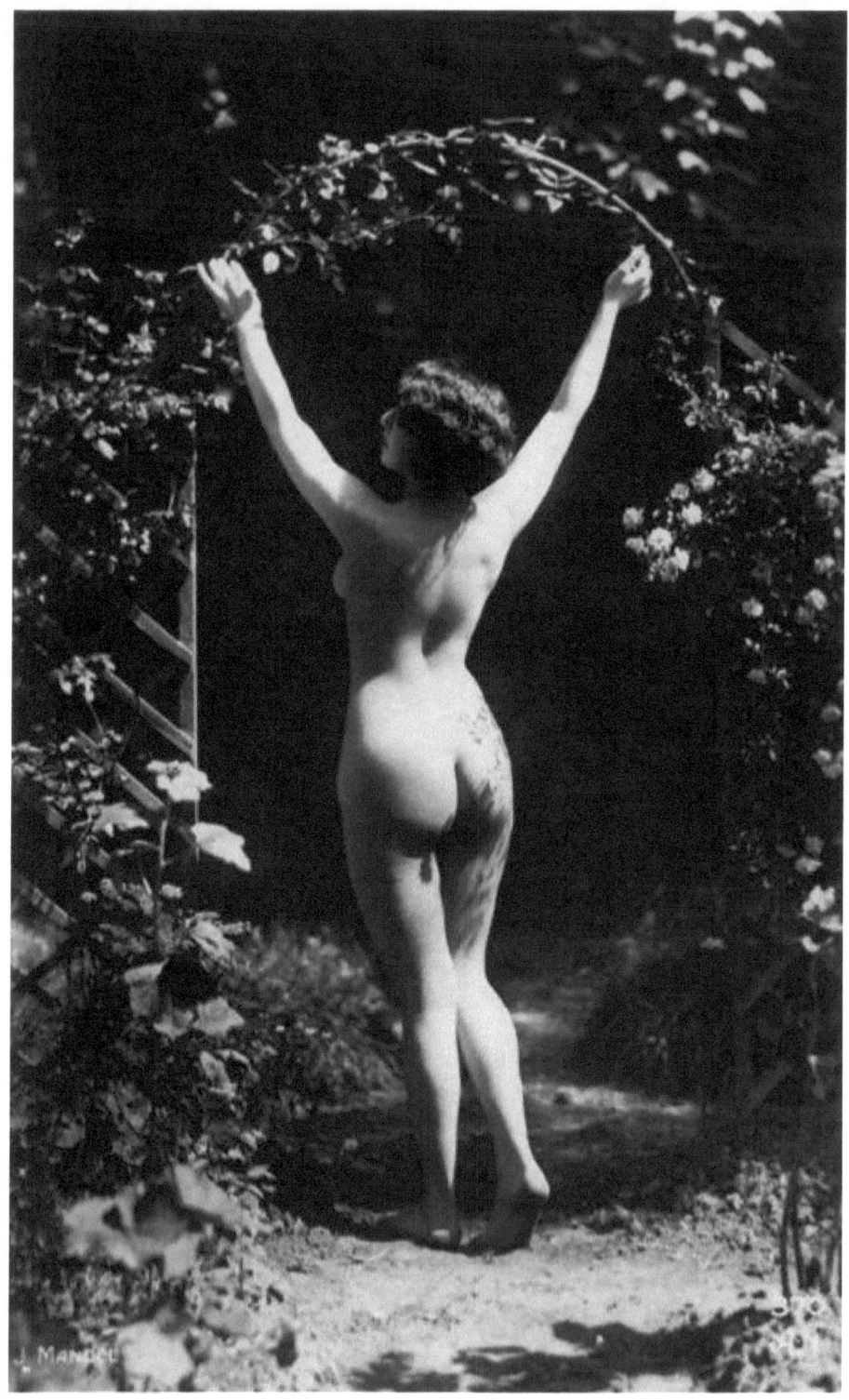

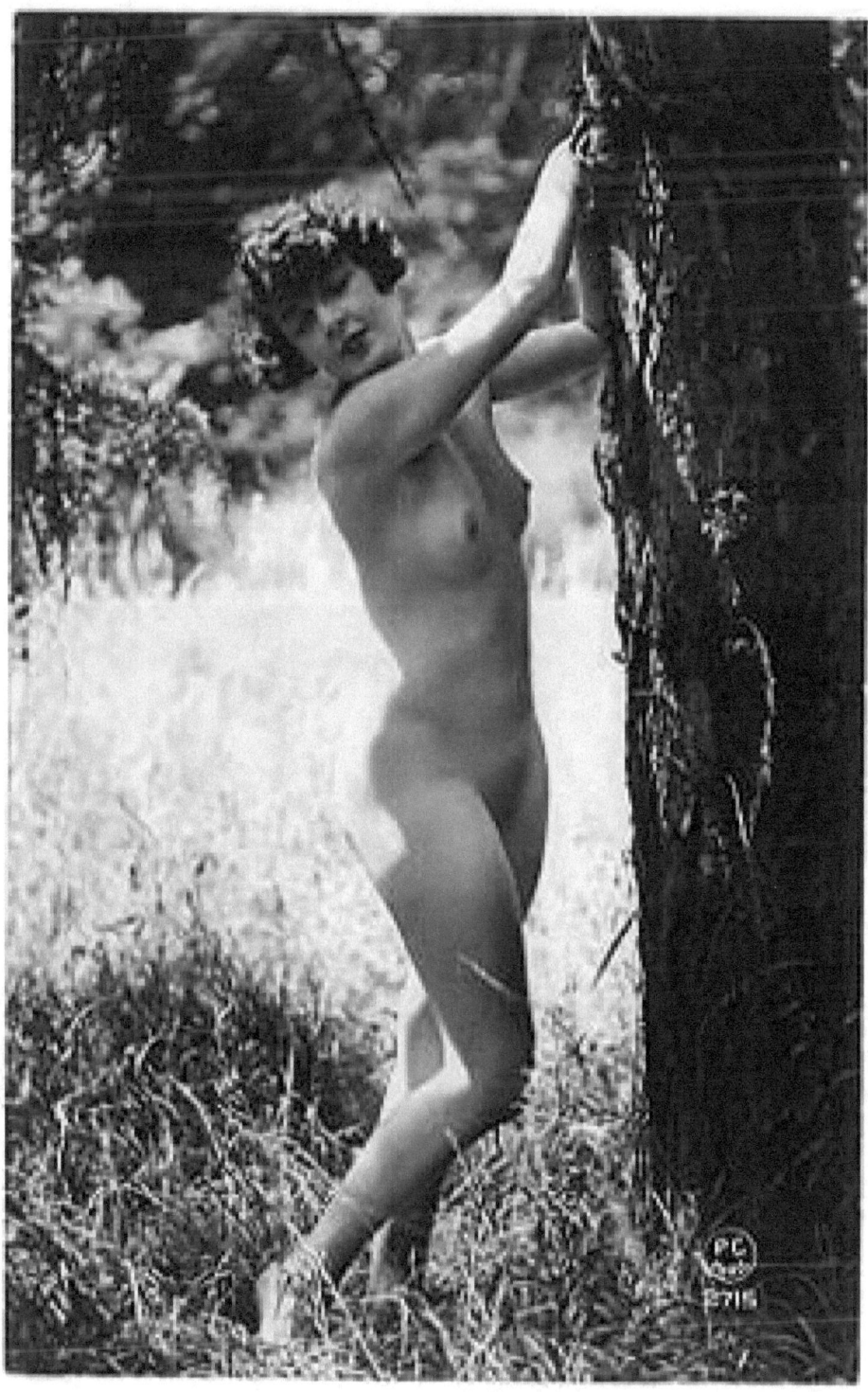

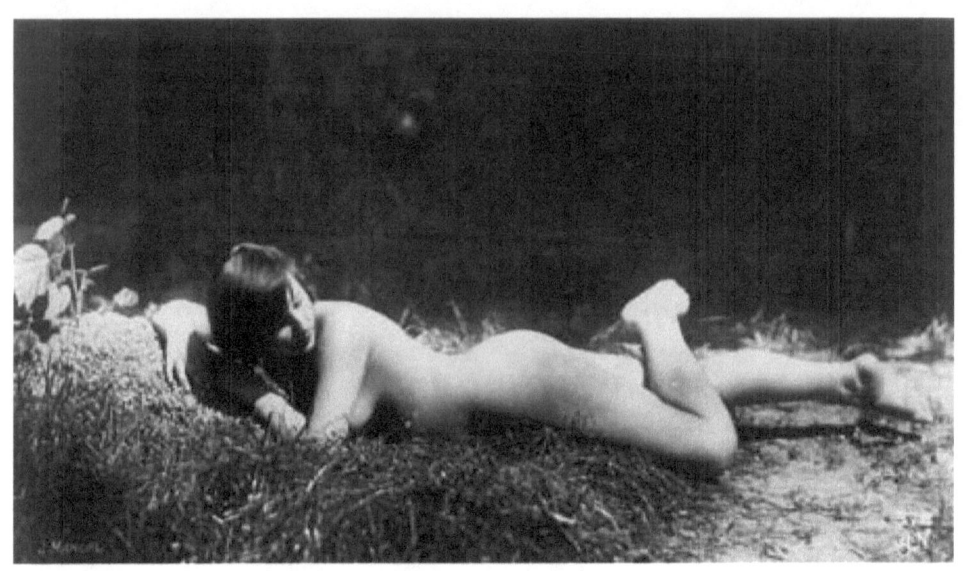

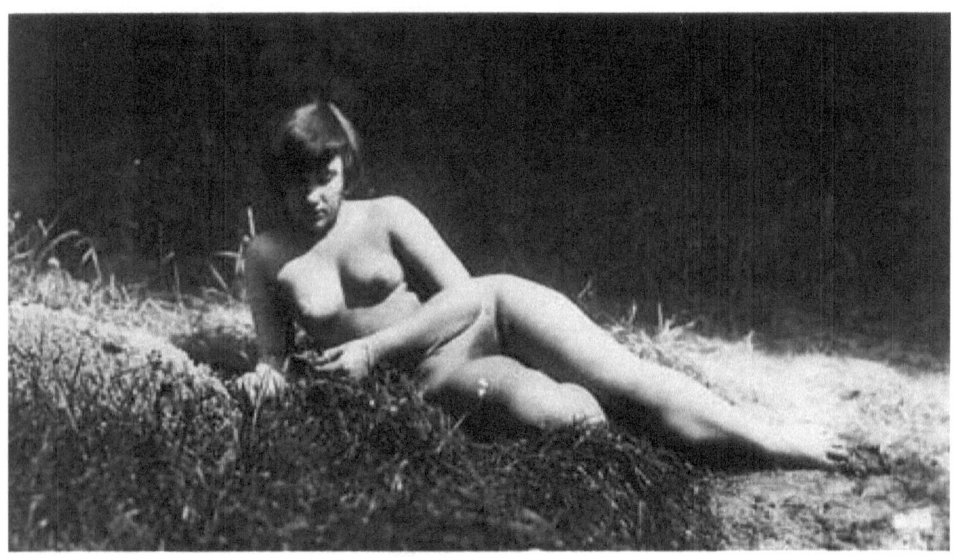

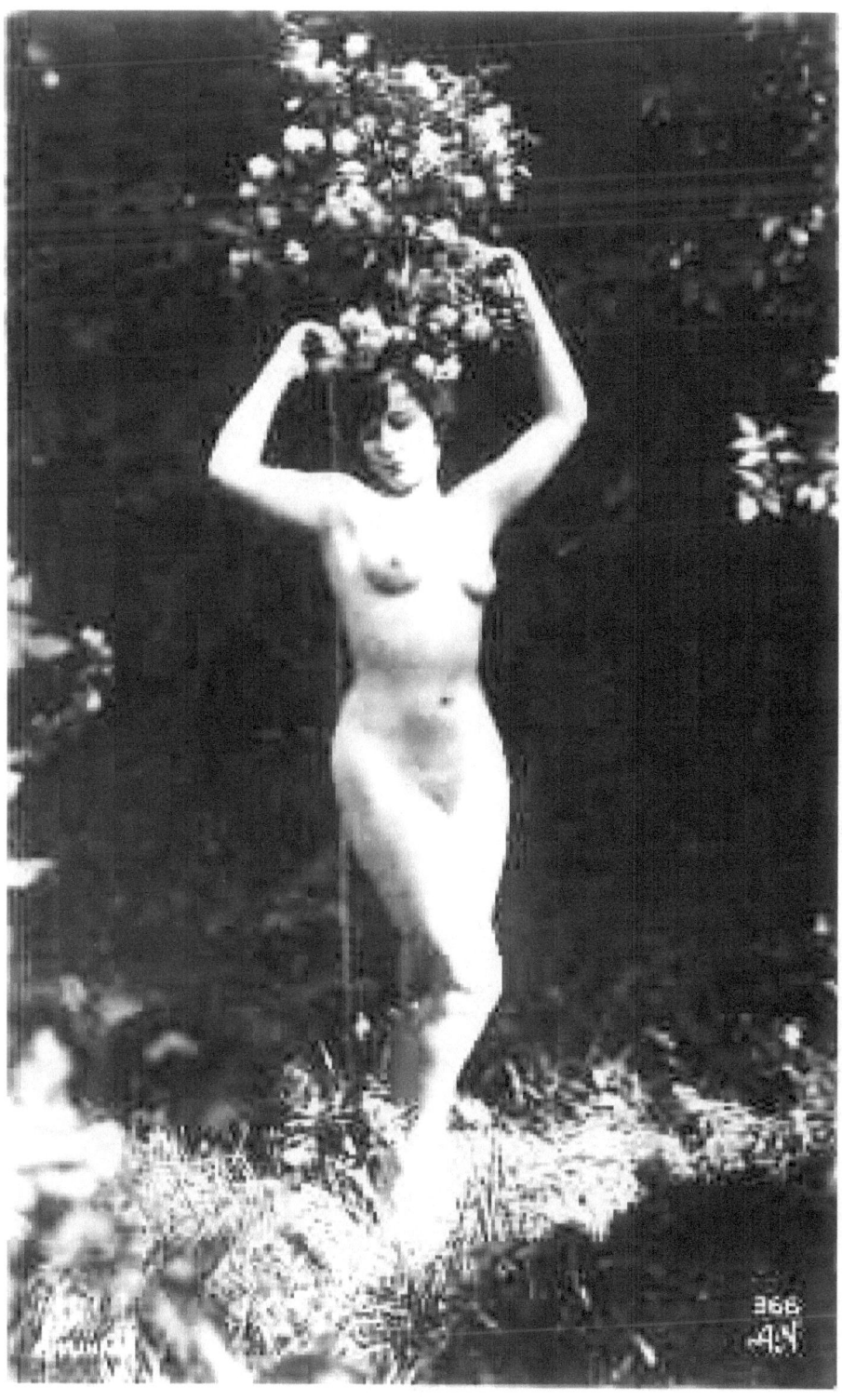

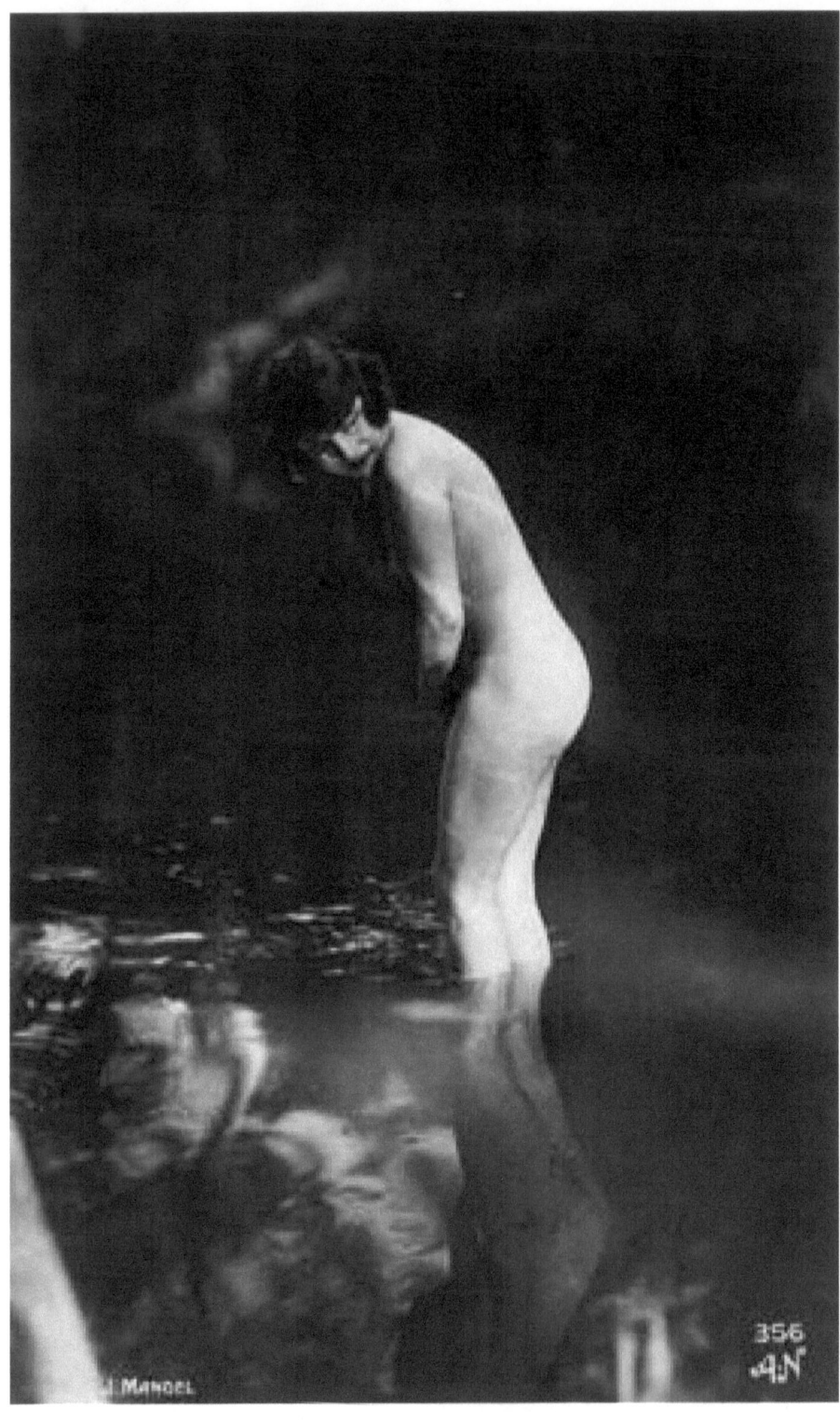

J. MANDEL

356

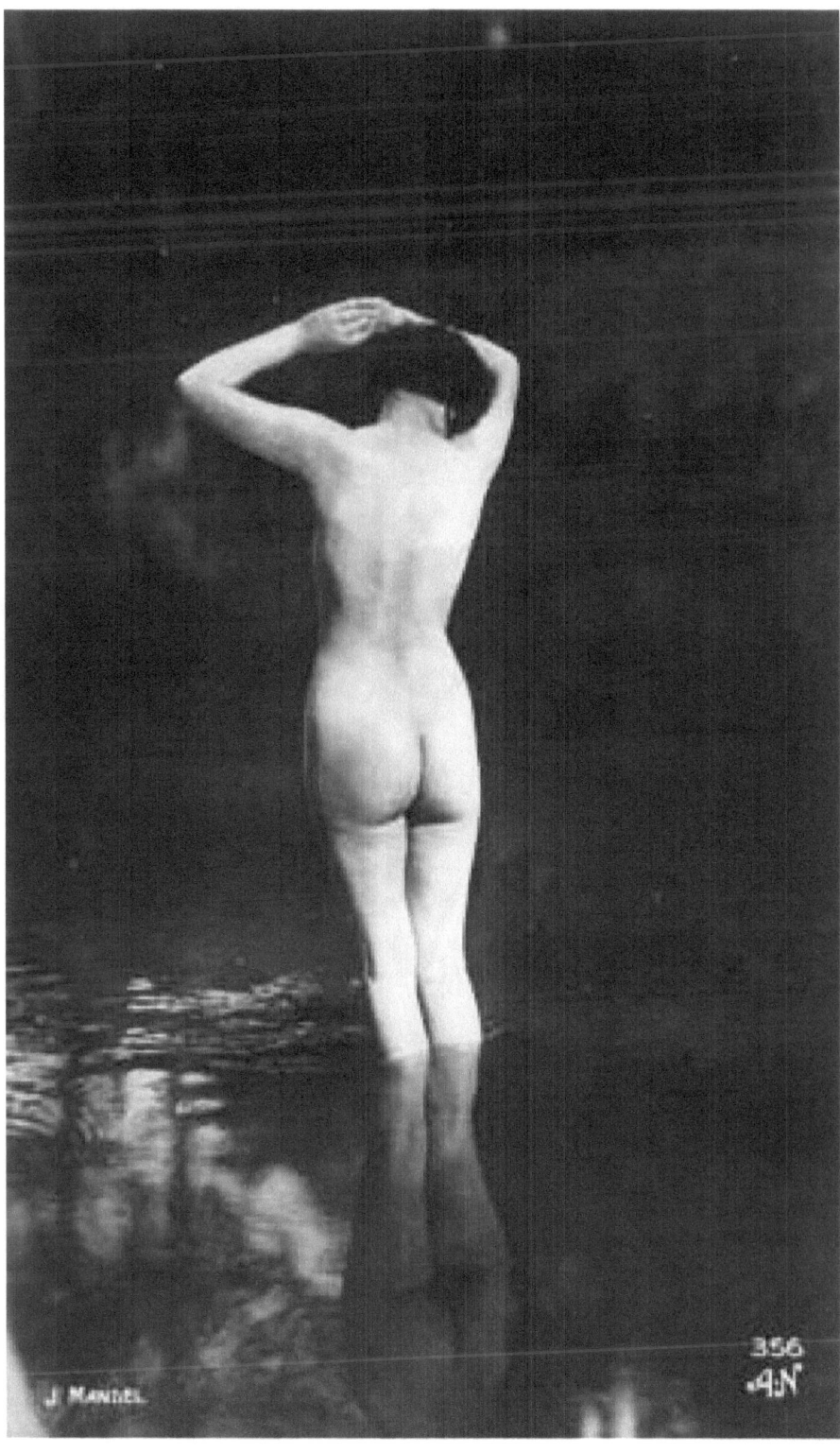

J. MANDEL.

356
.A.N.

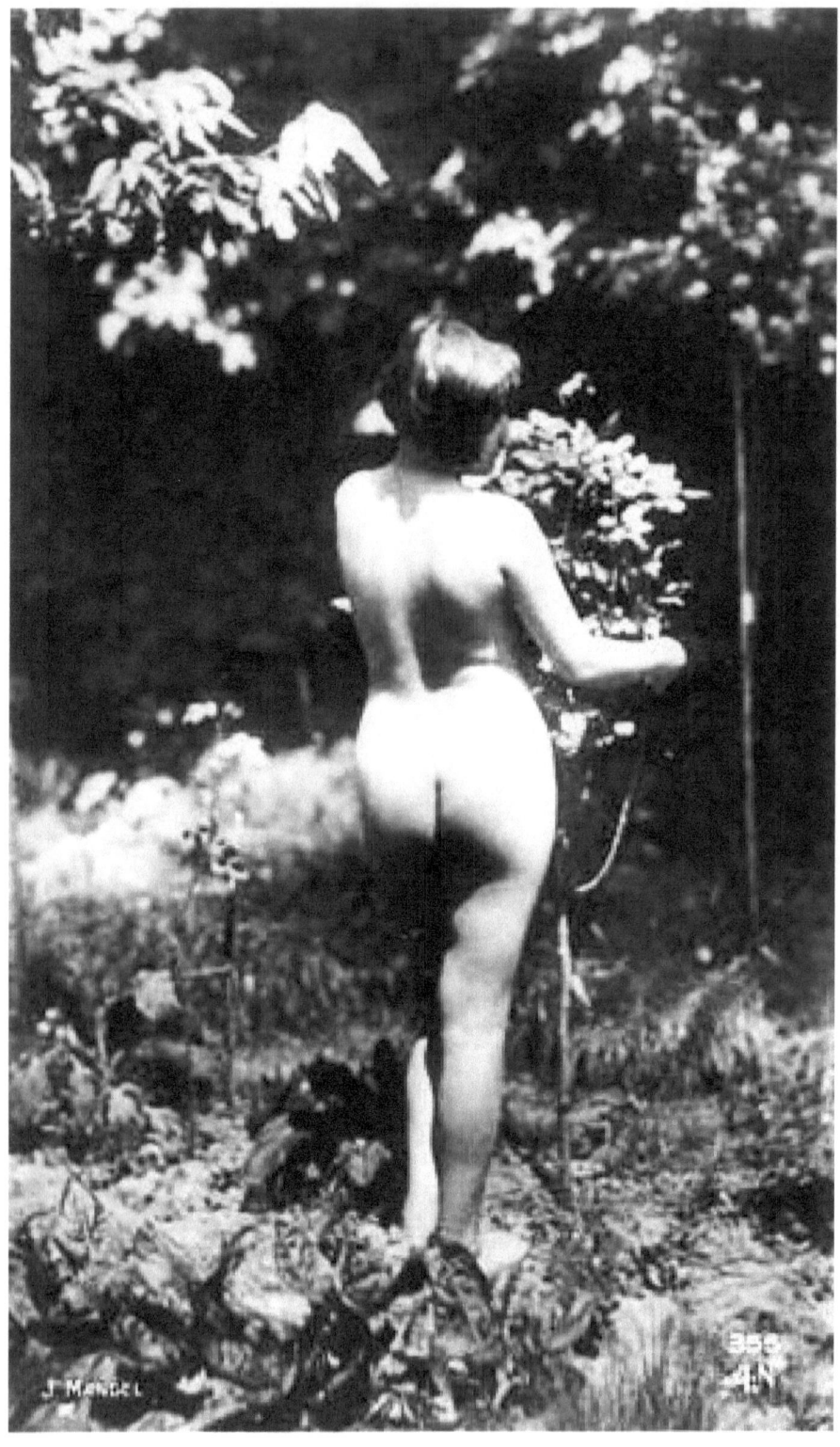

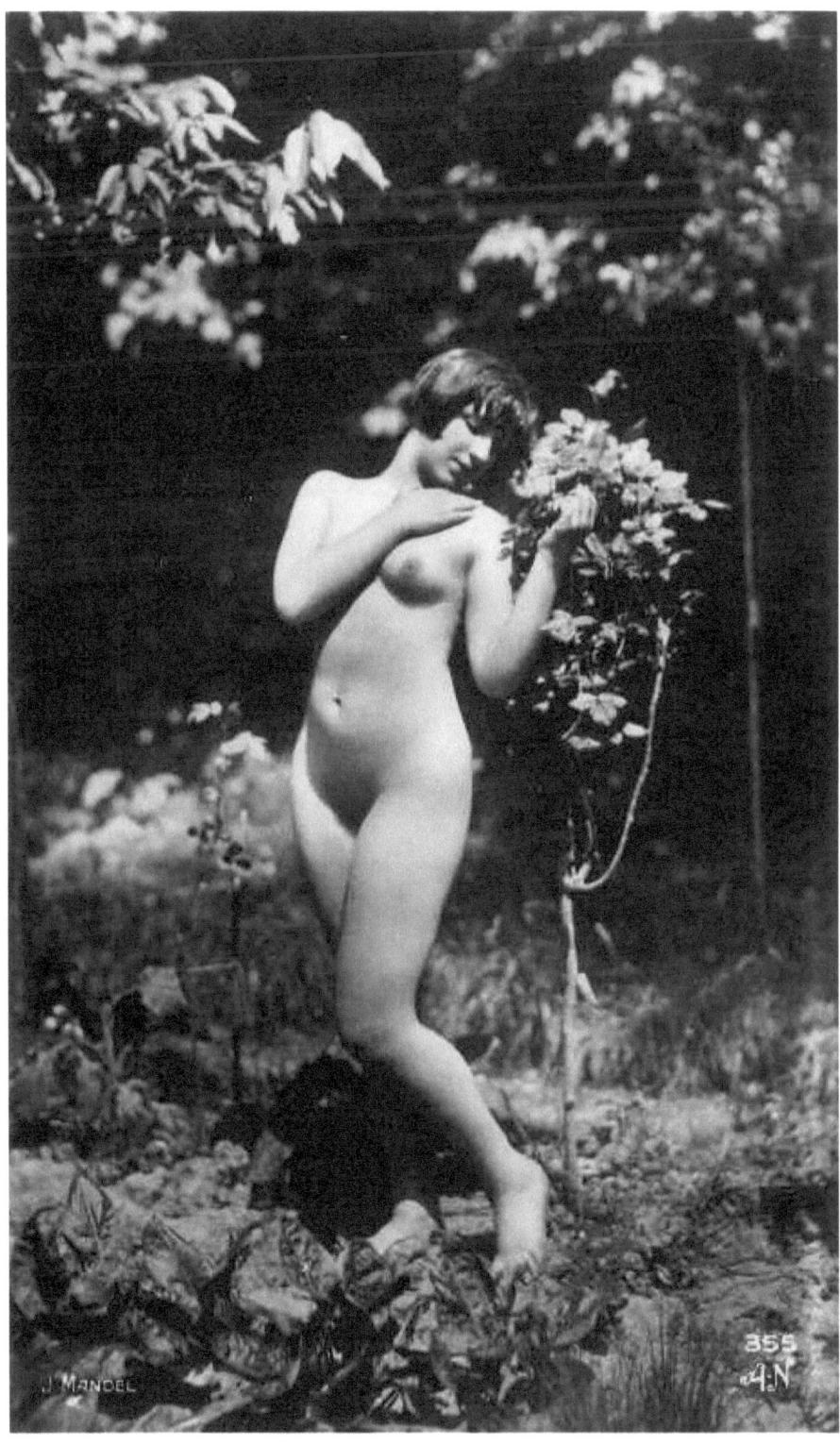

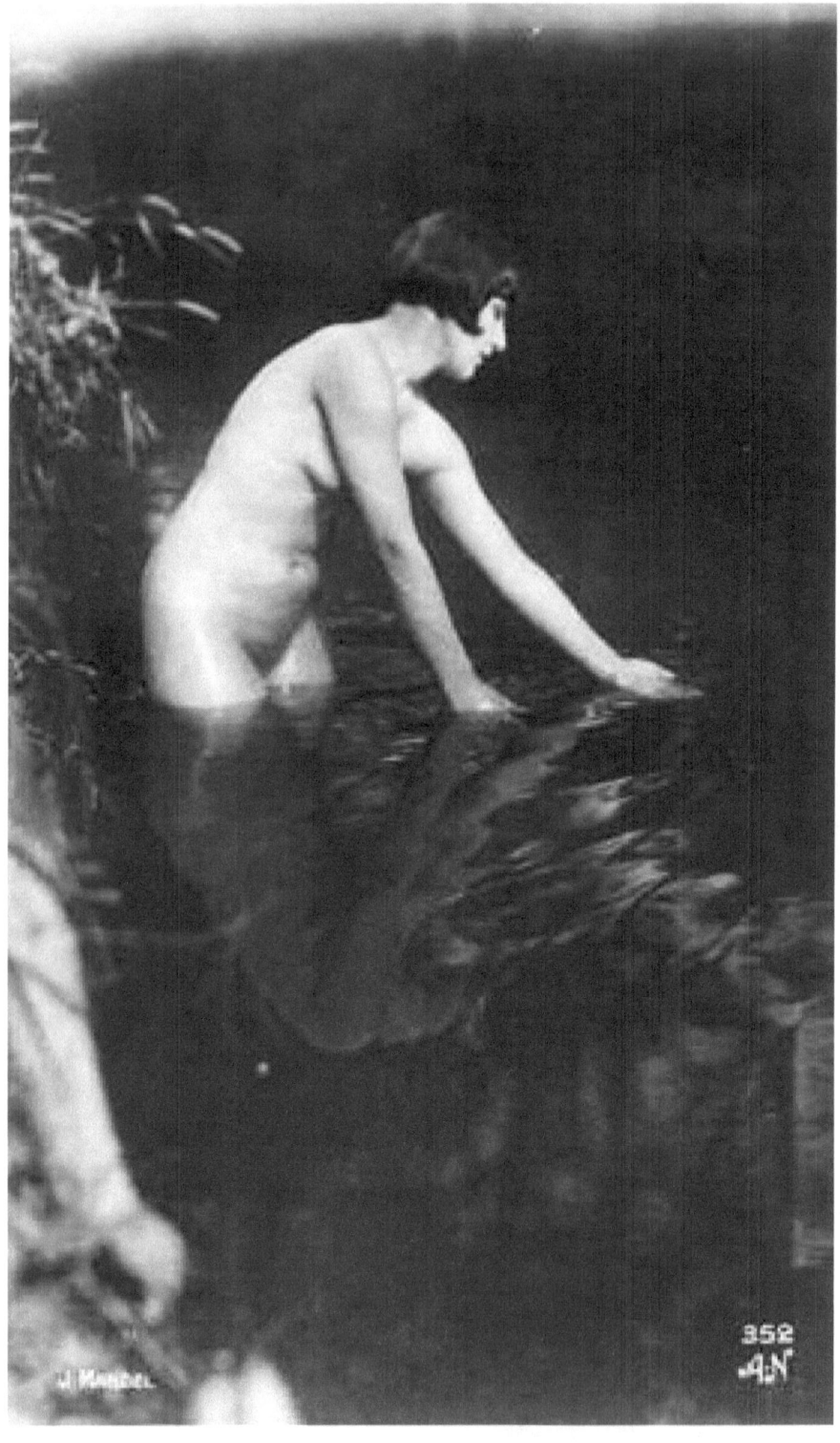

352
A·N

J. Mandel

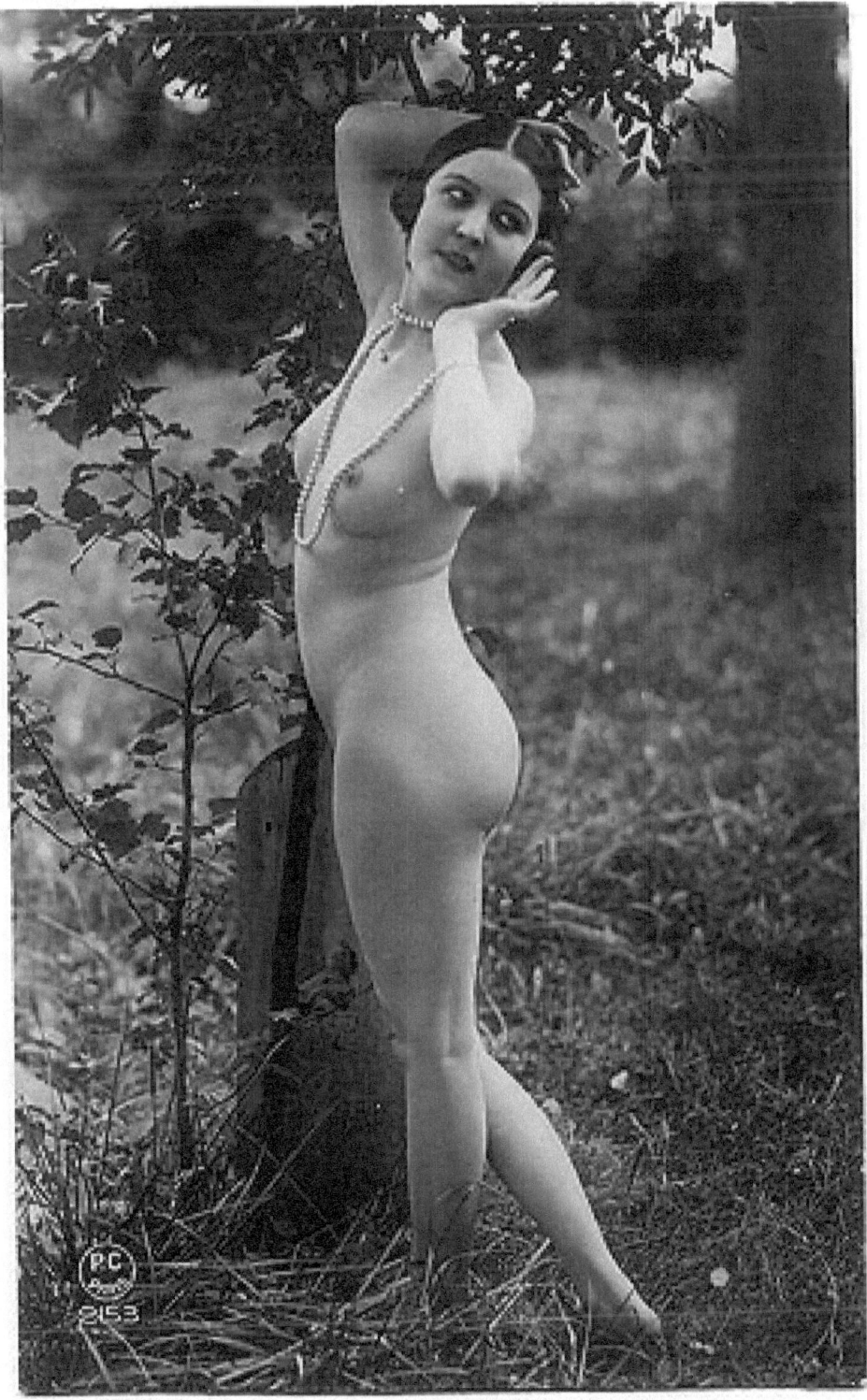

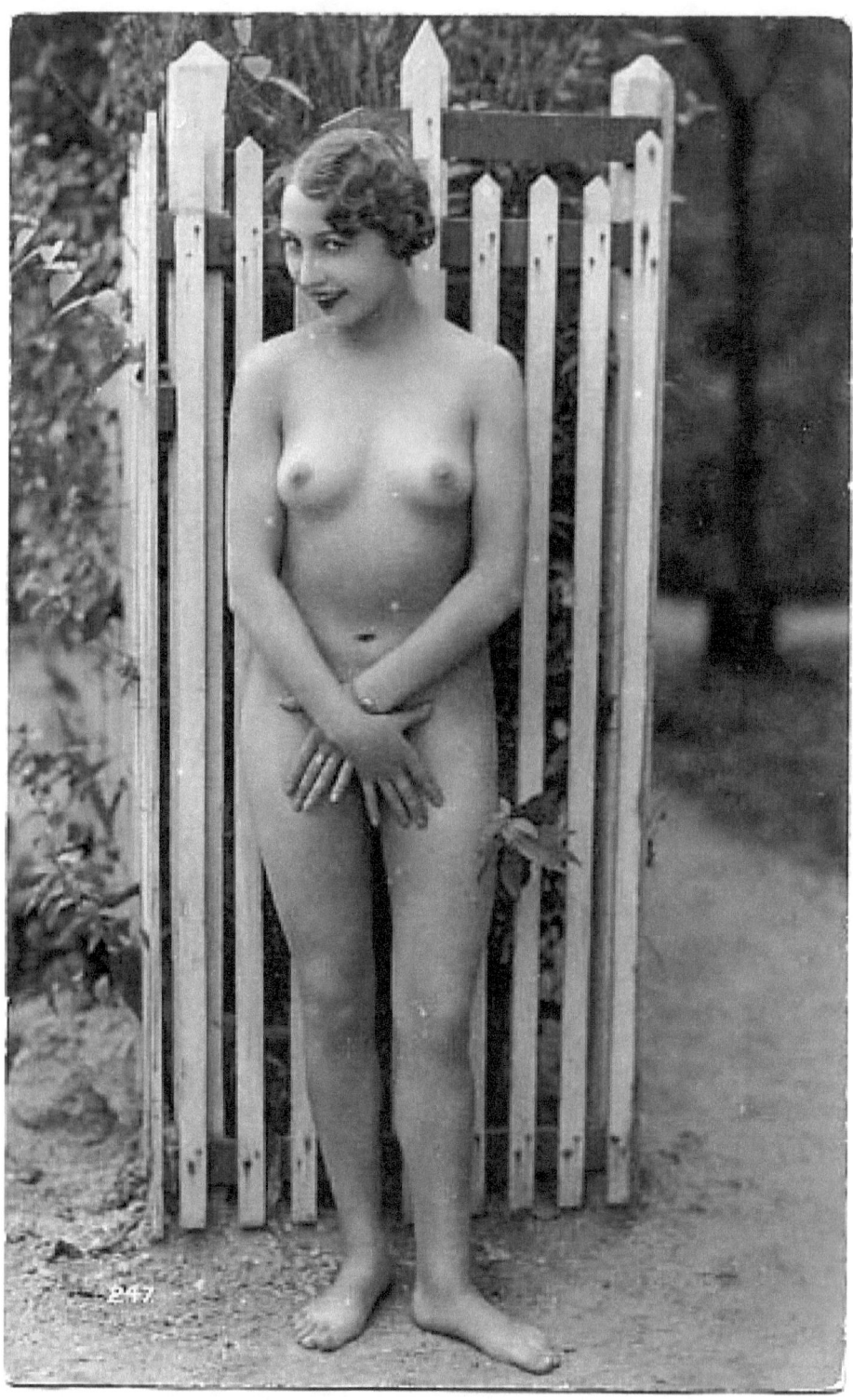

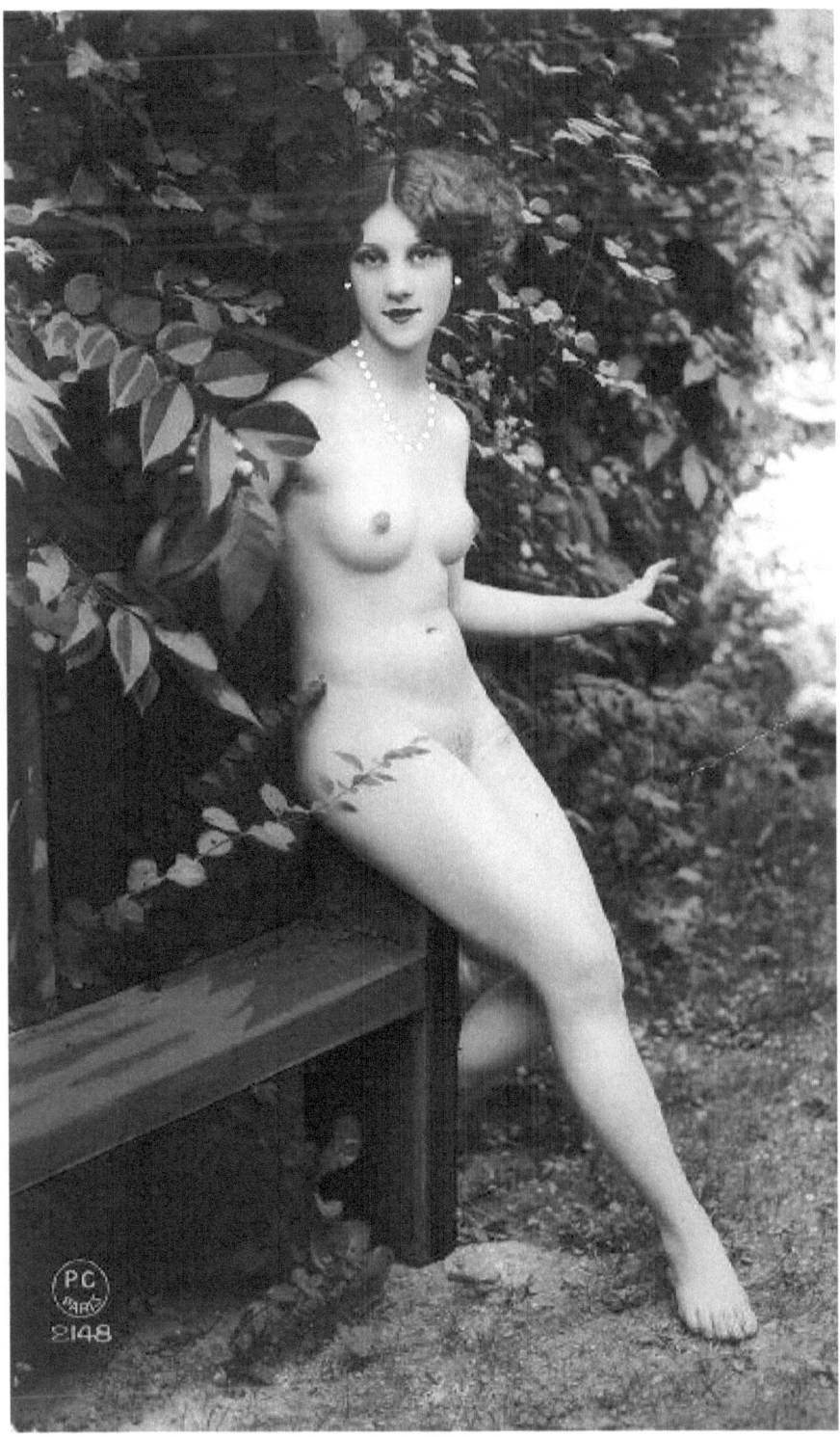

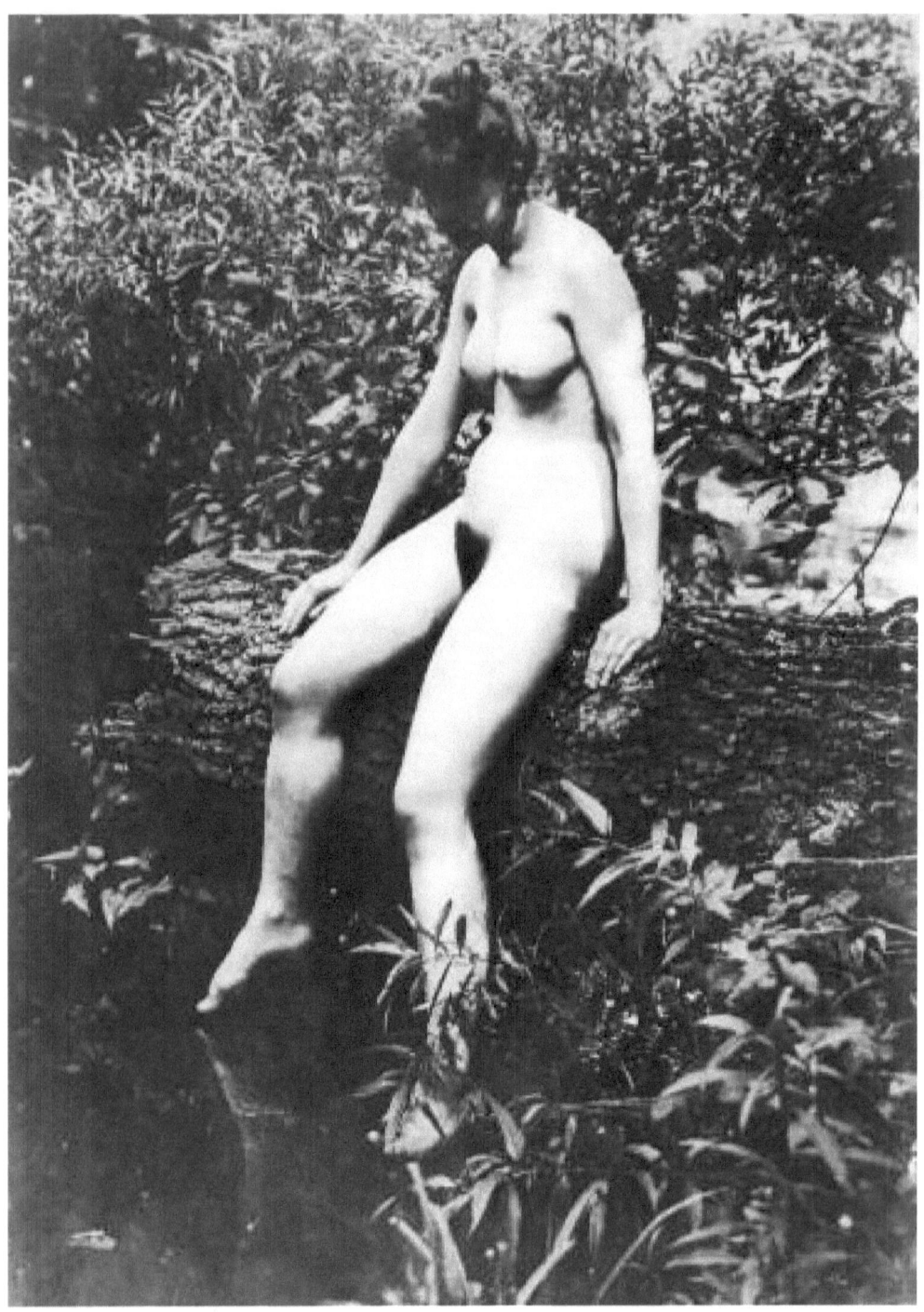

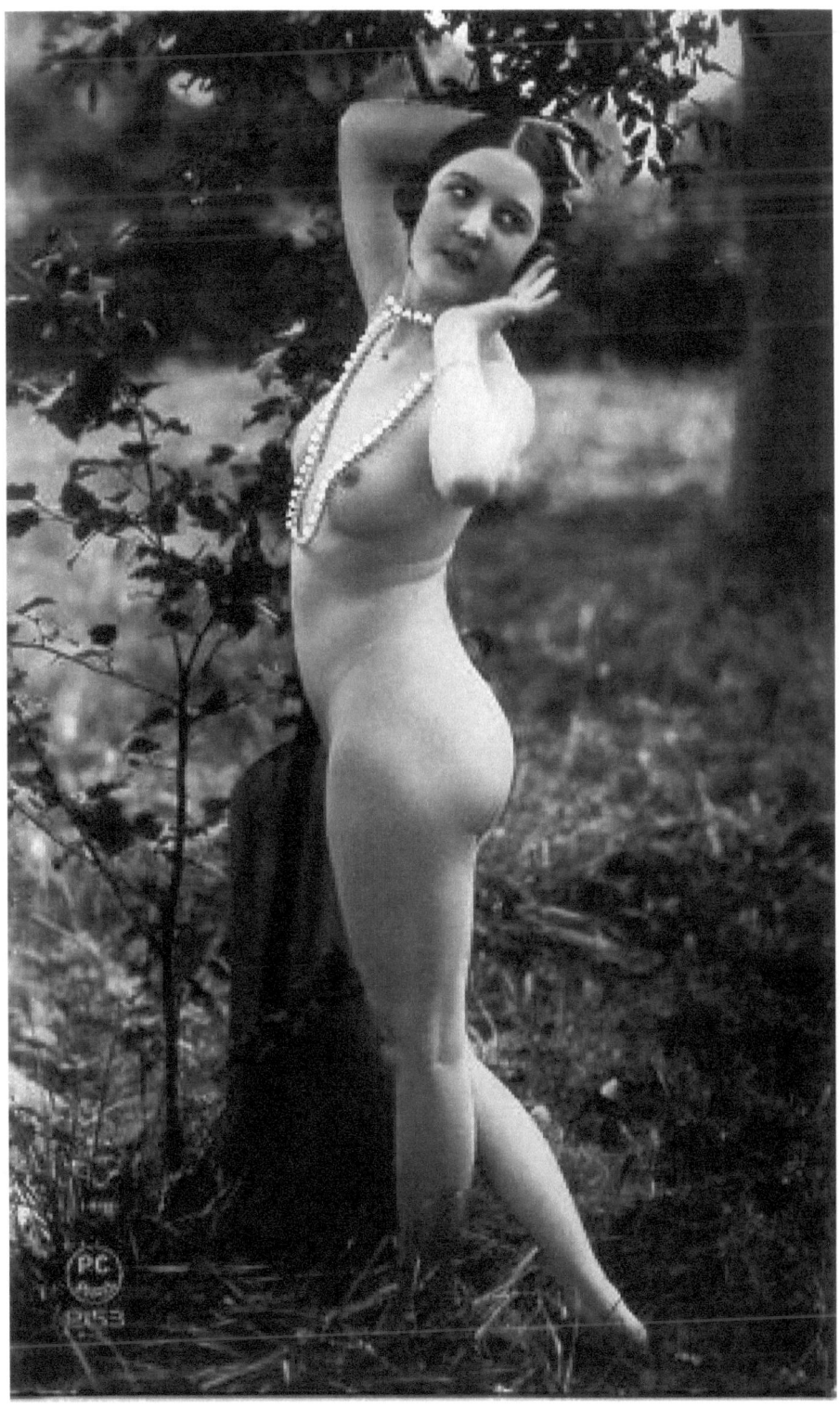

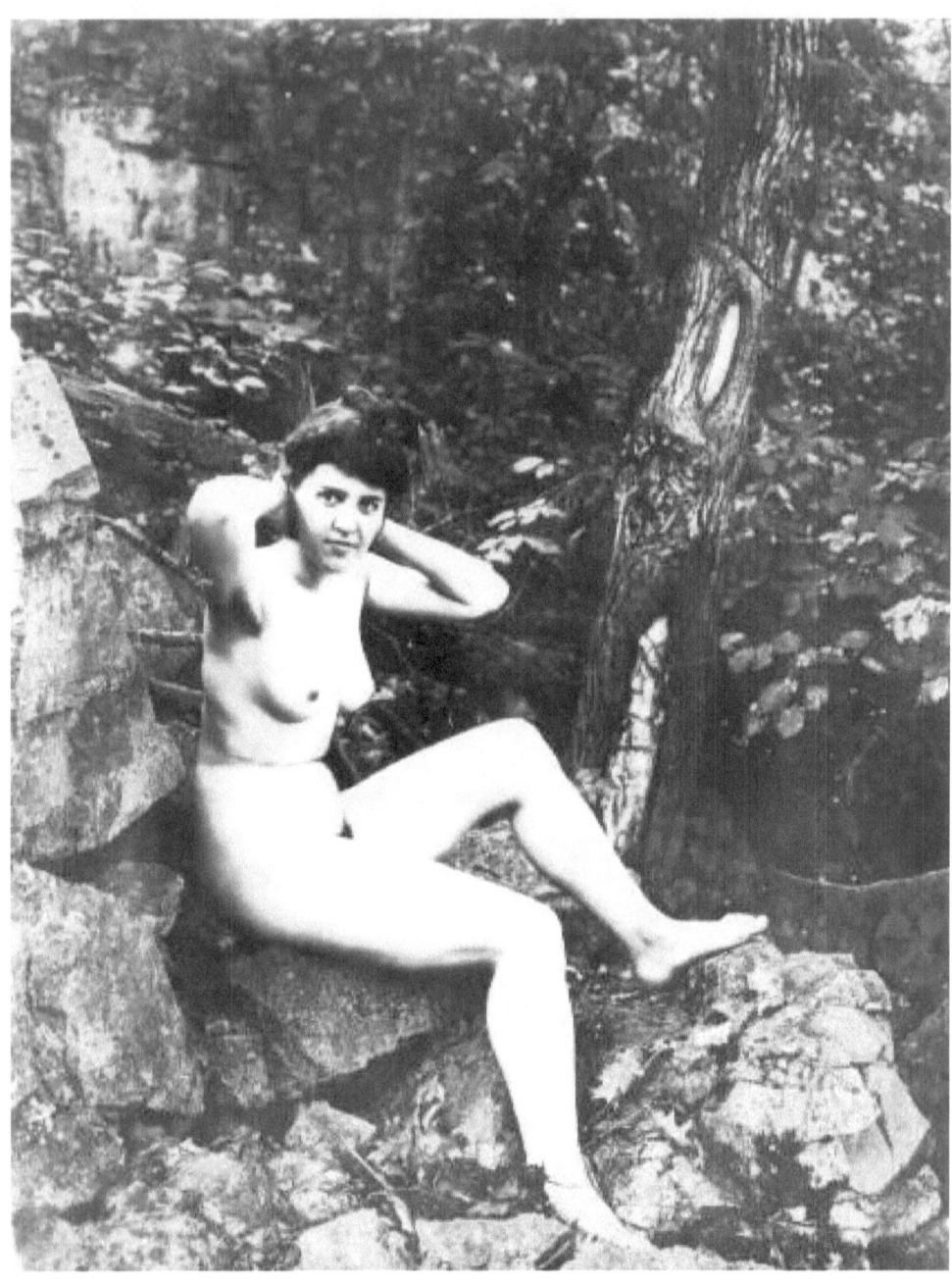

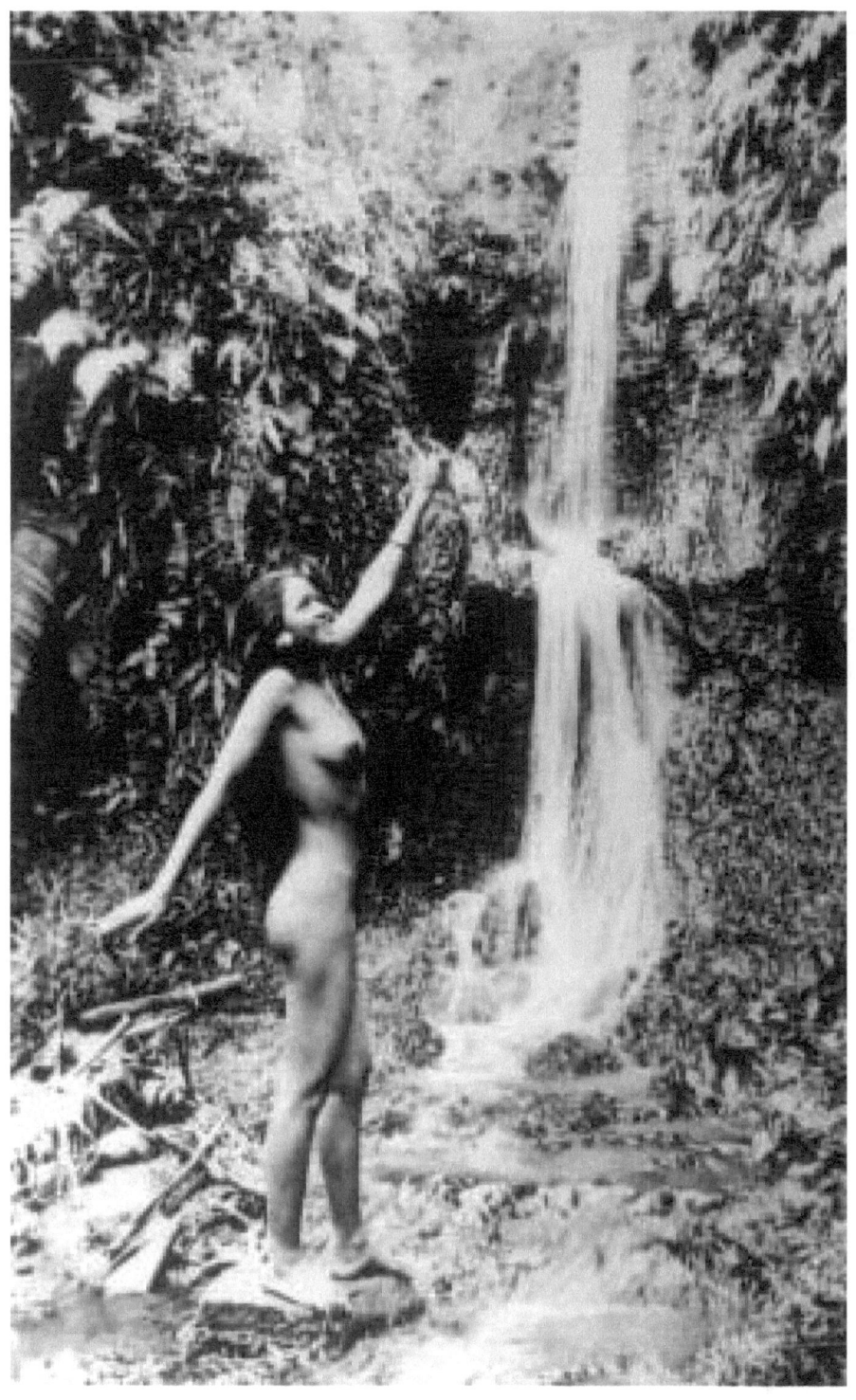

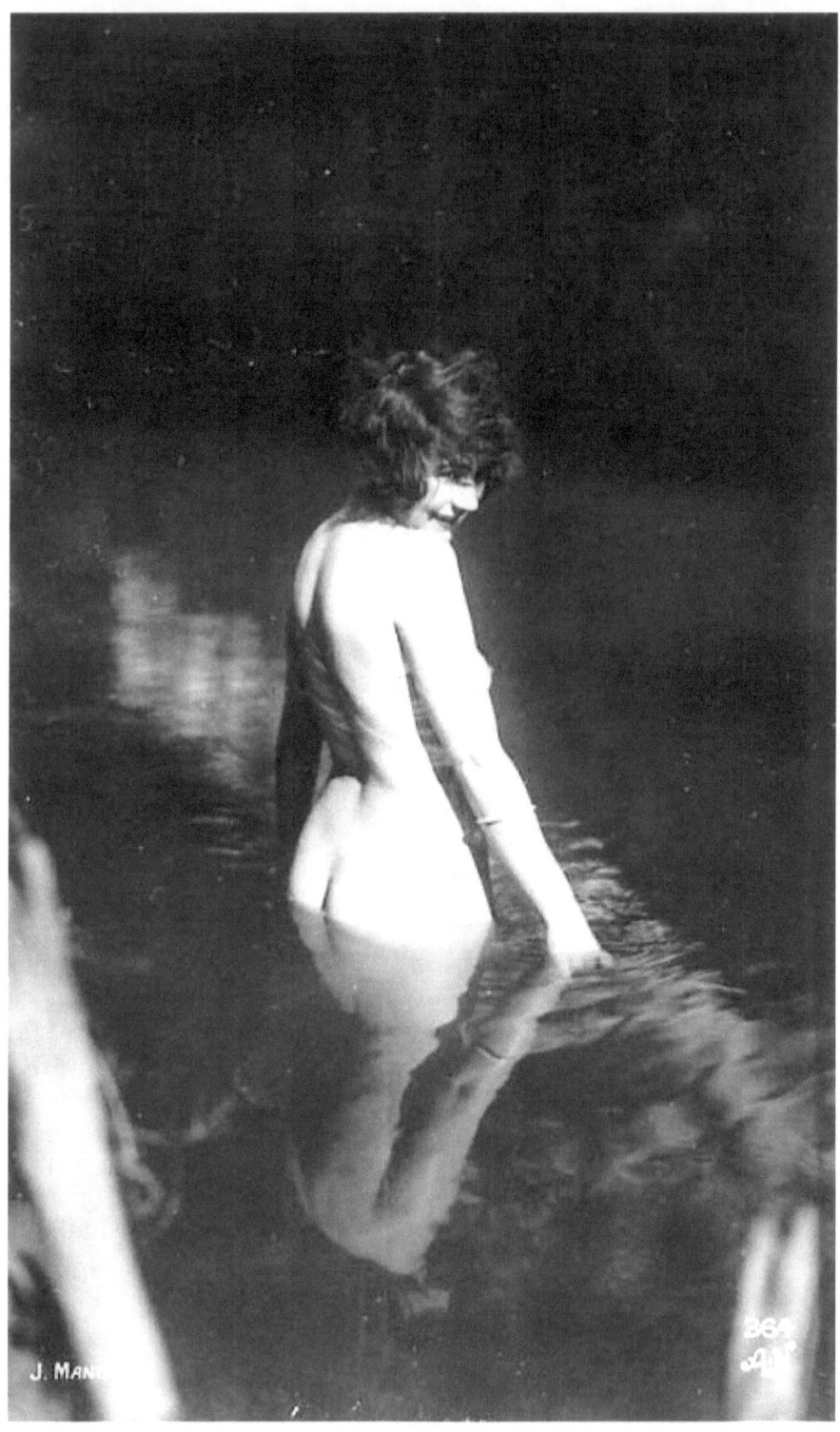

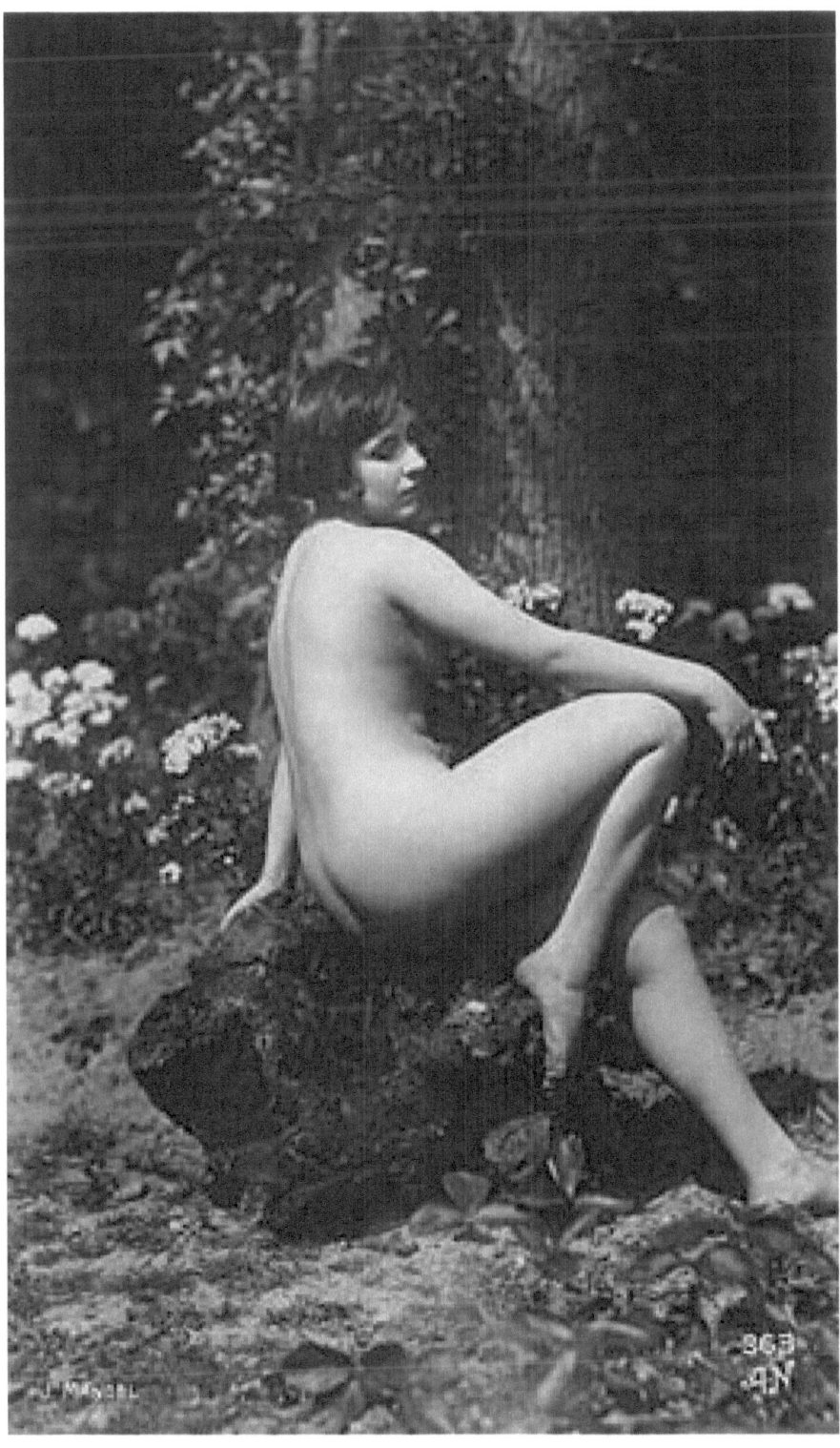

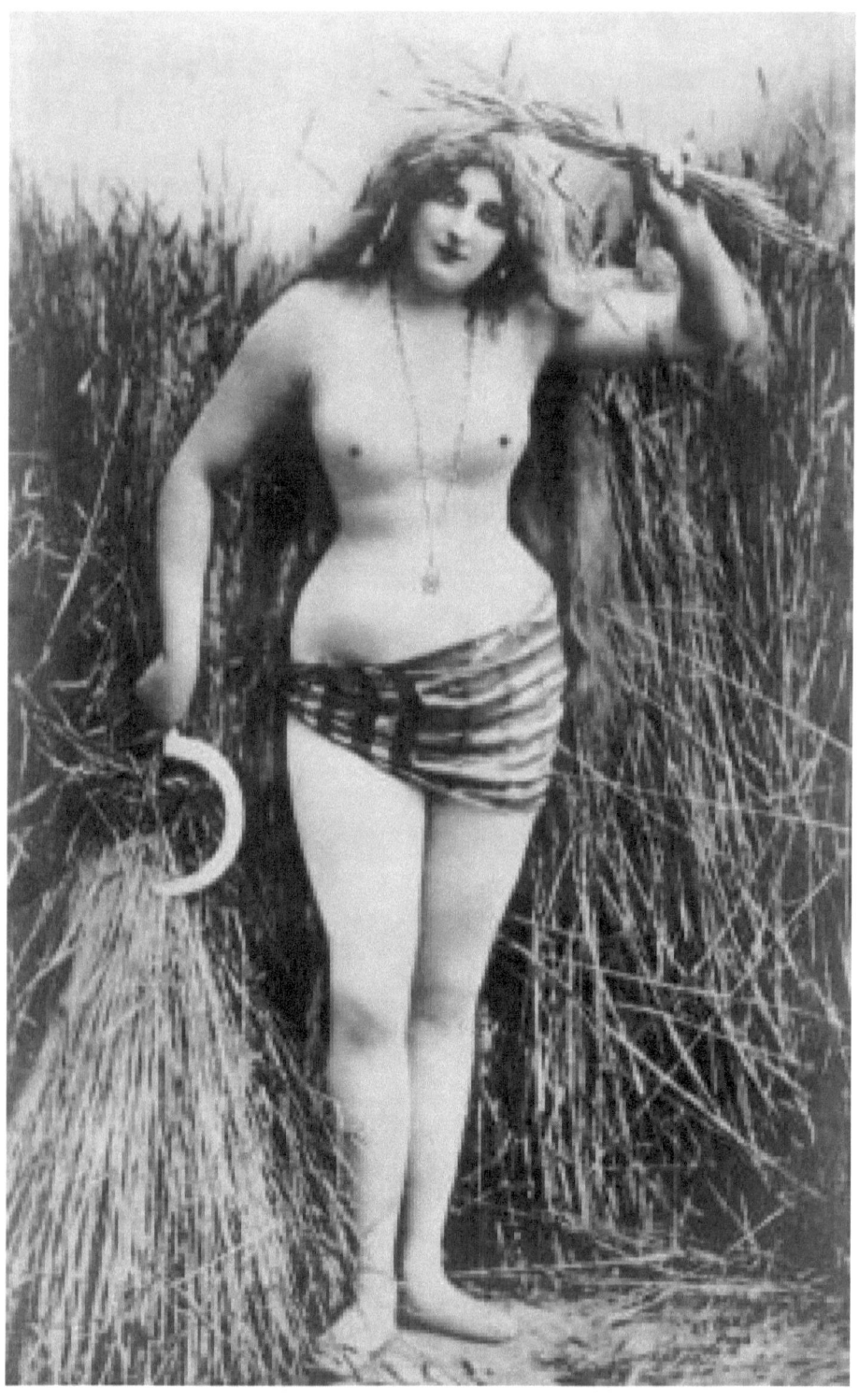

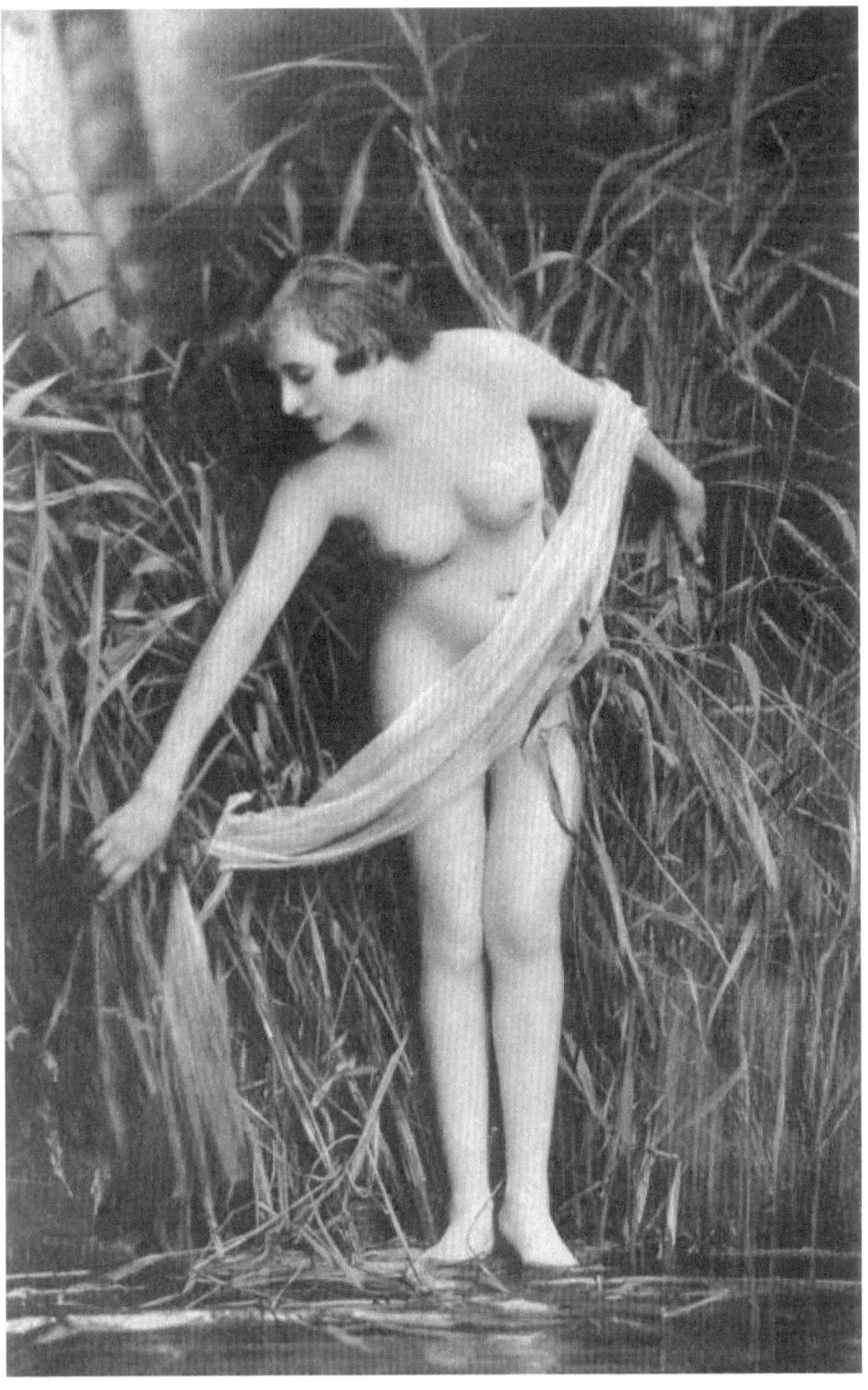

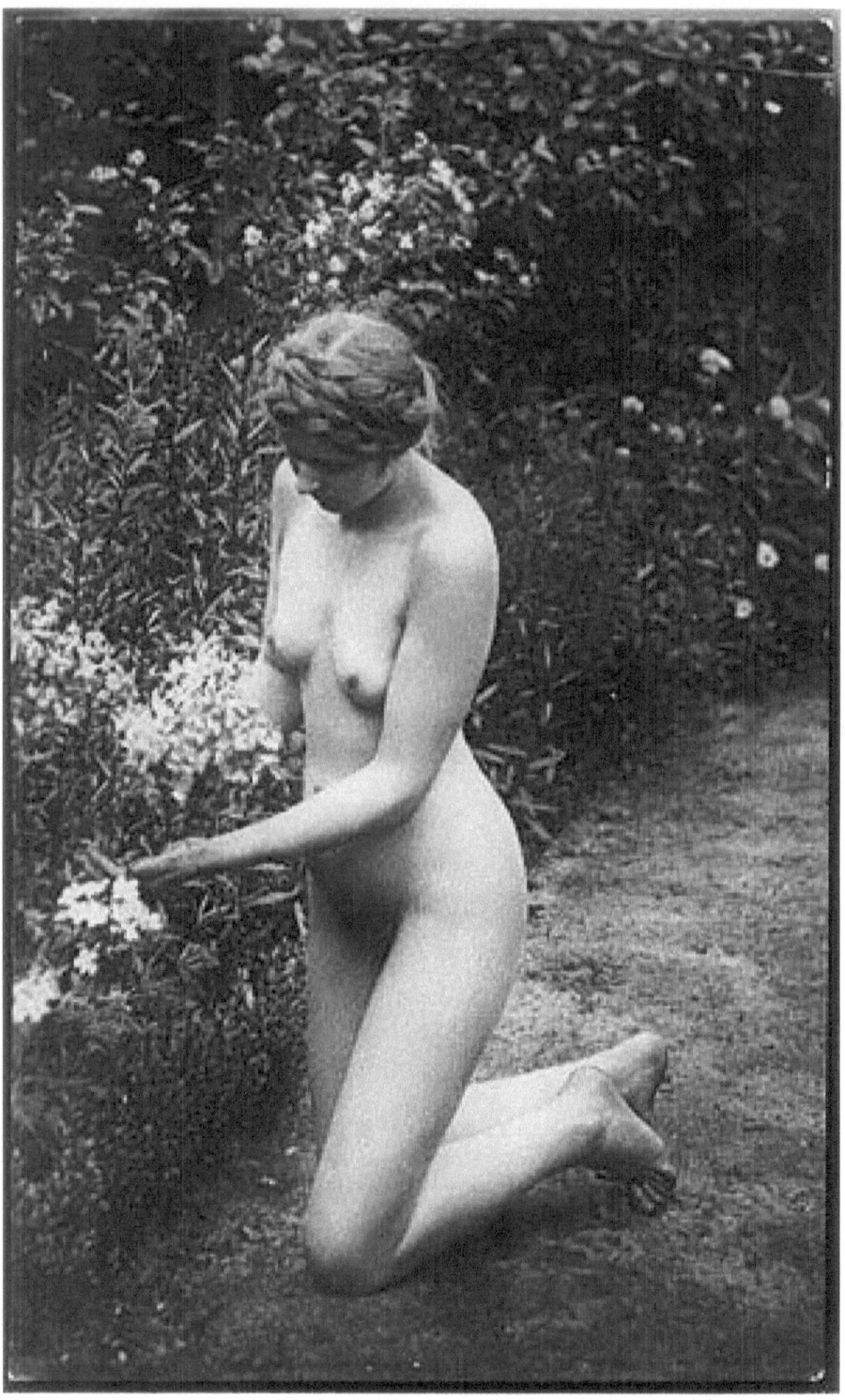

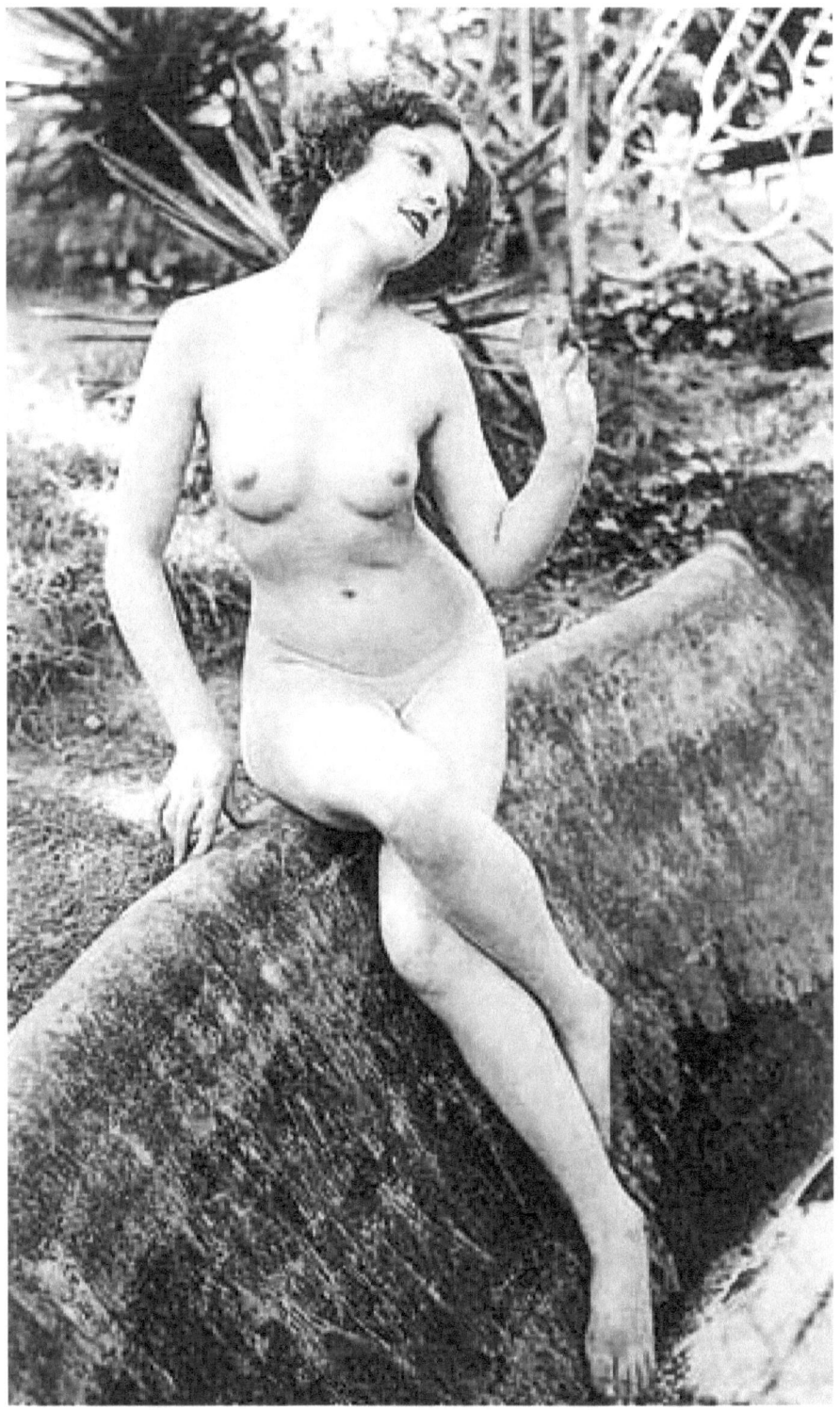

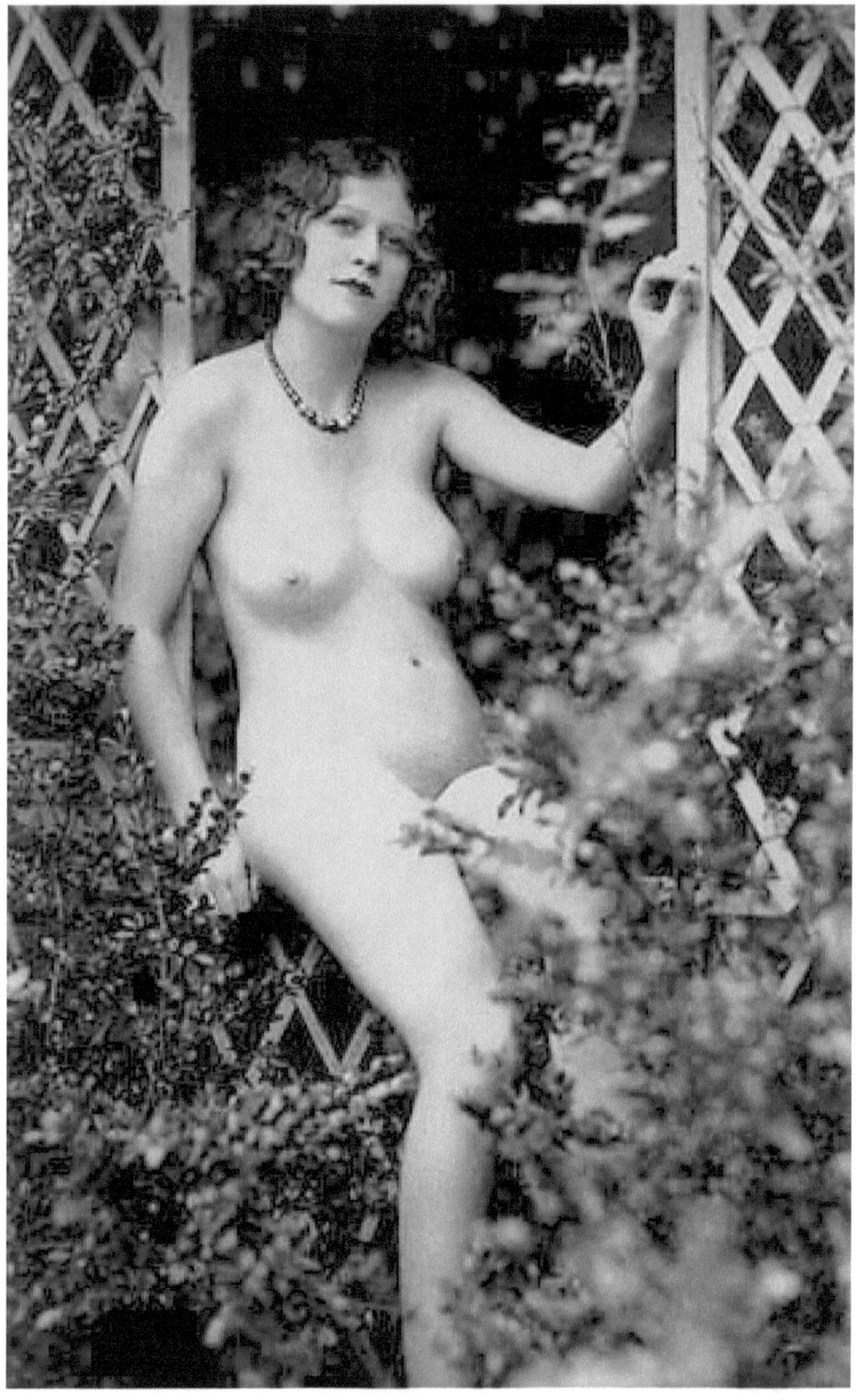

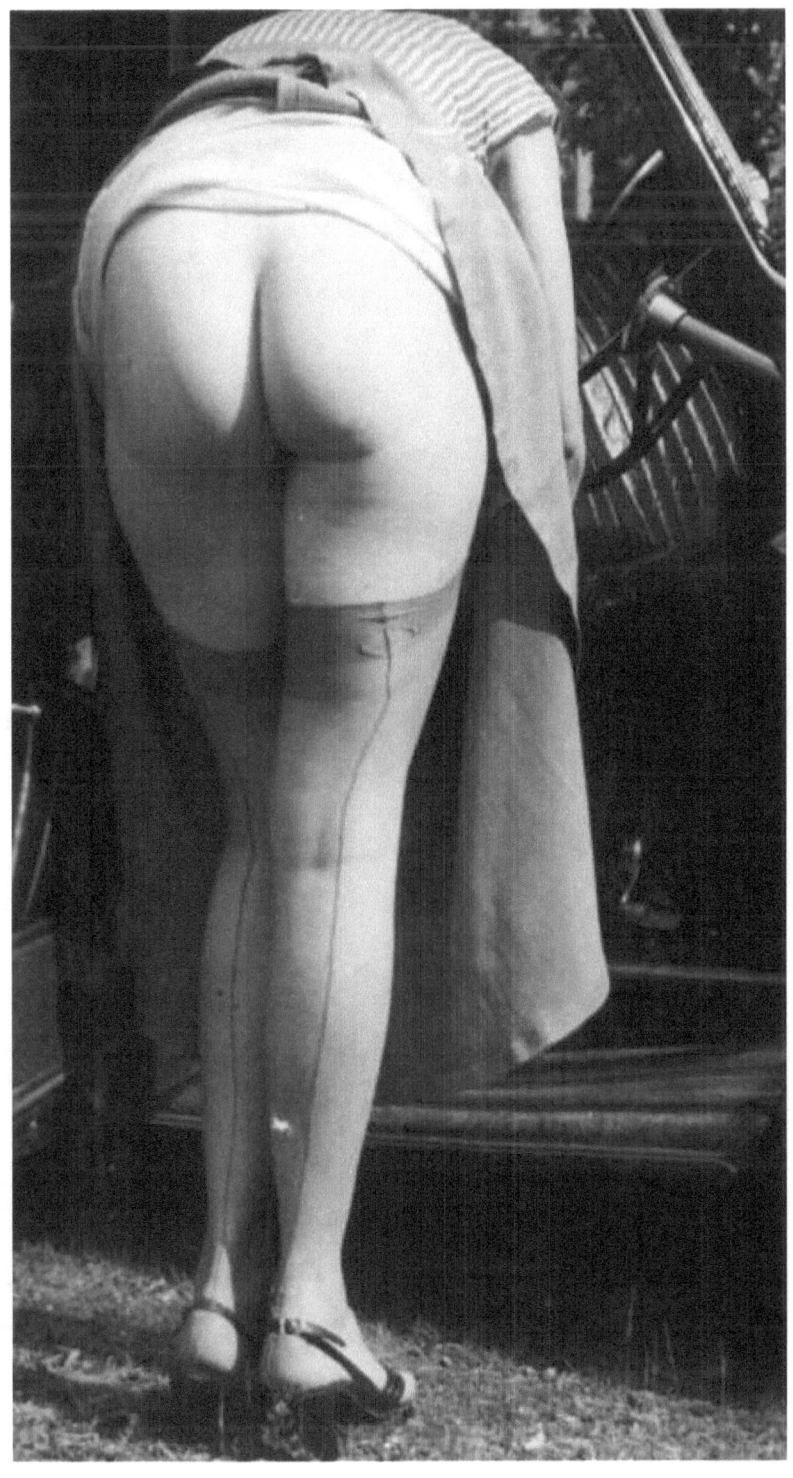

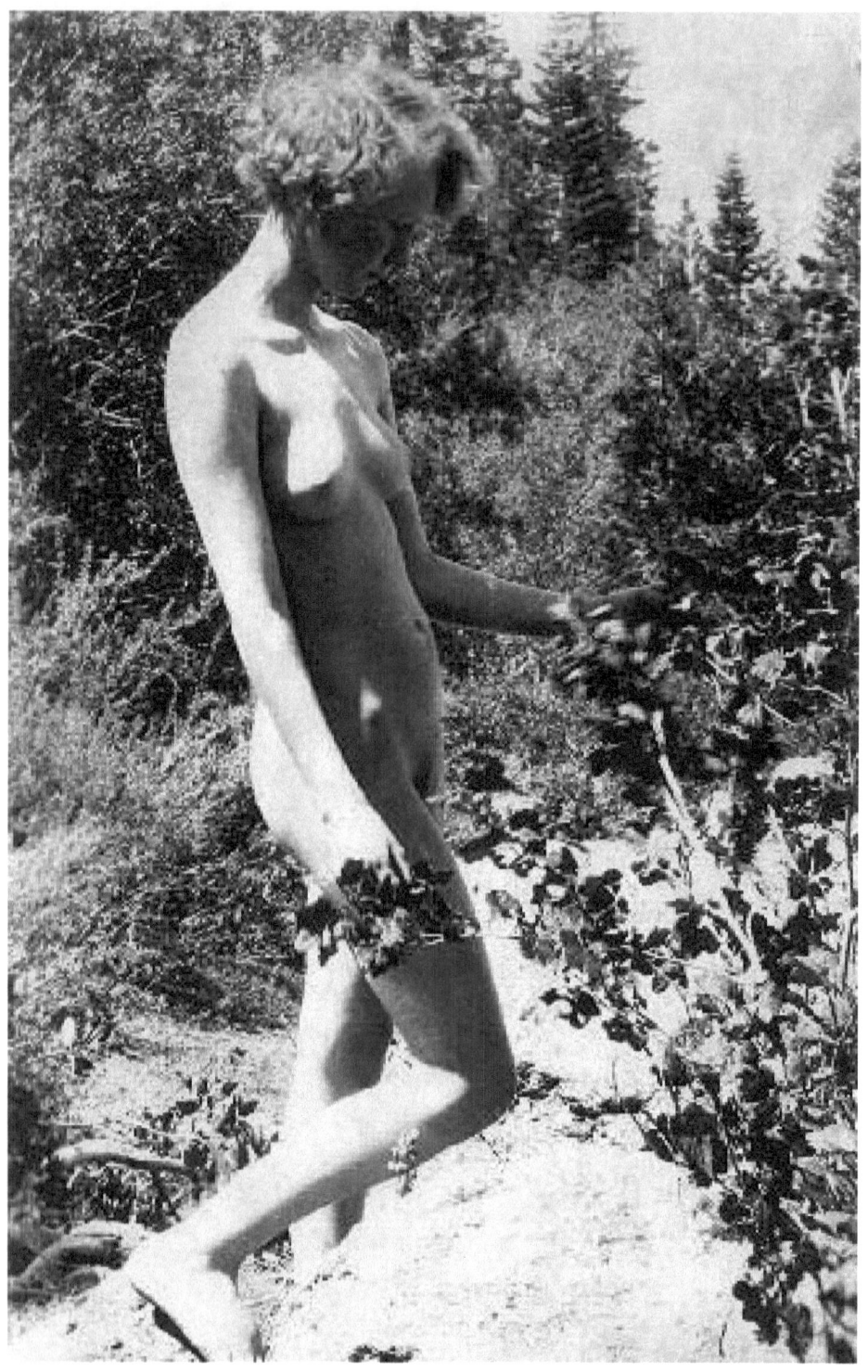

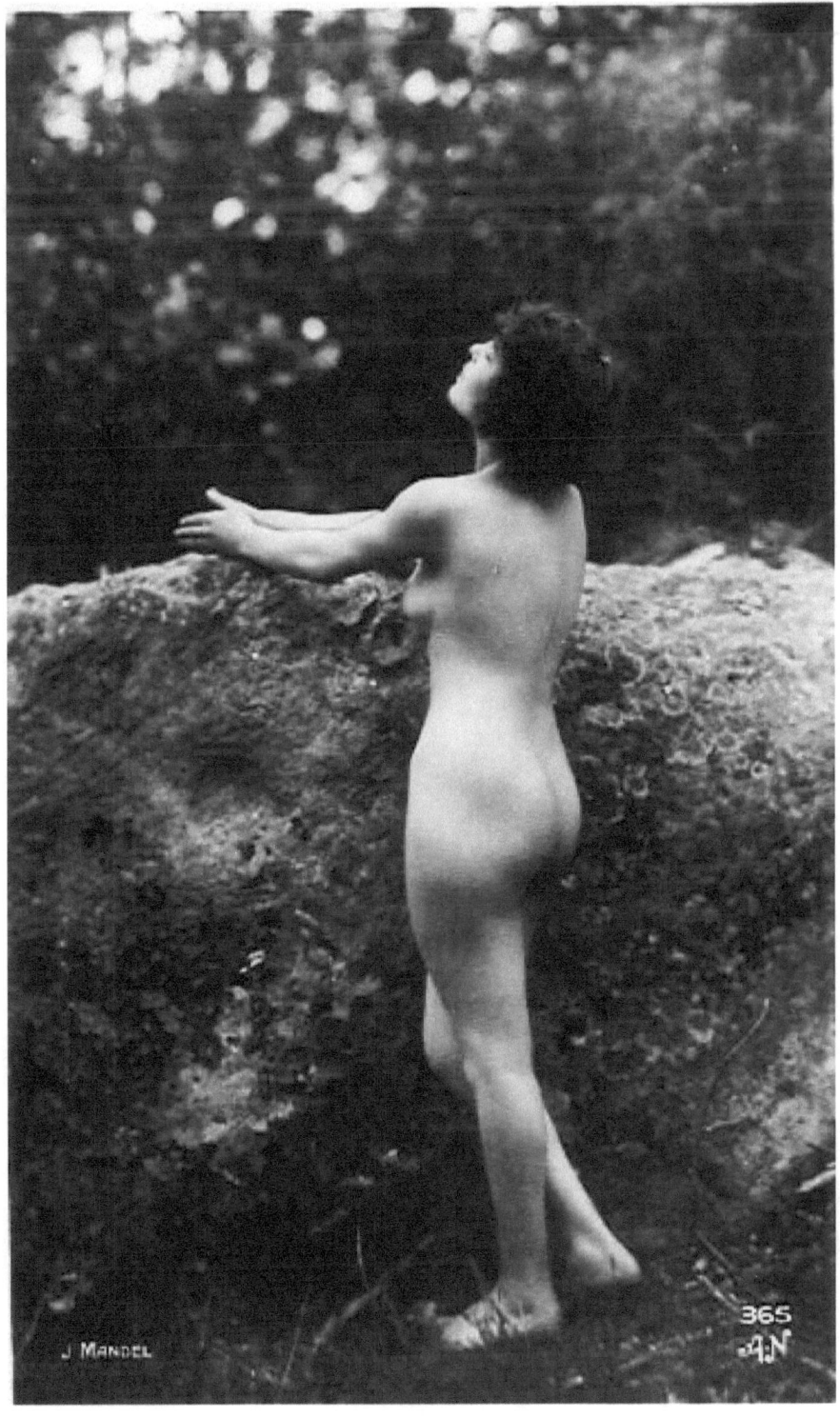

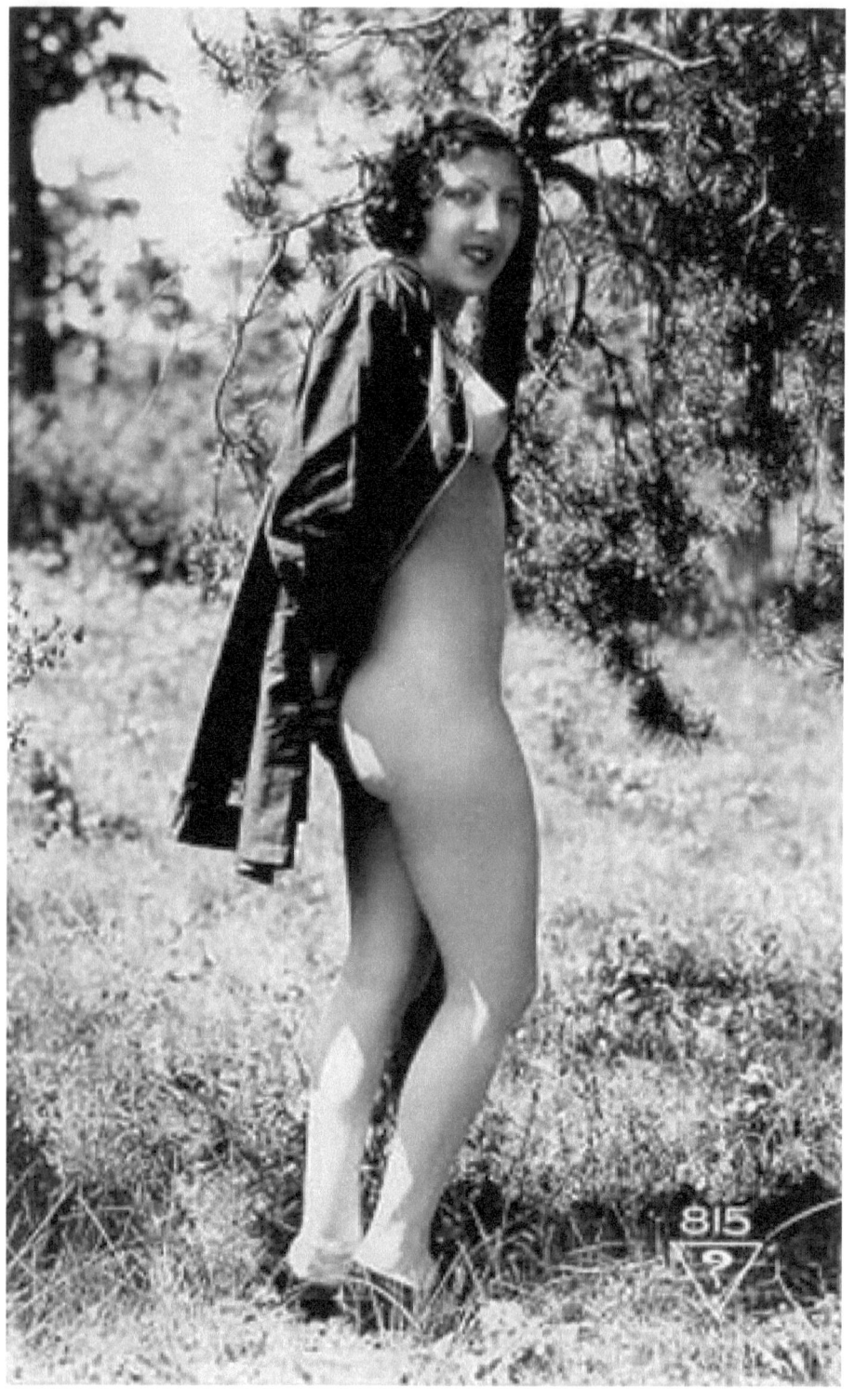

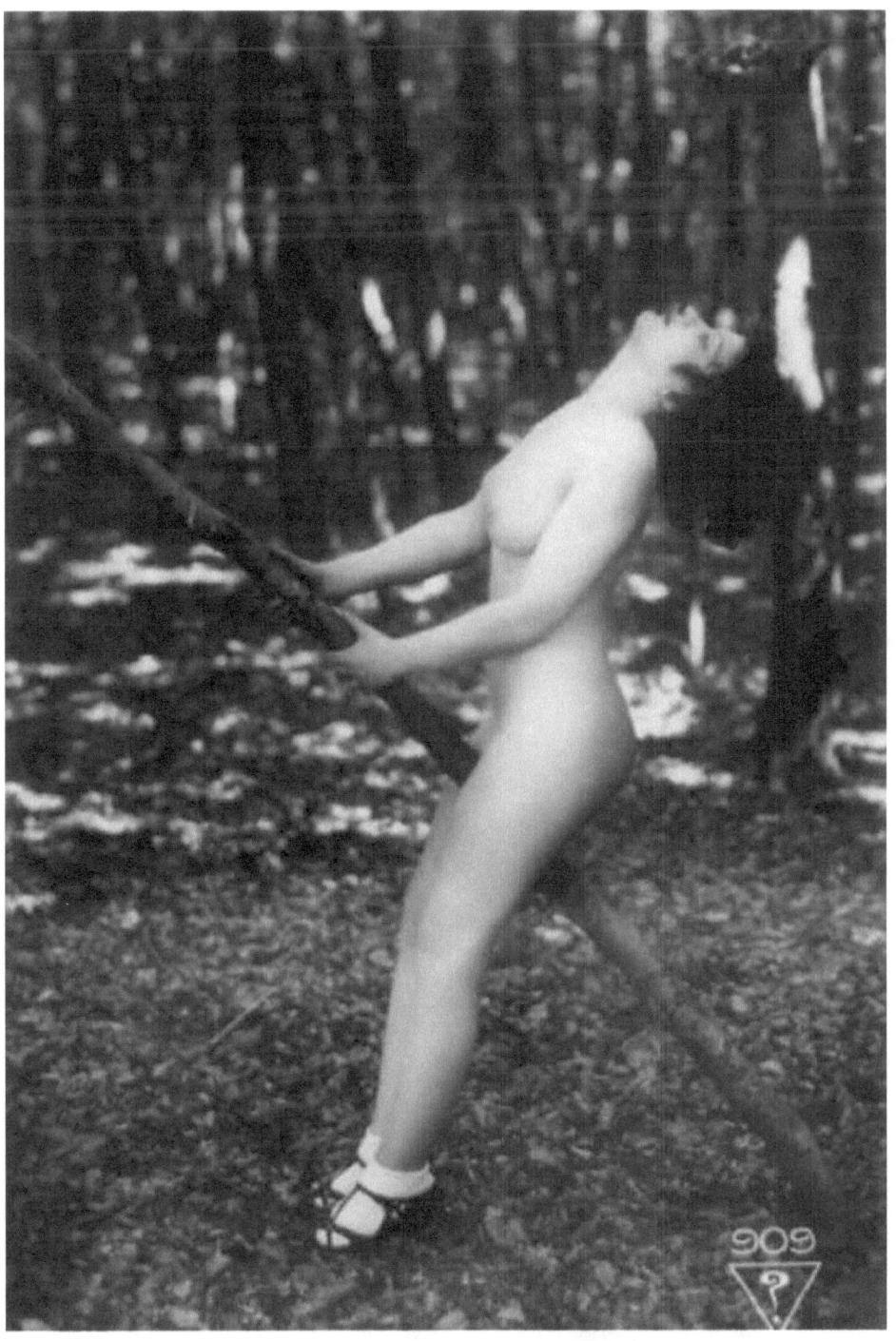

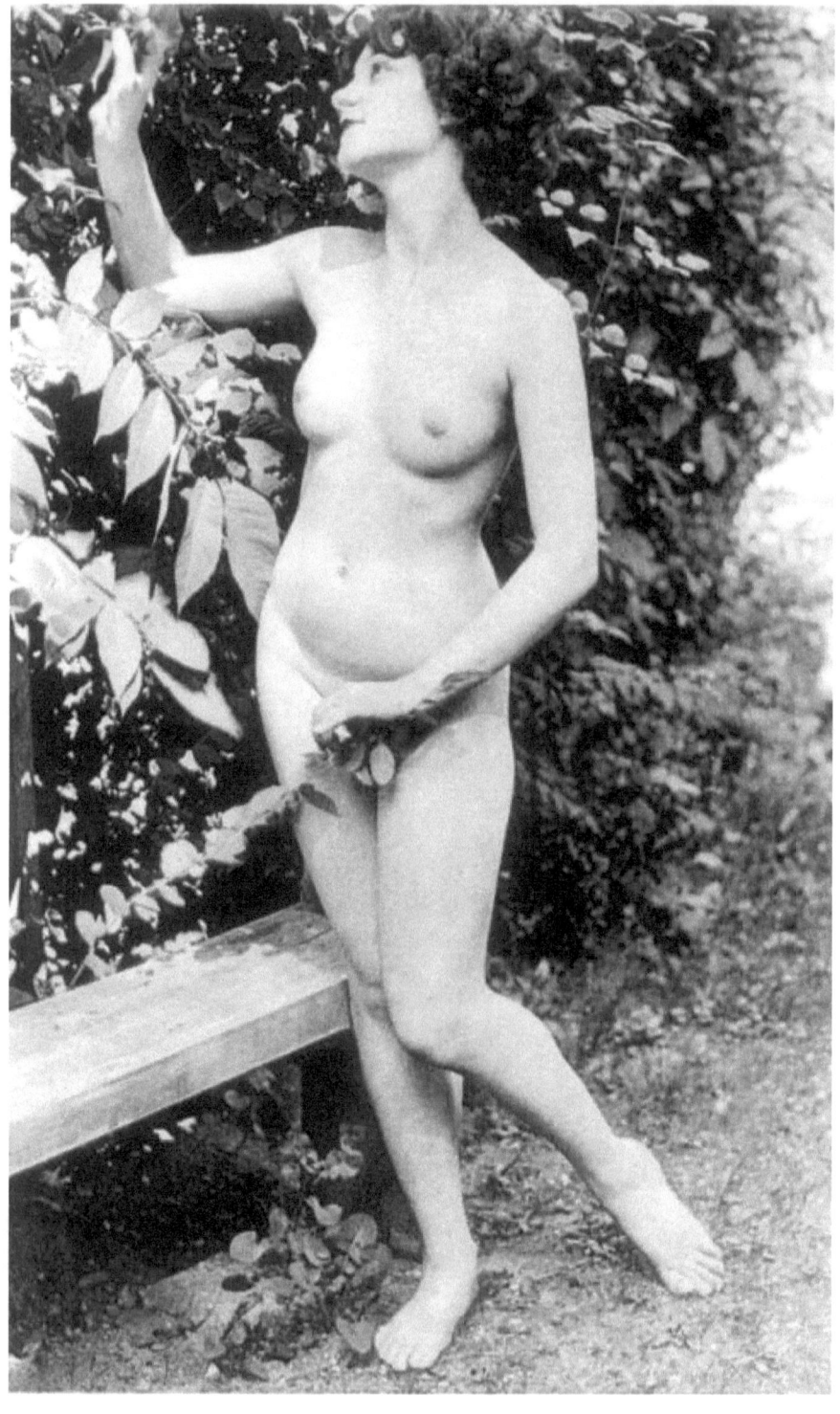

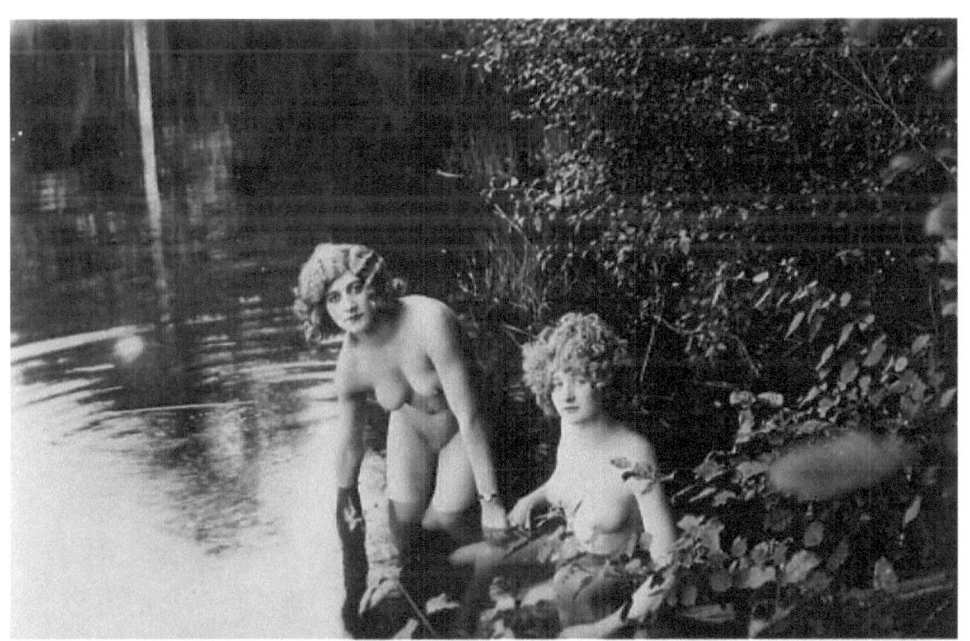

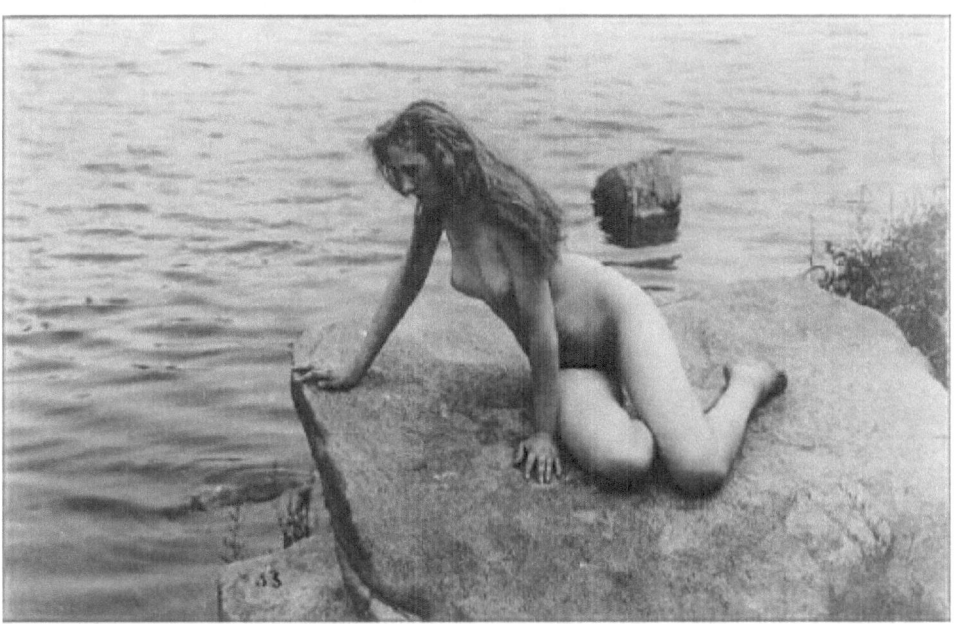

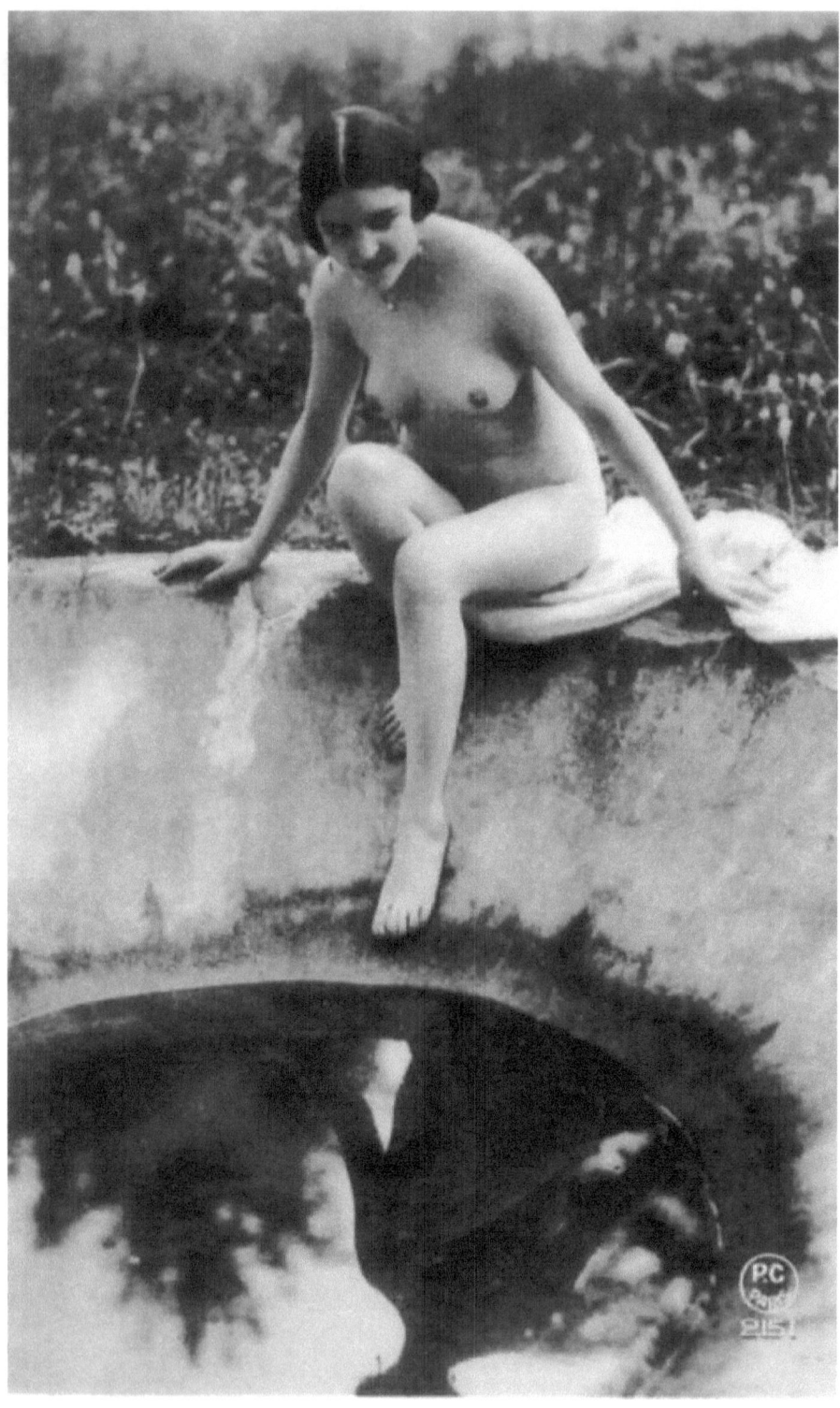

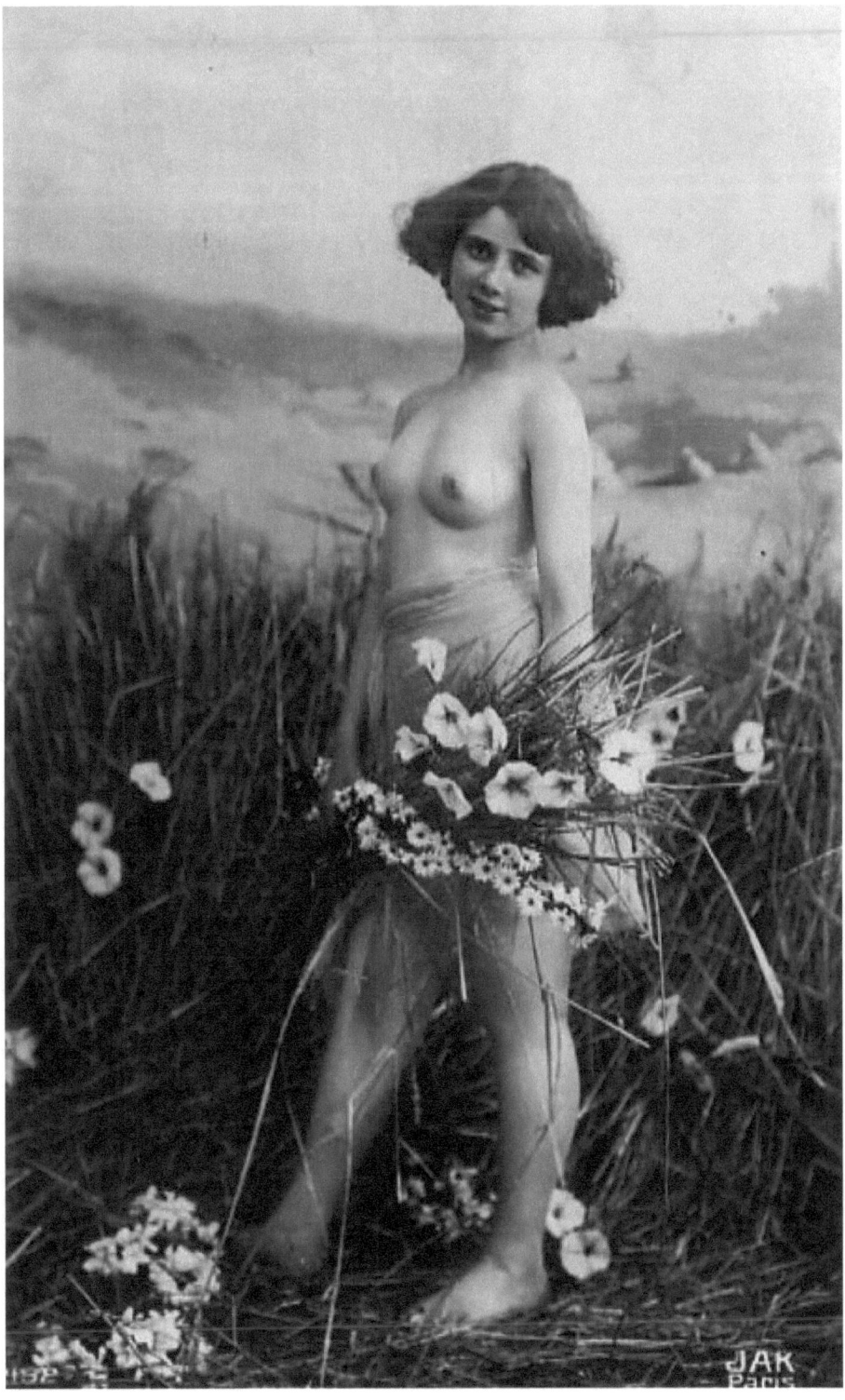

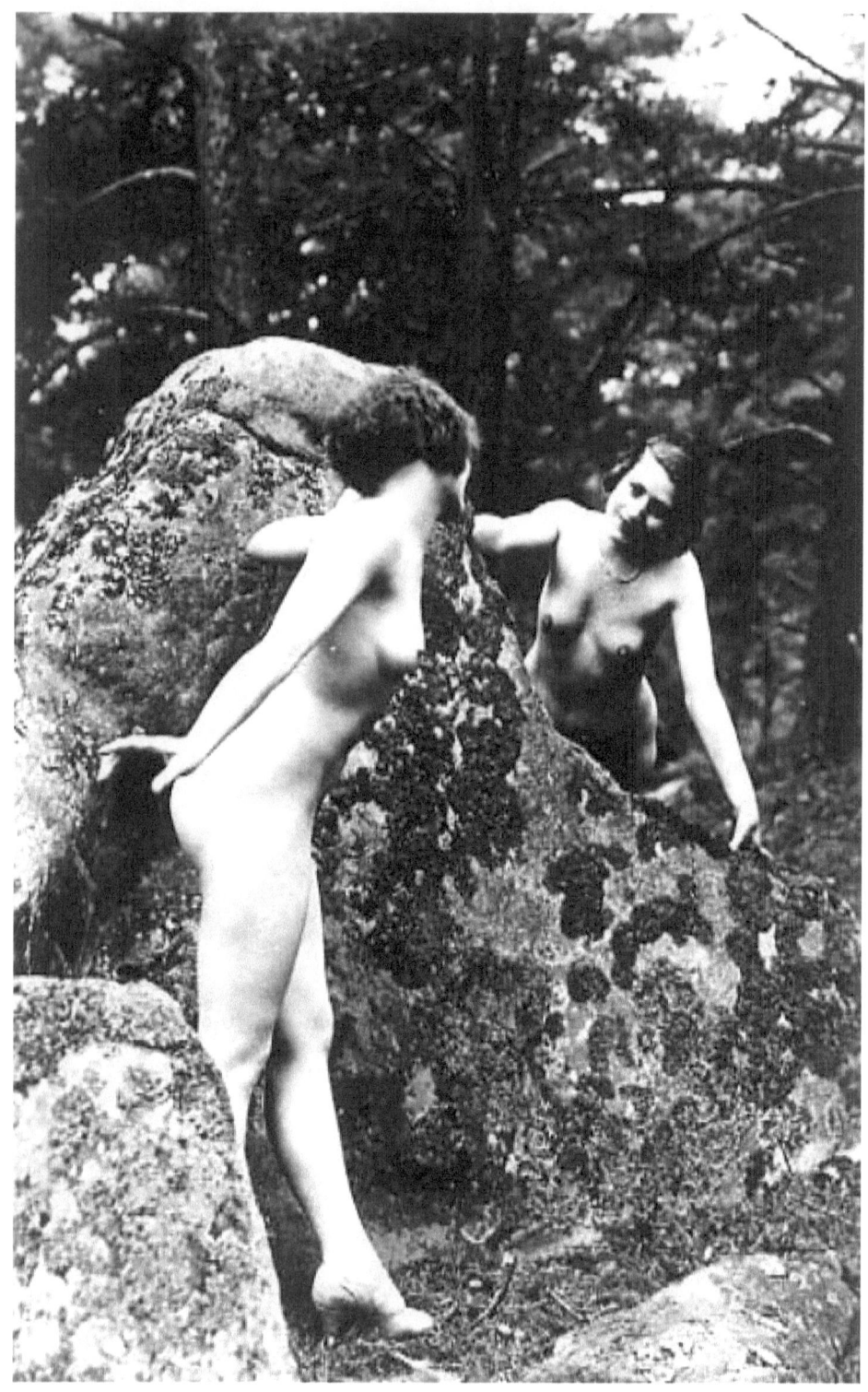

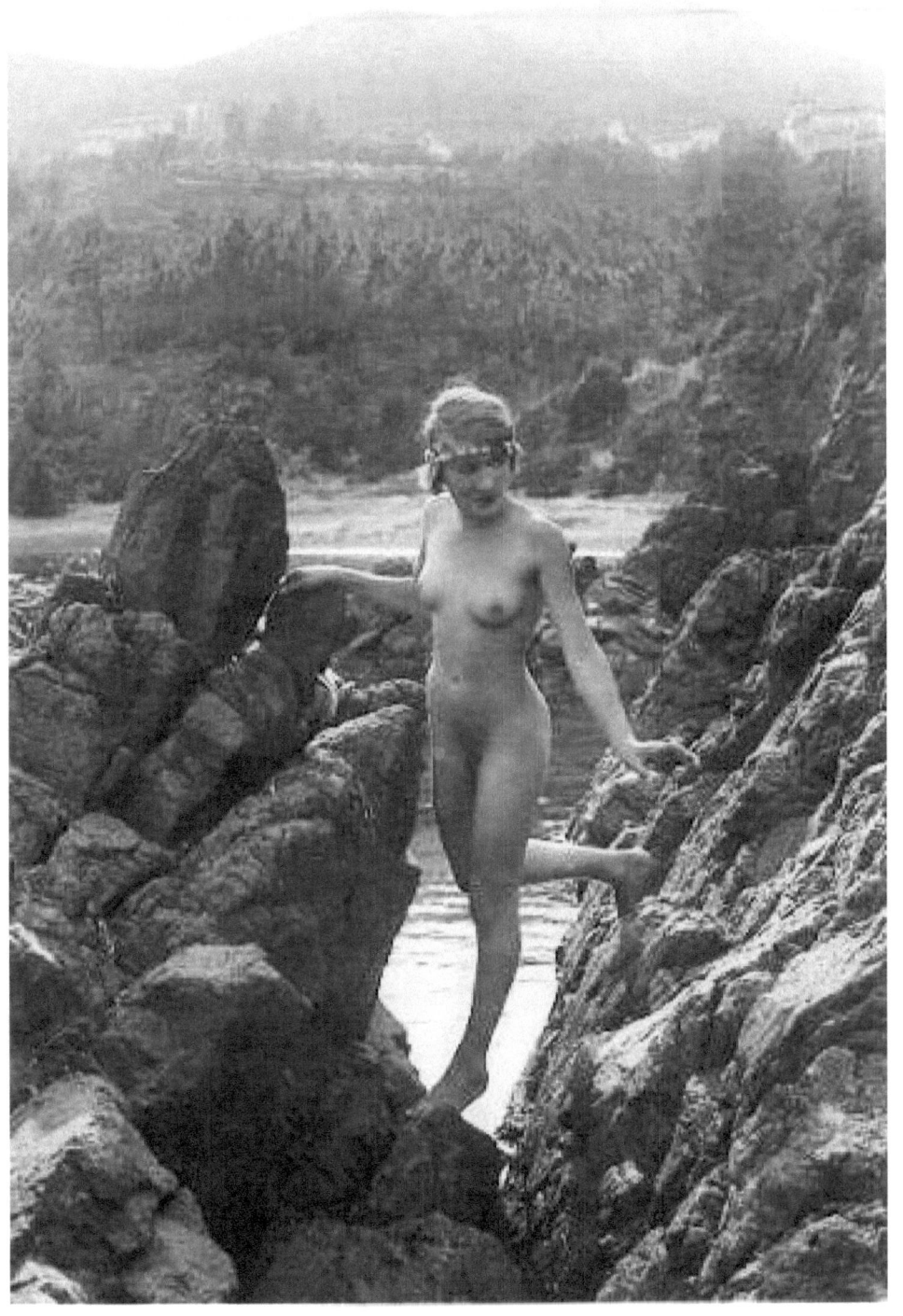

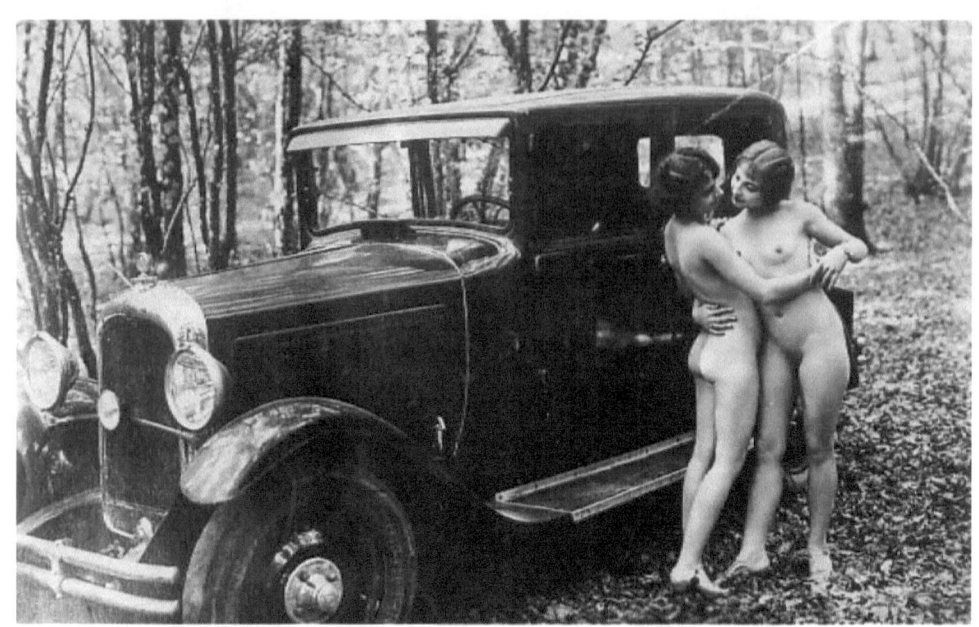

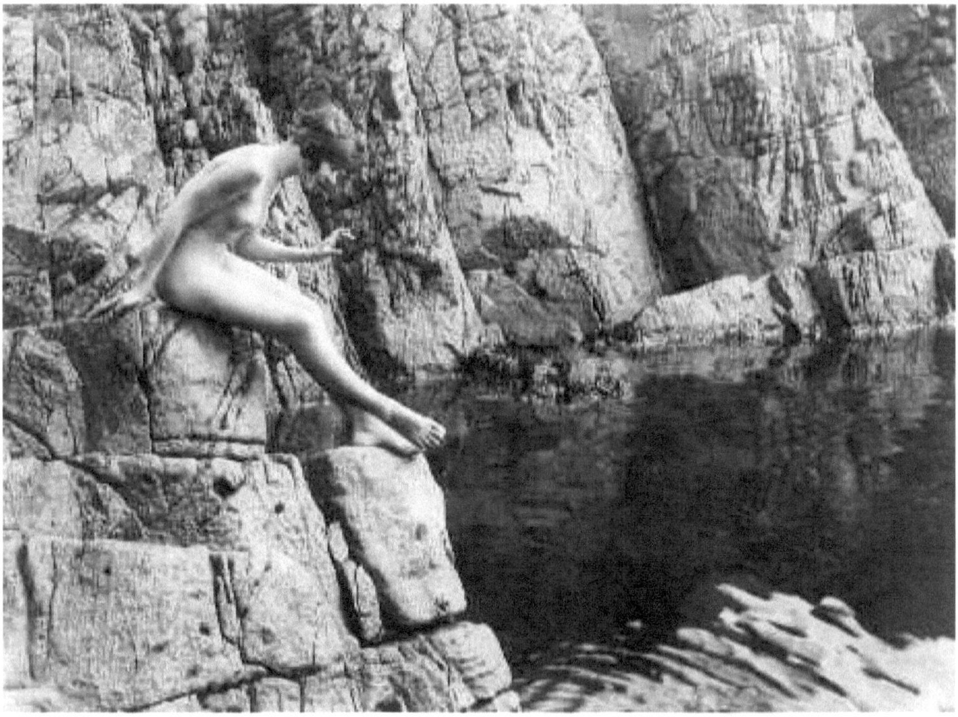

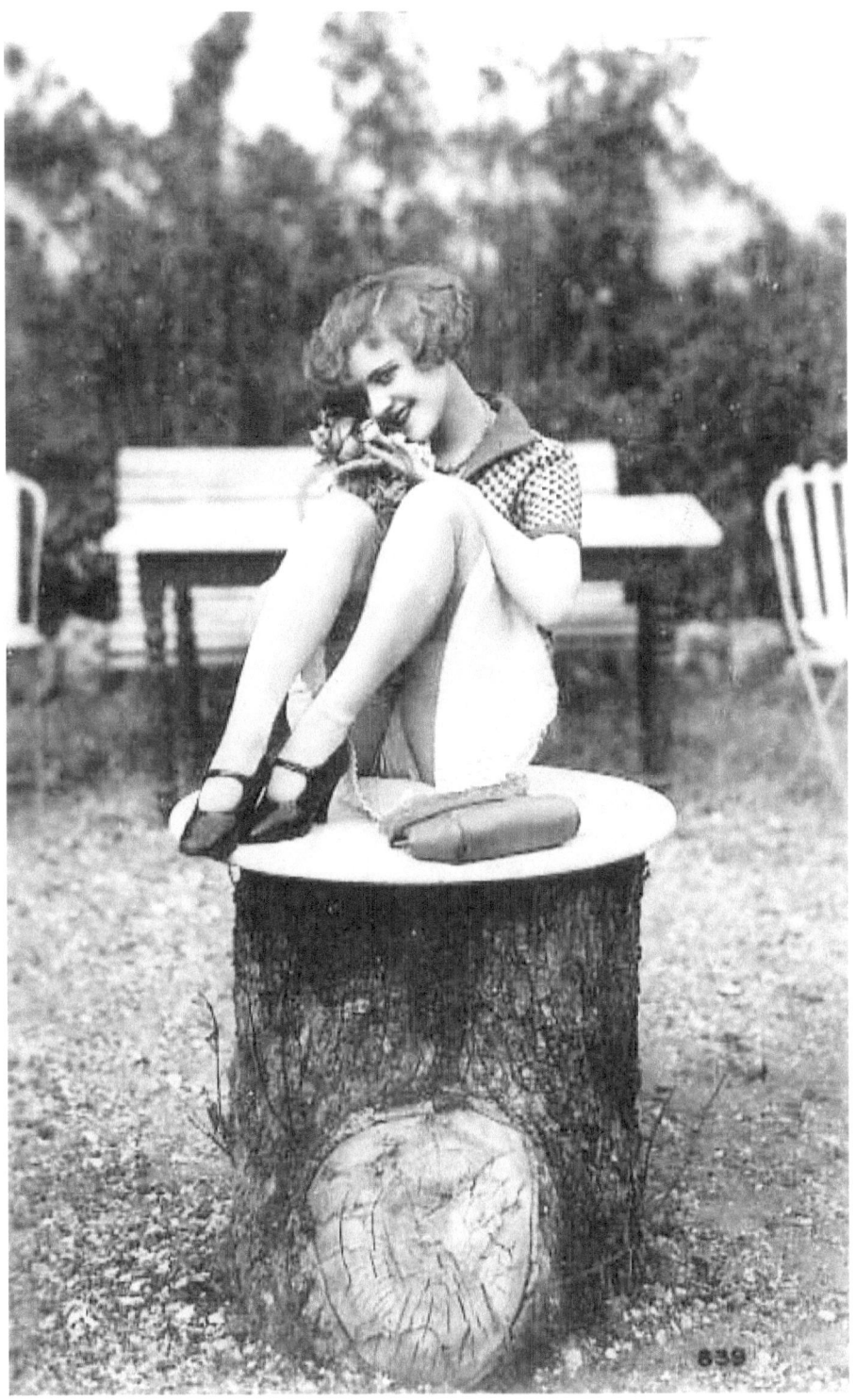

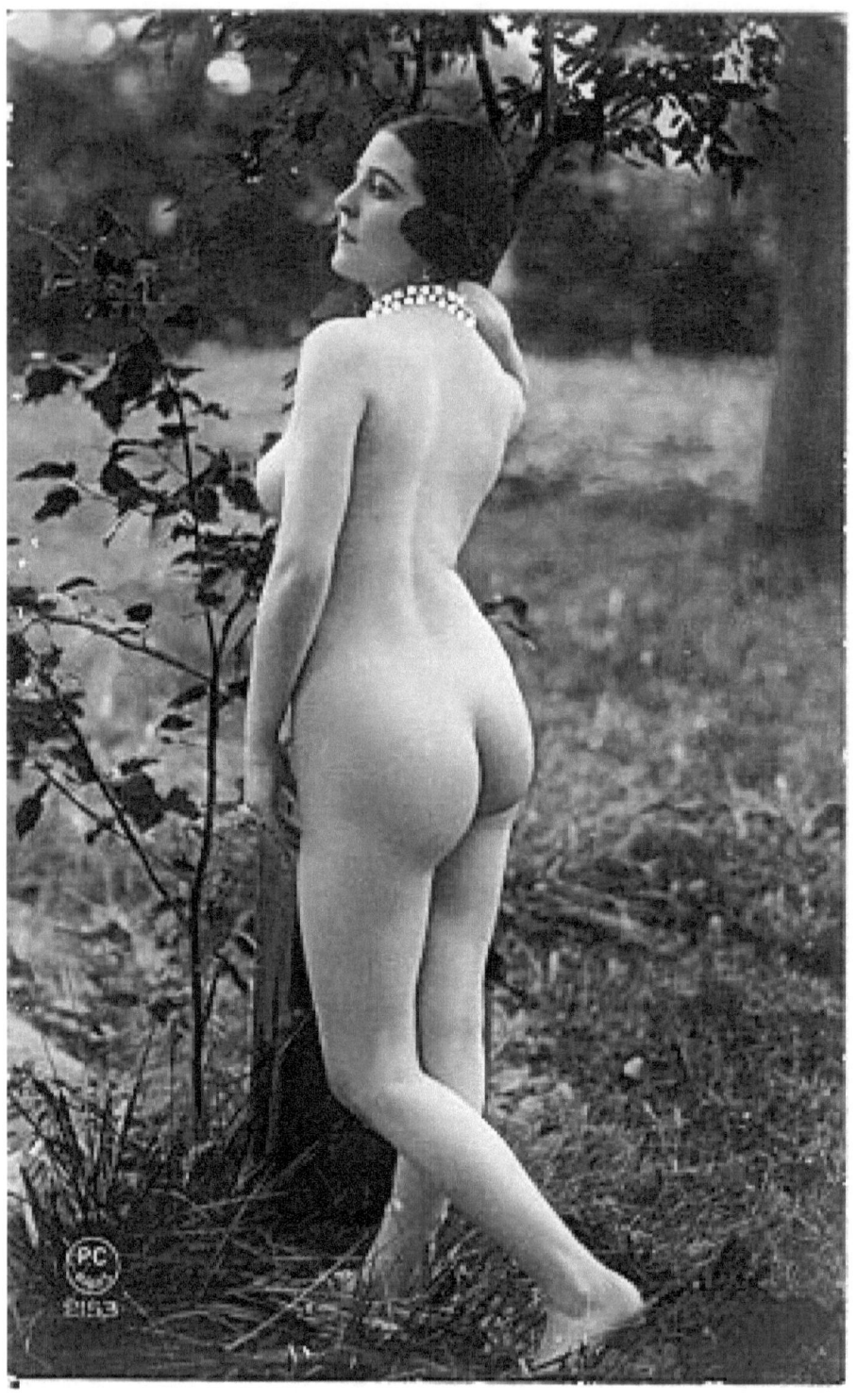

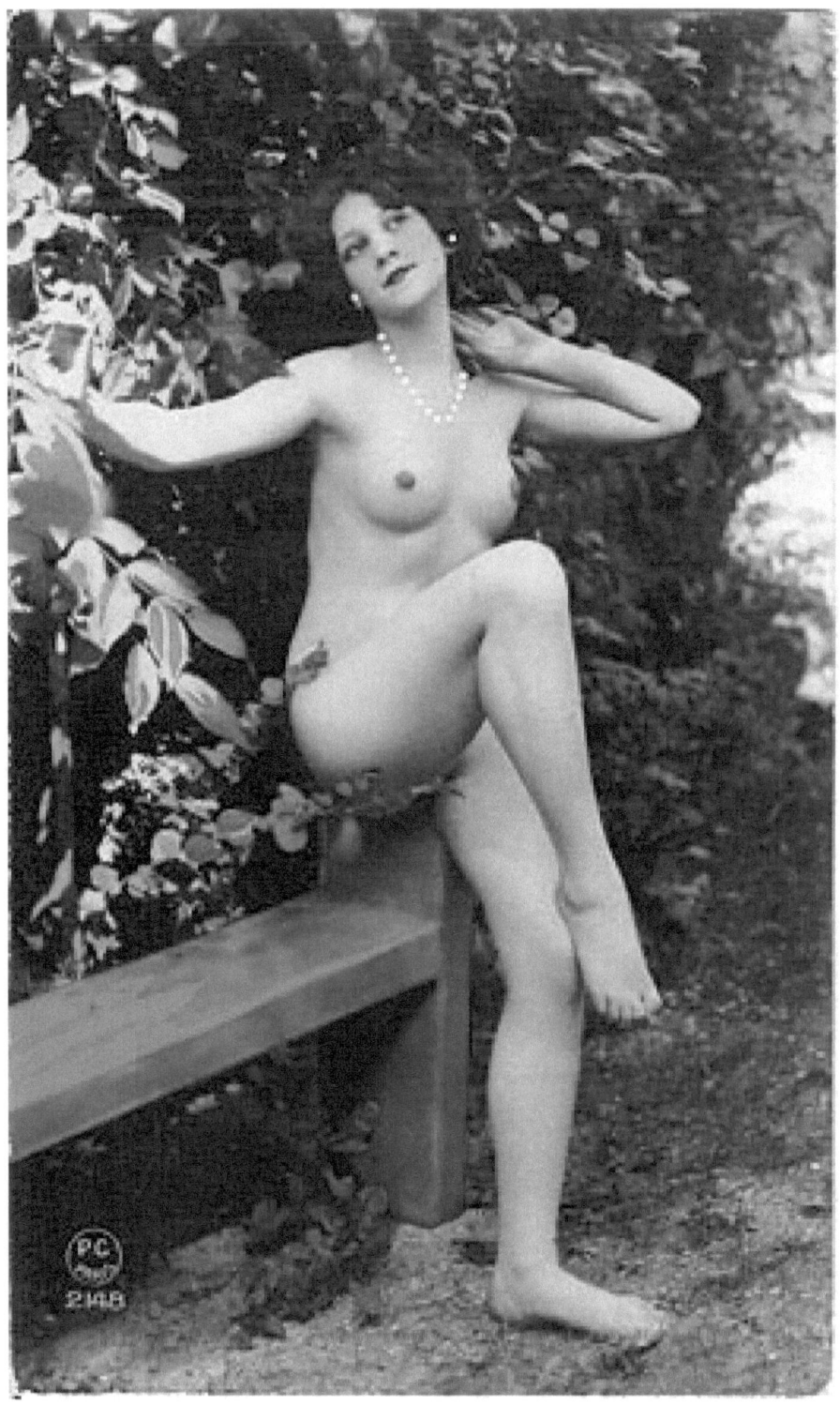

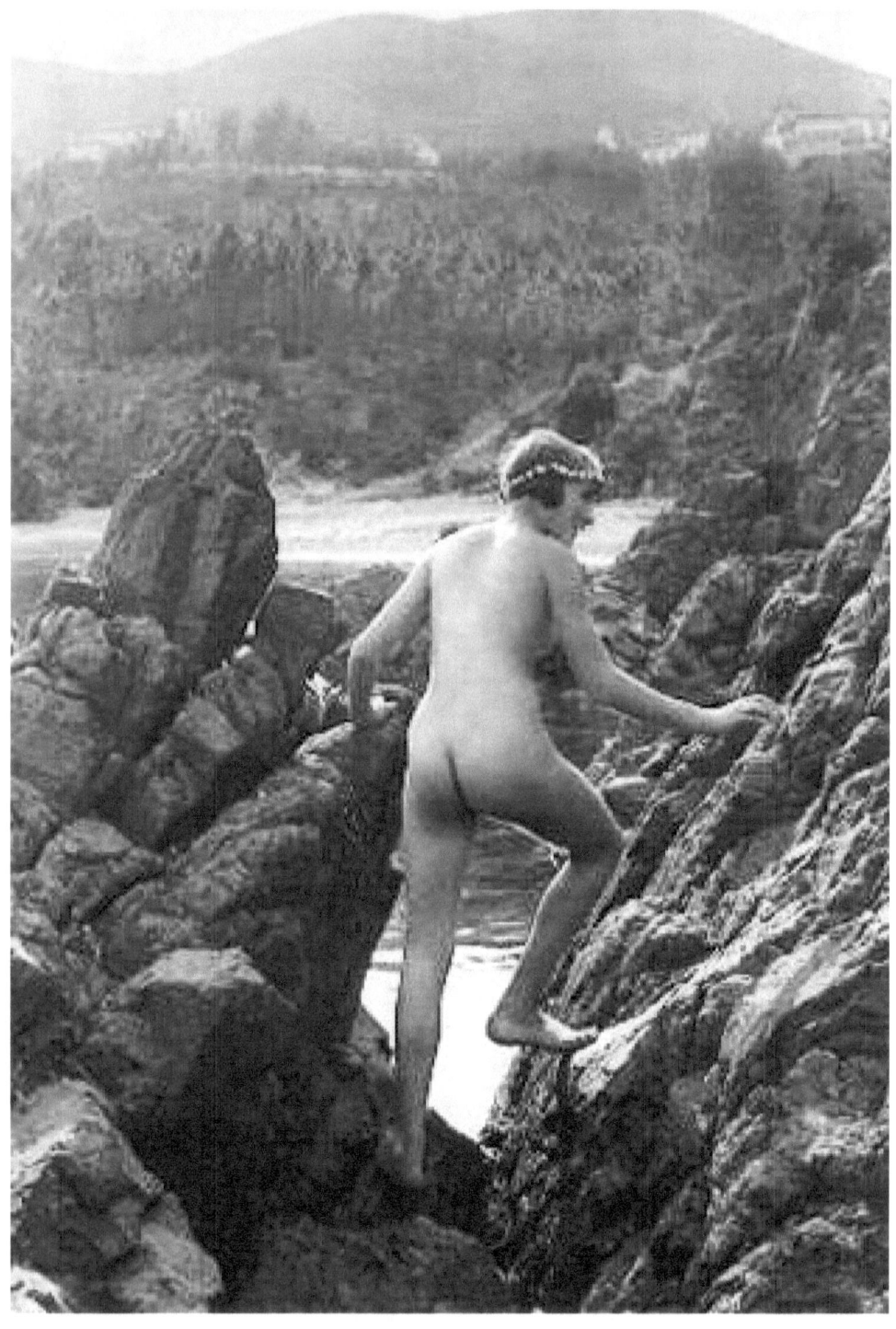

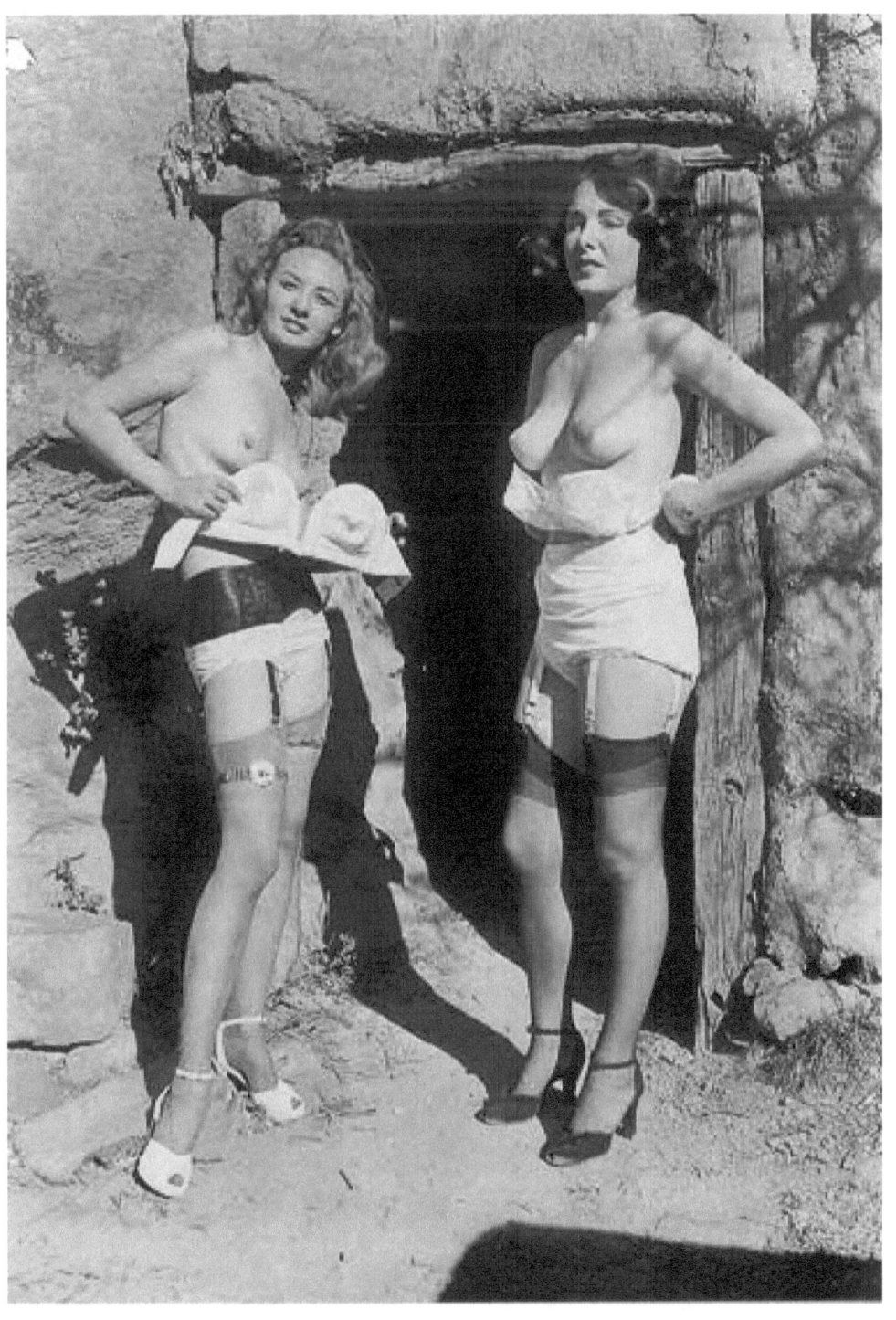

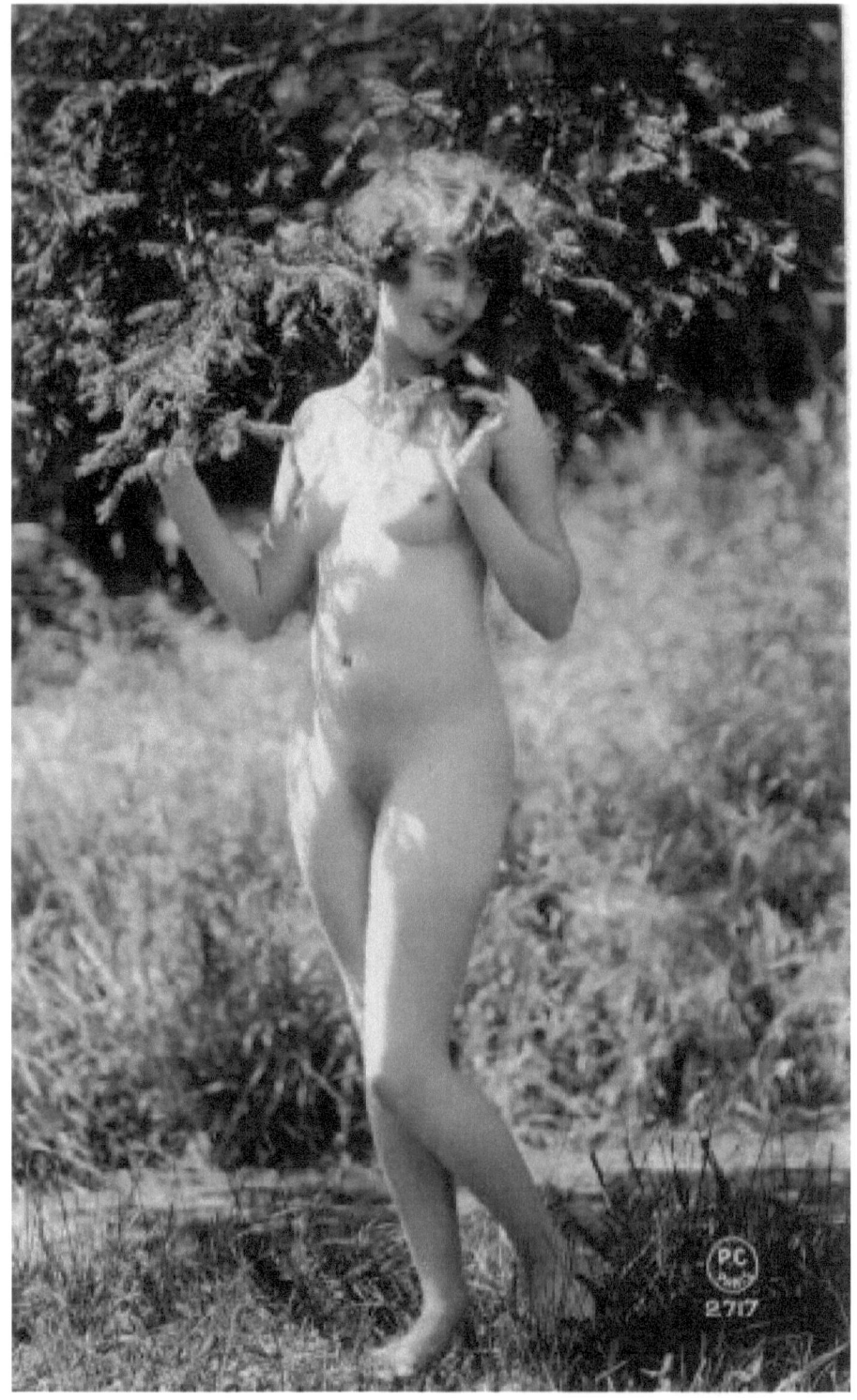

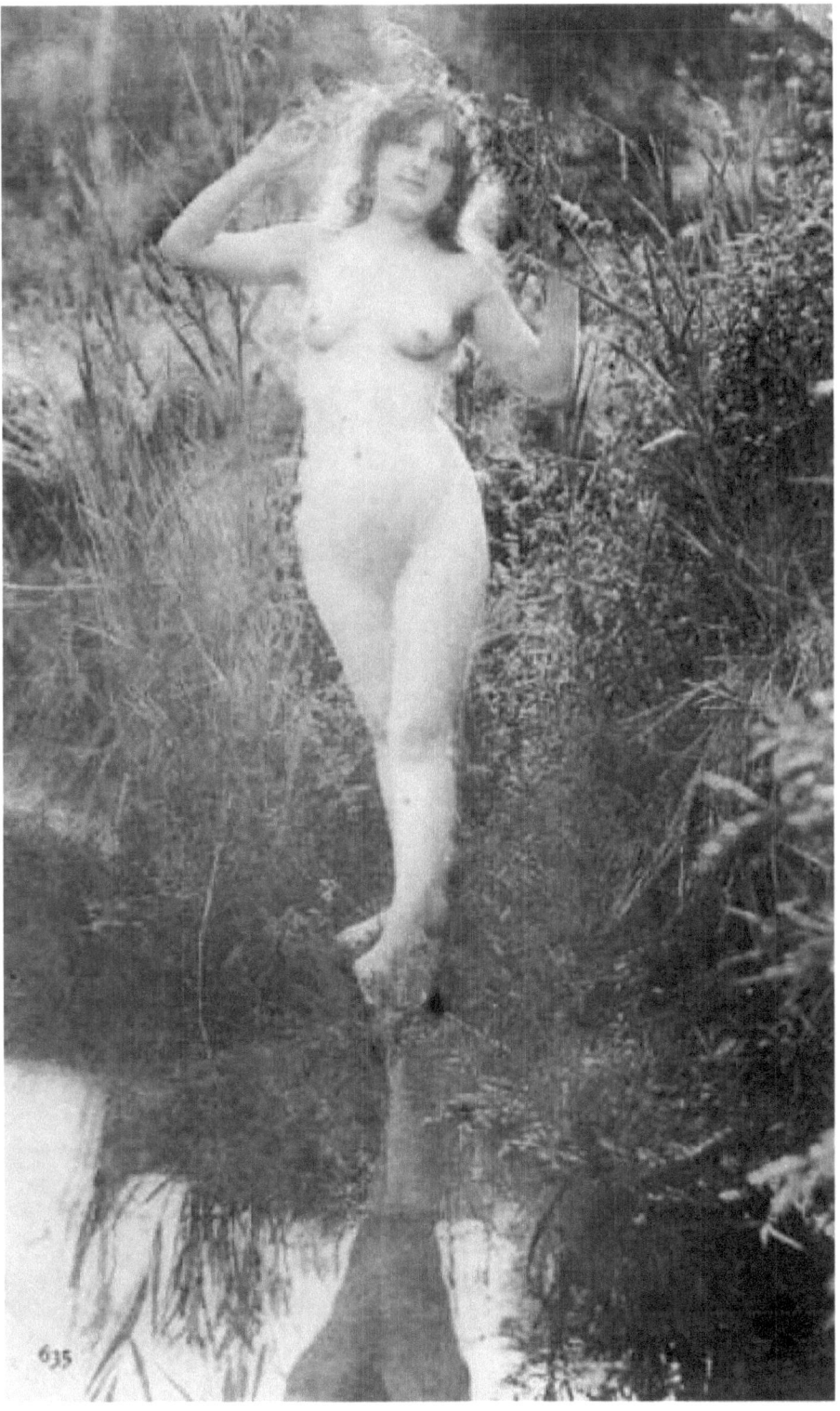

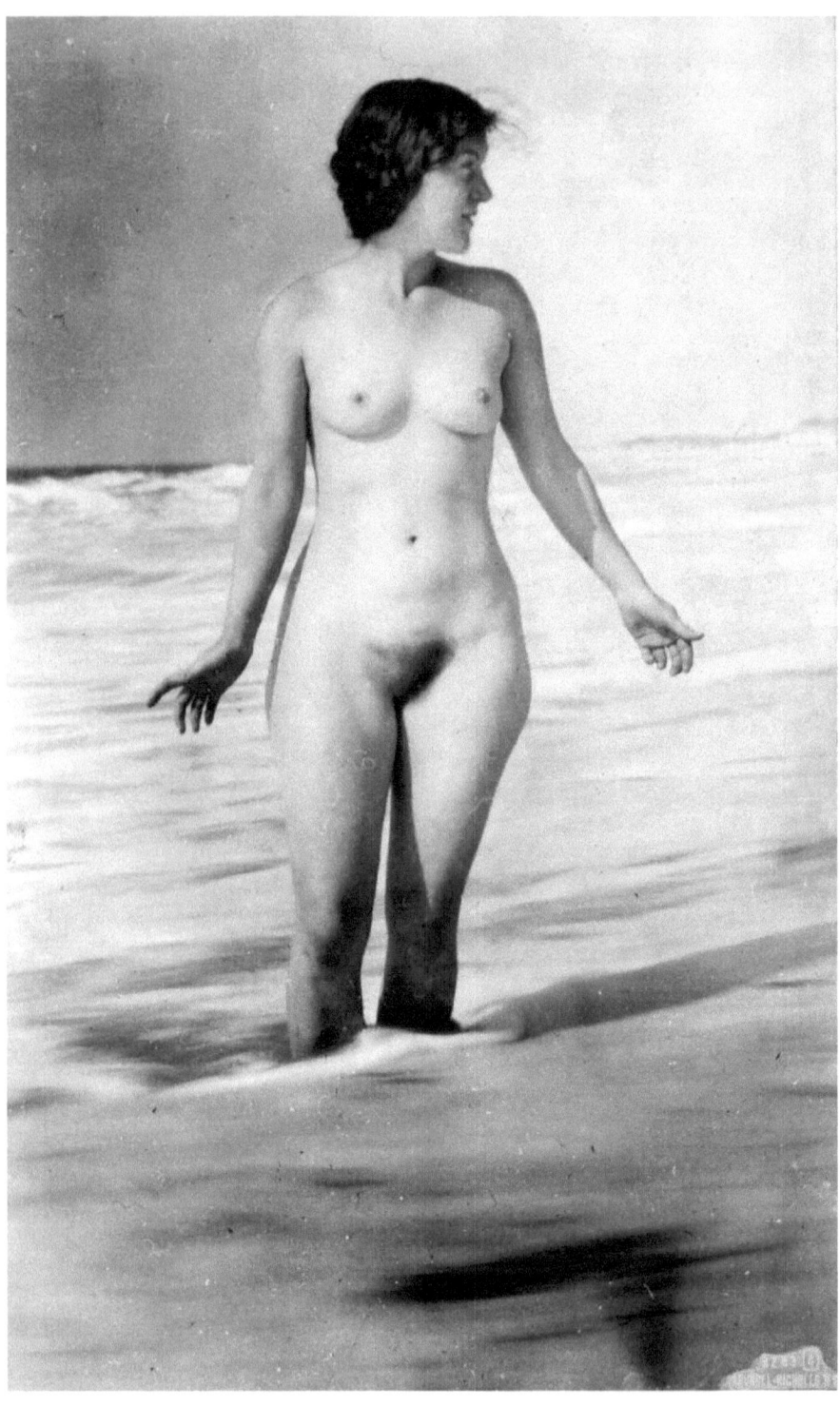

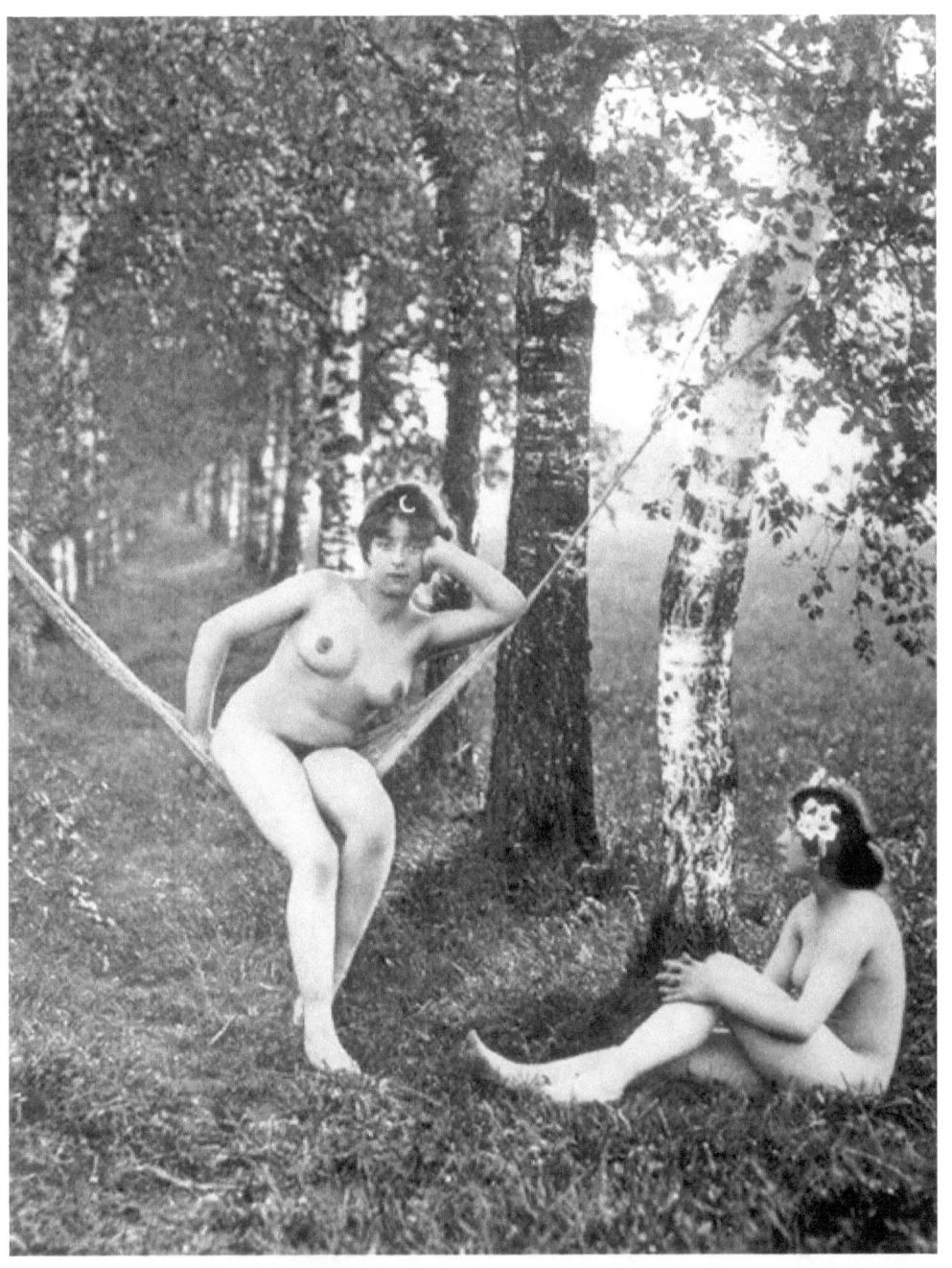

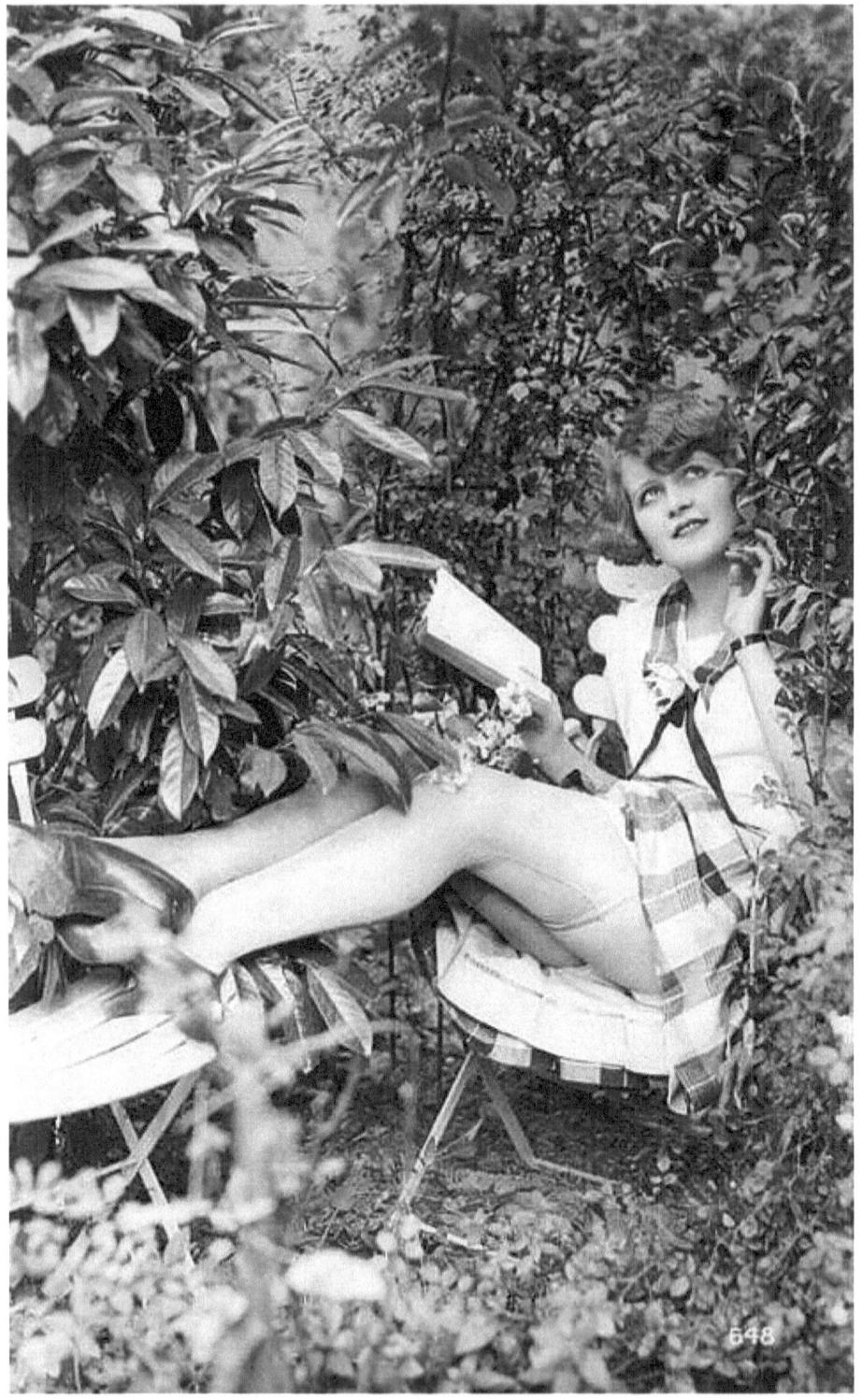

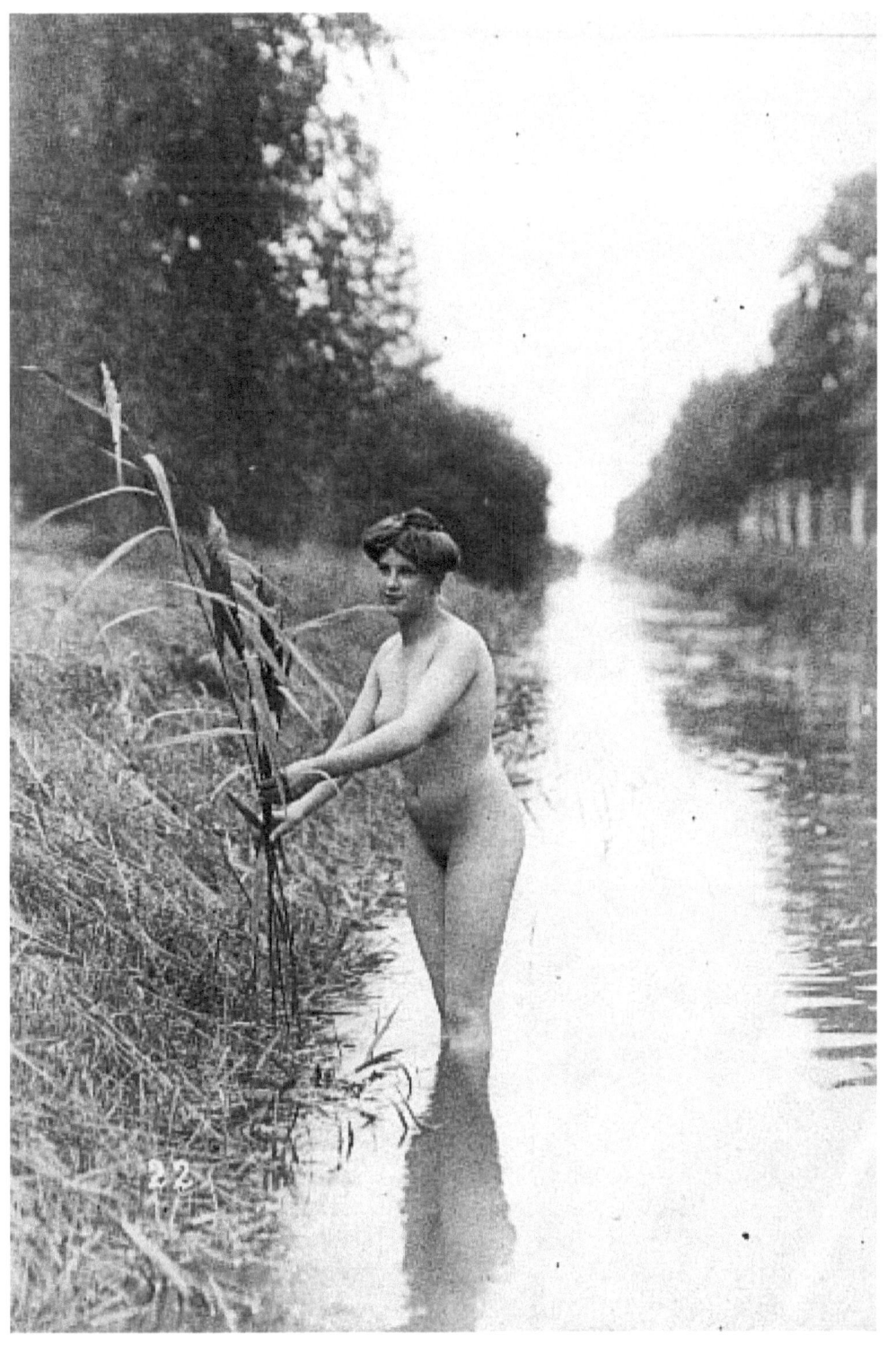

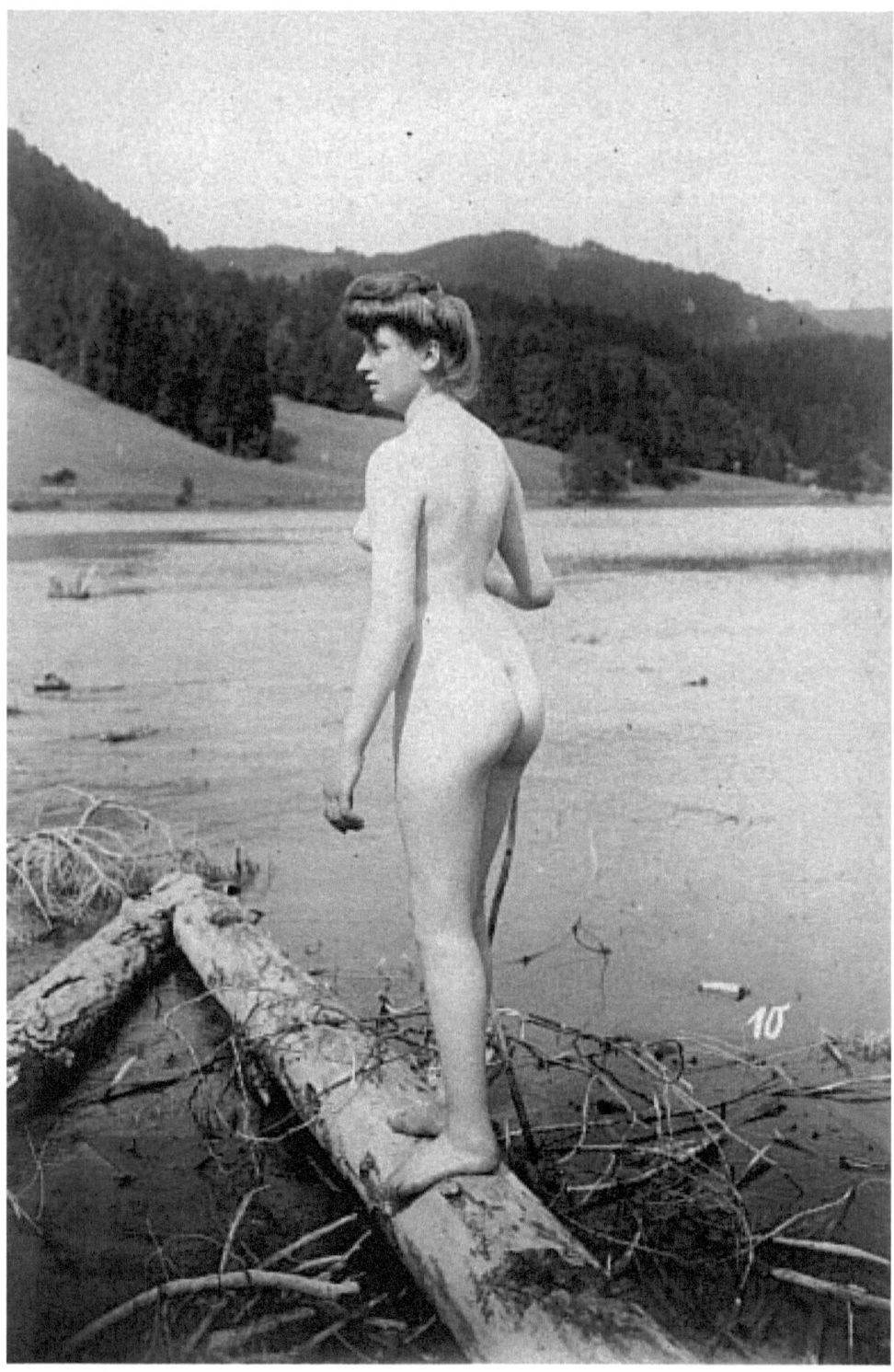

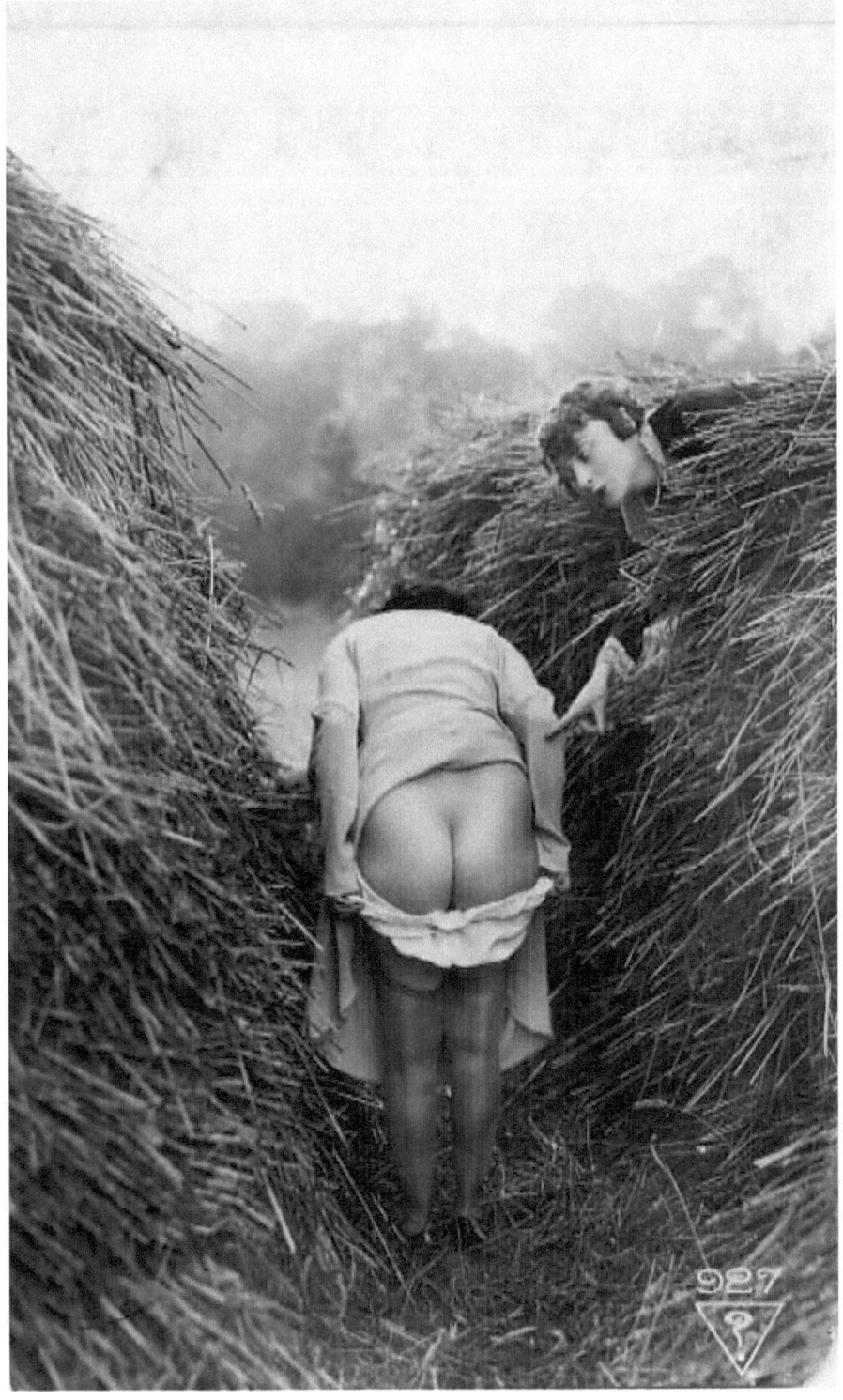

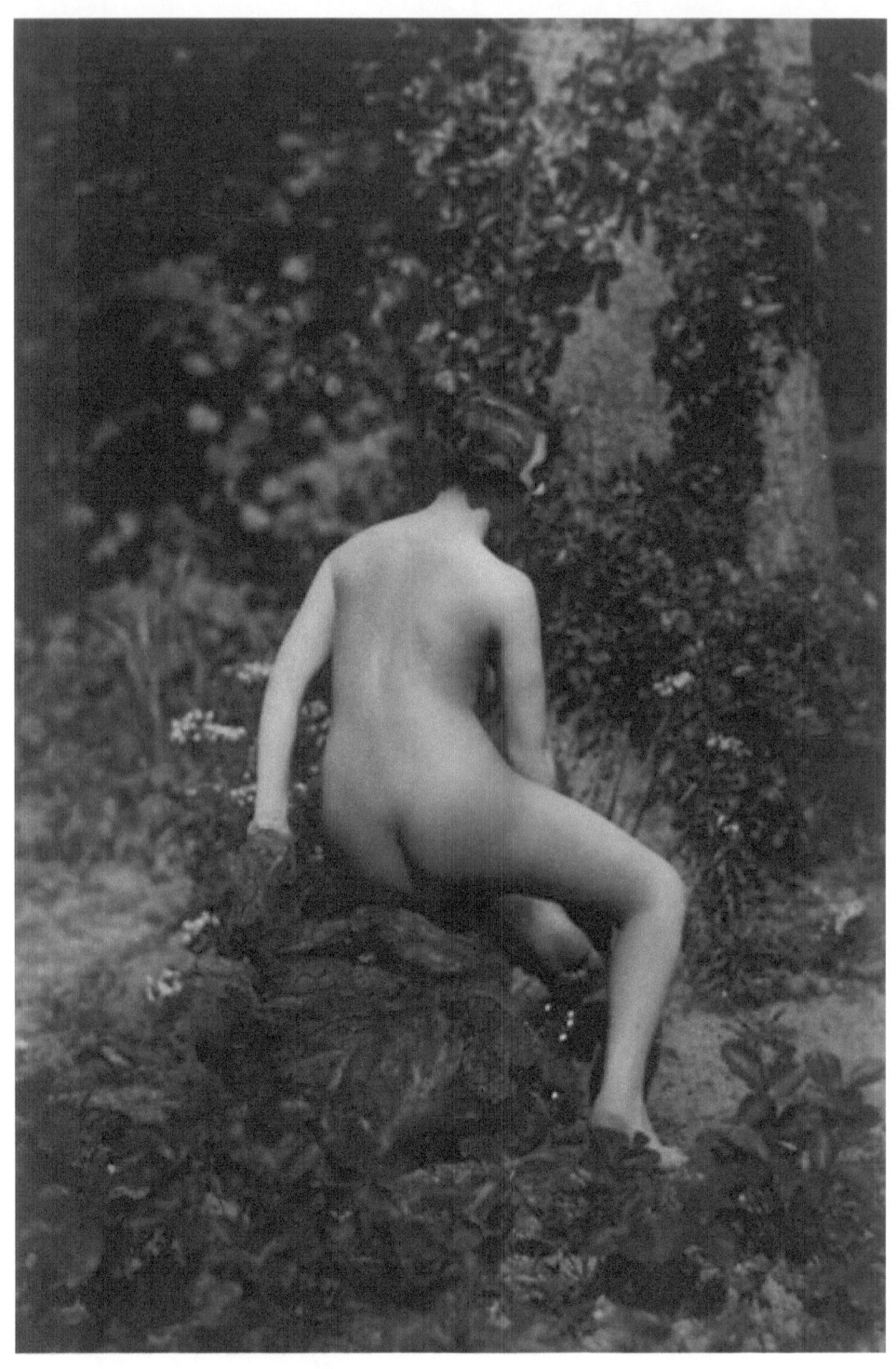

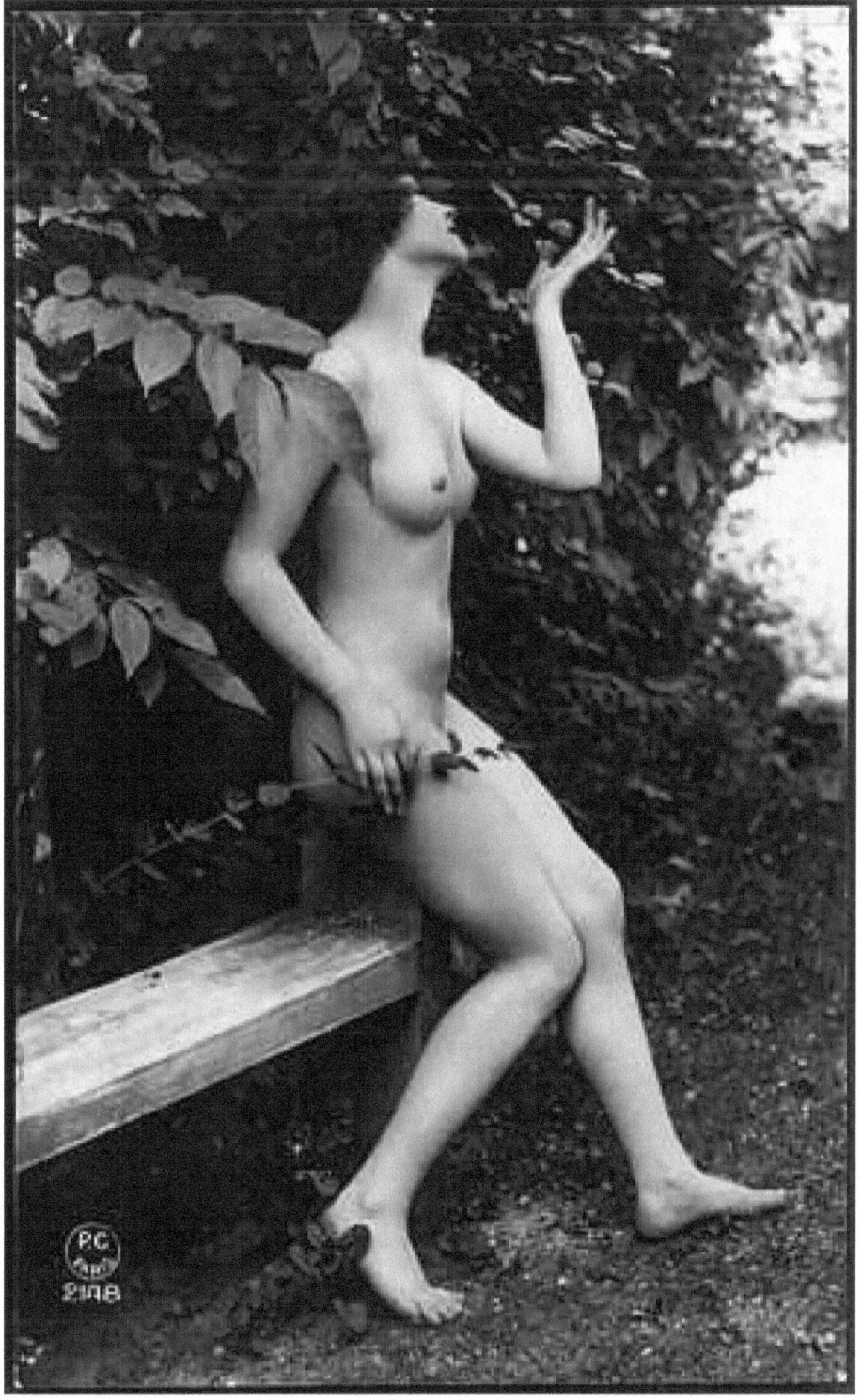

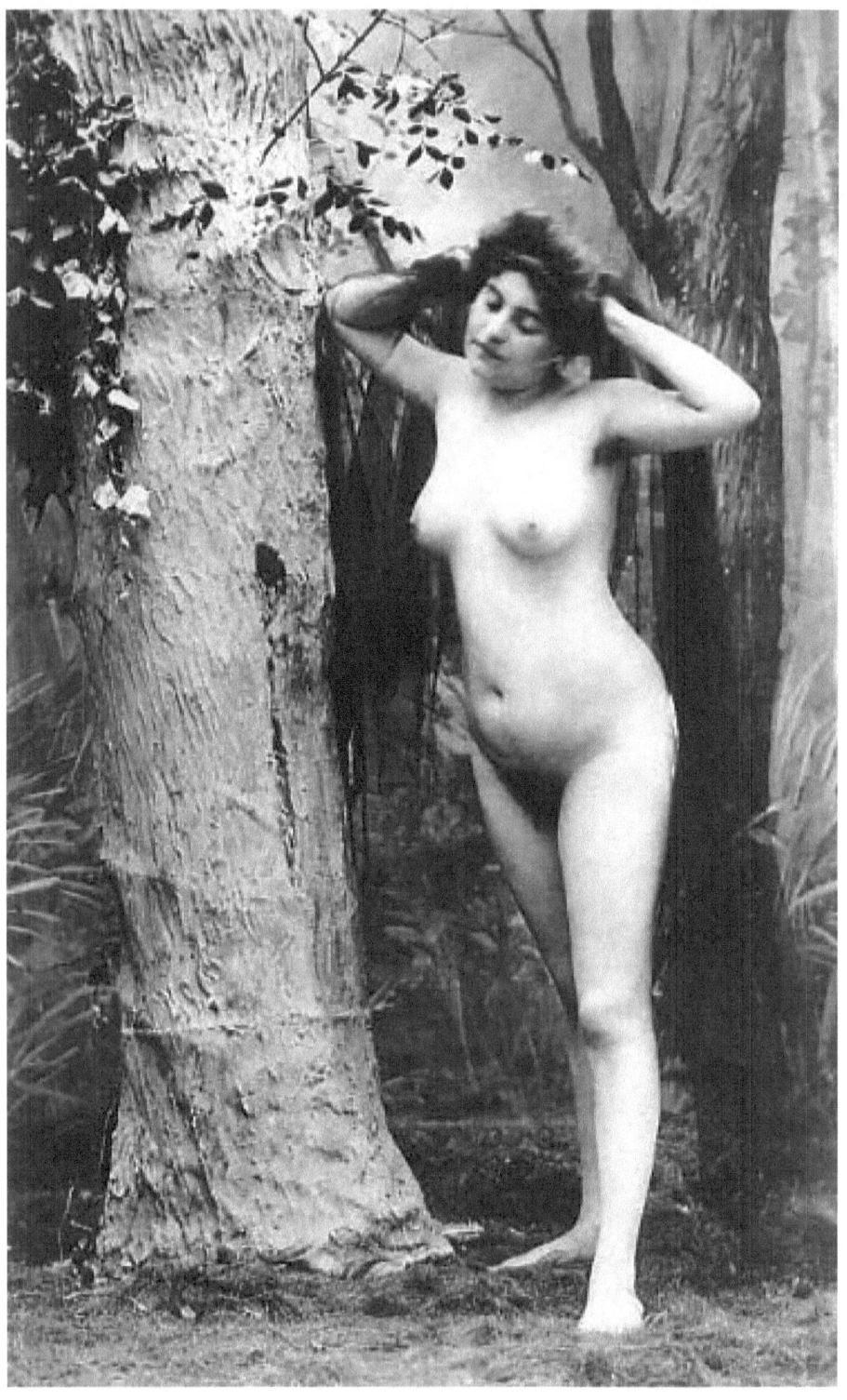

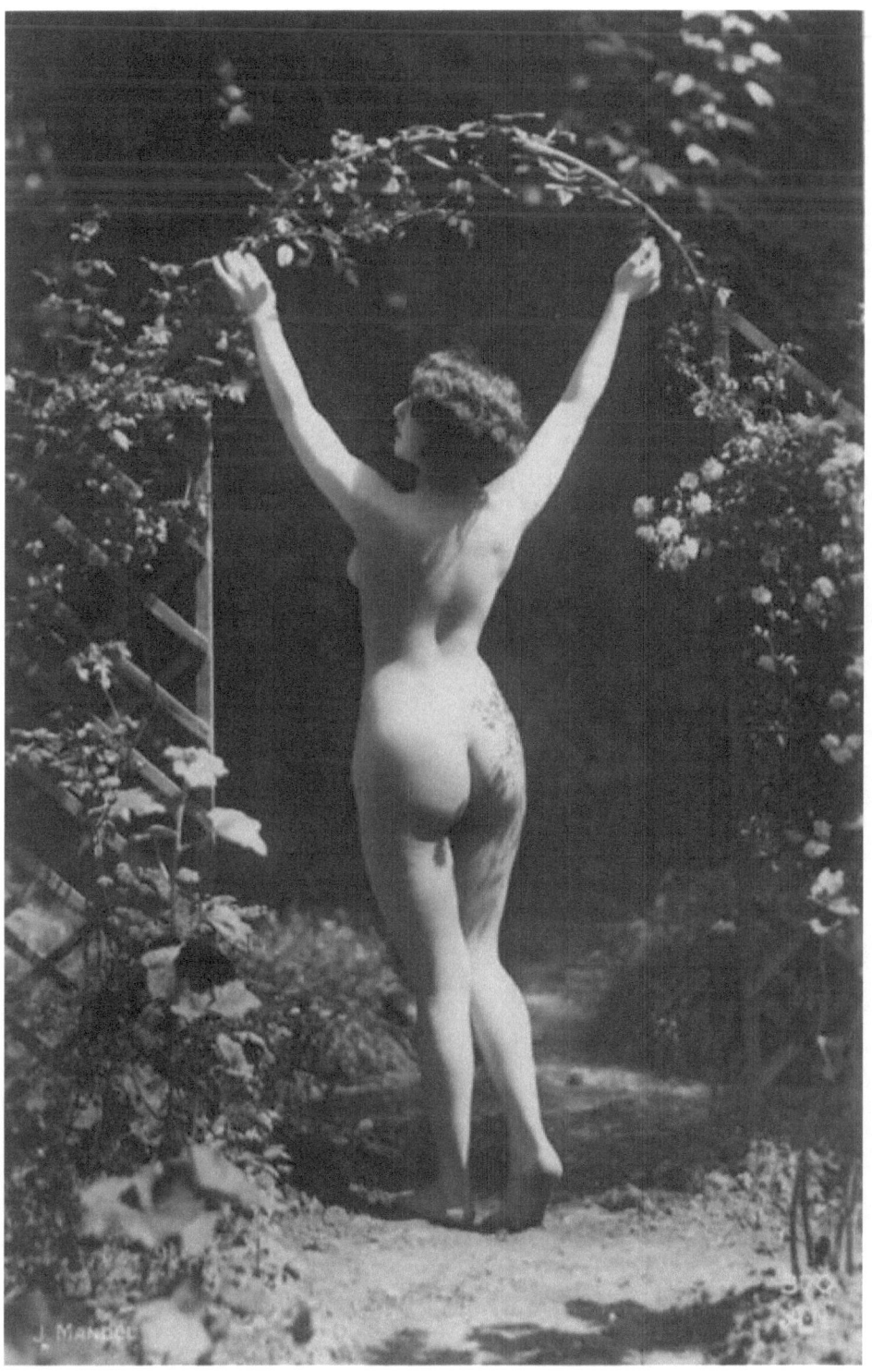

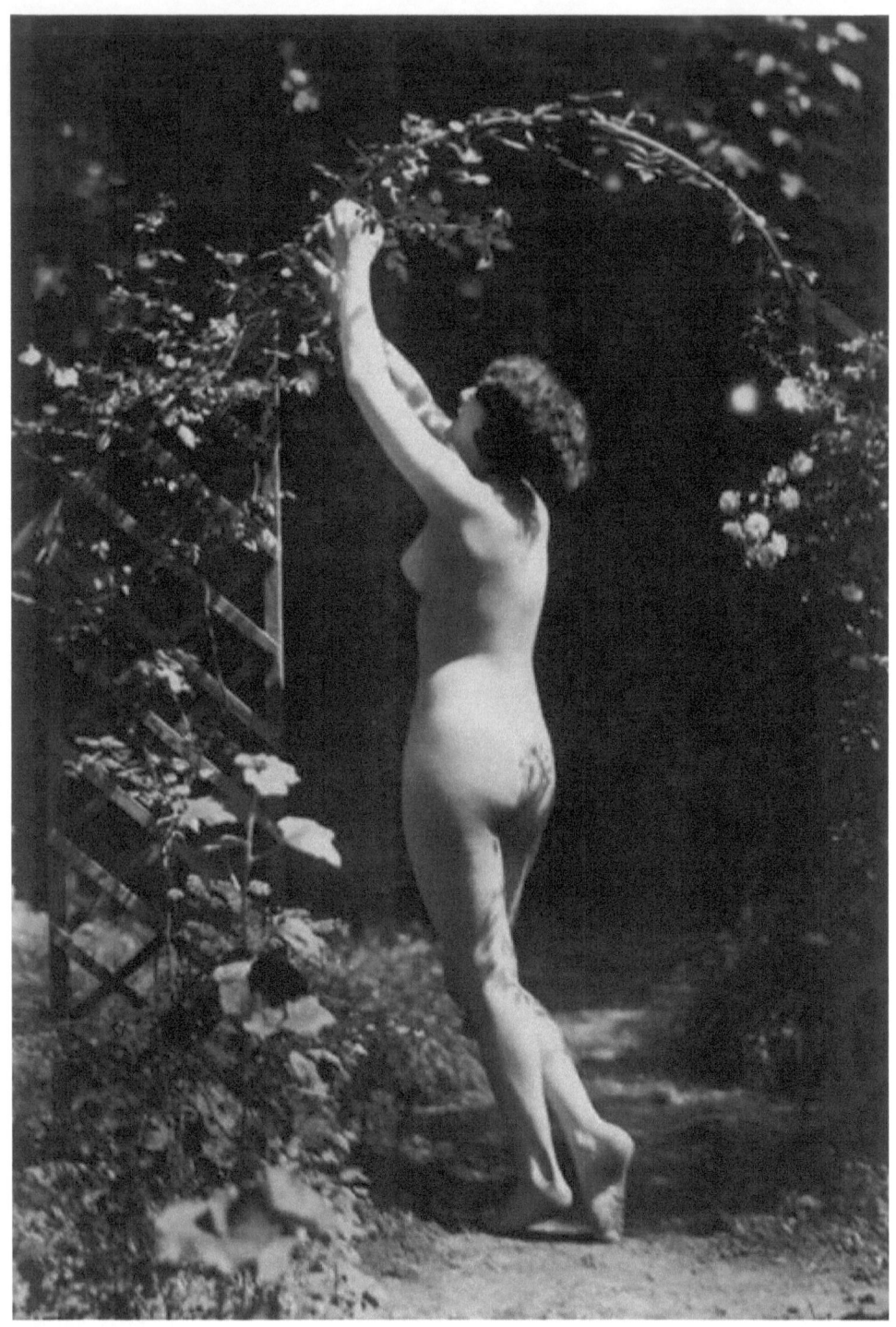

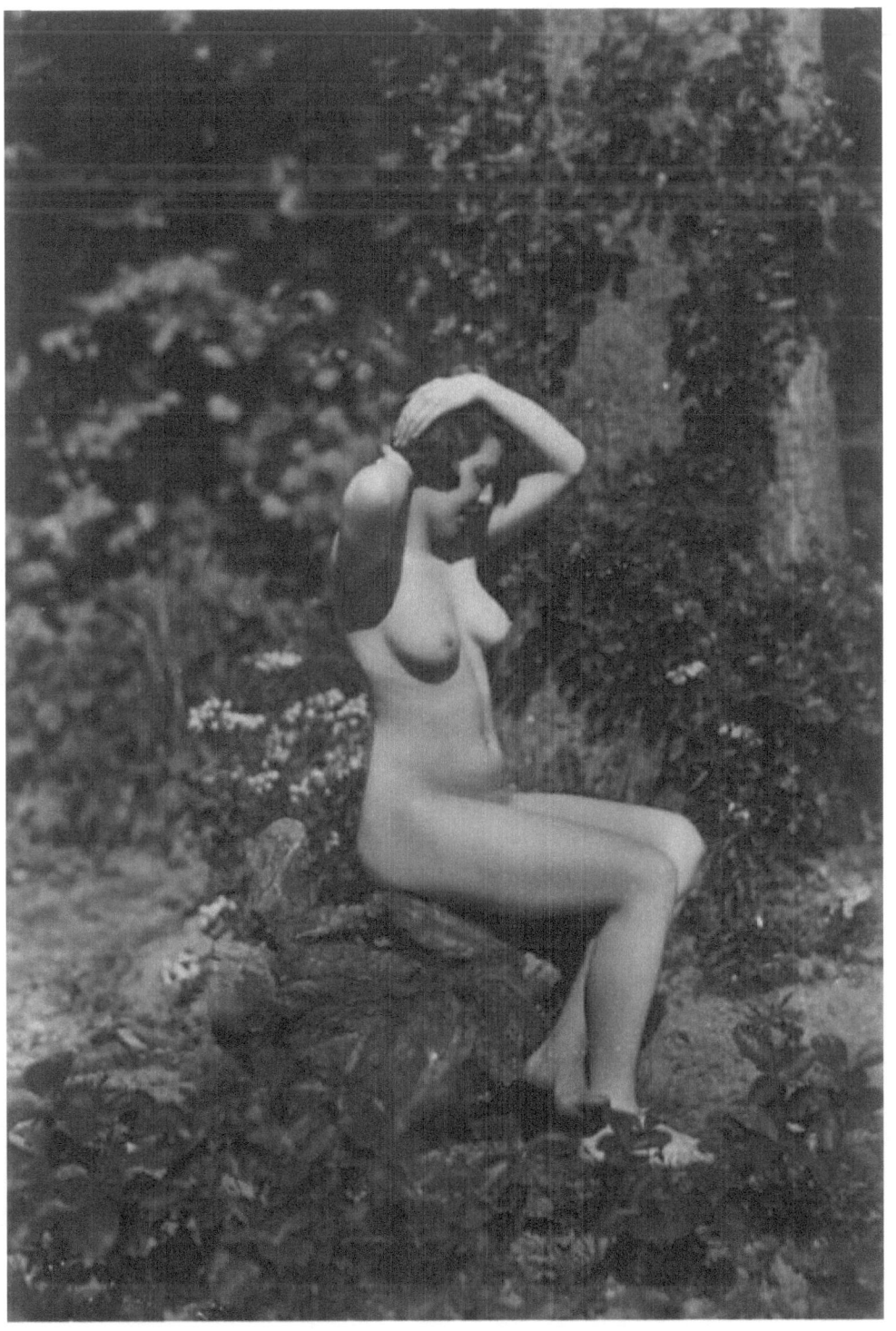

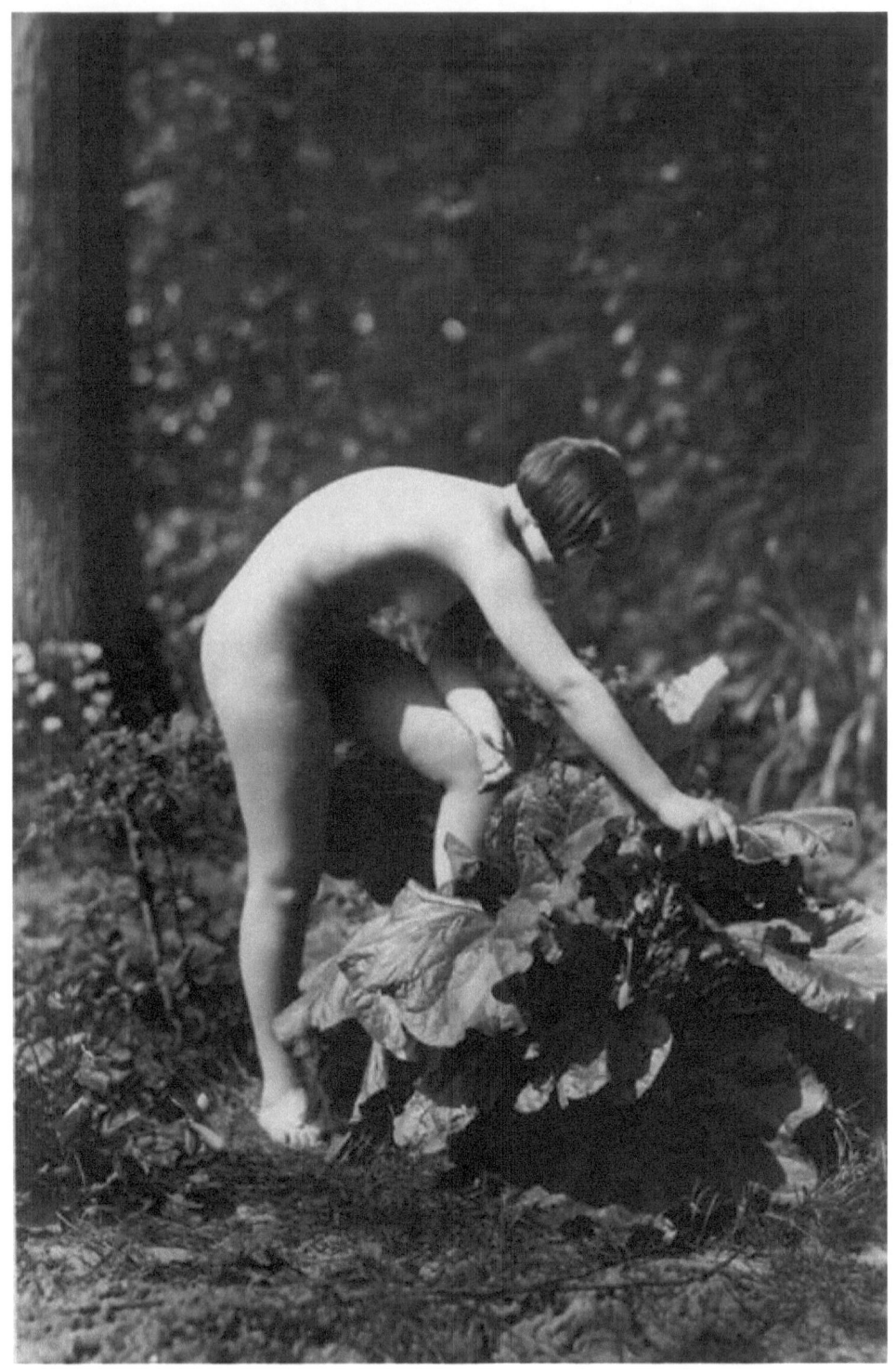

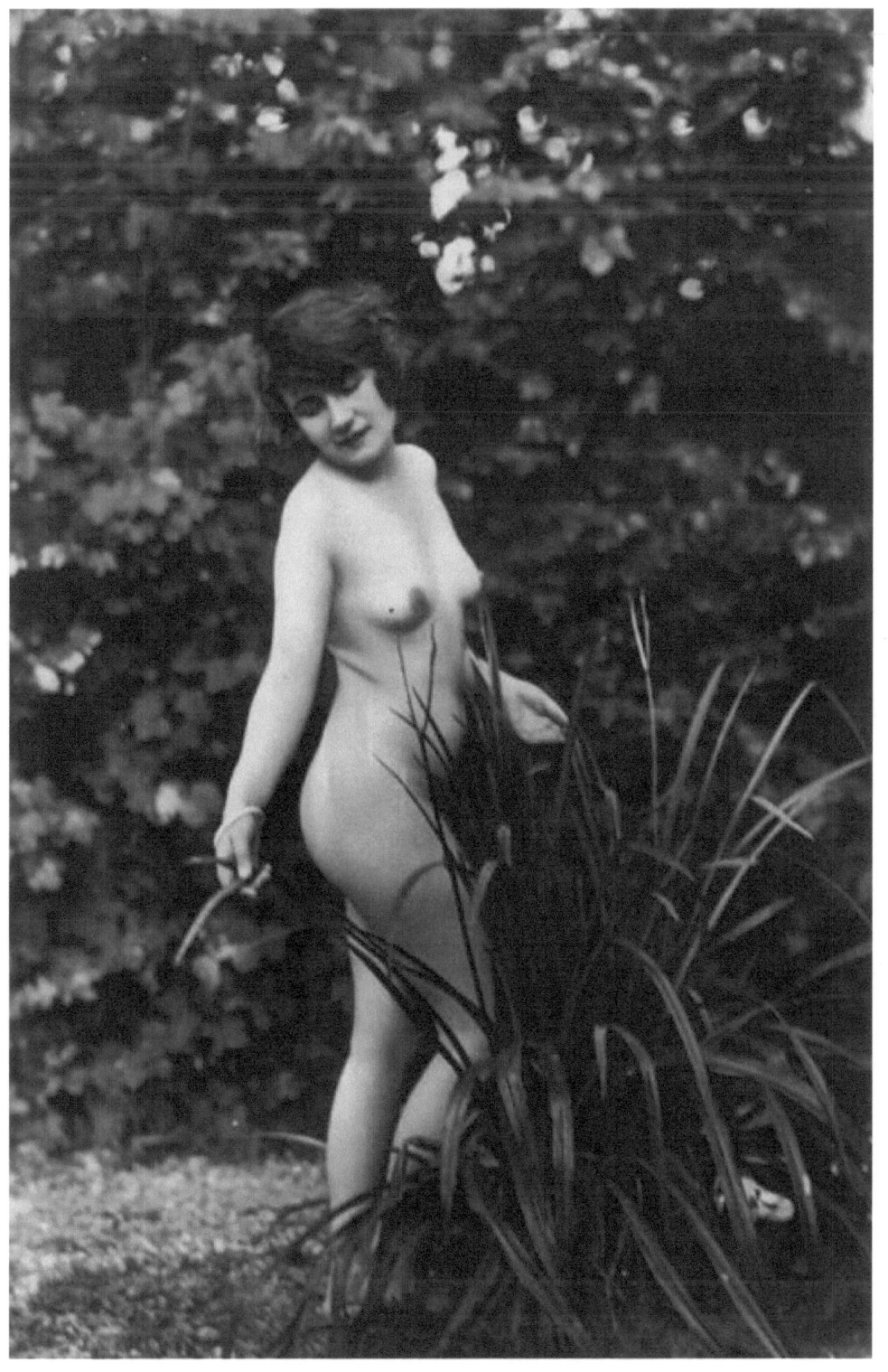

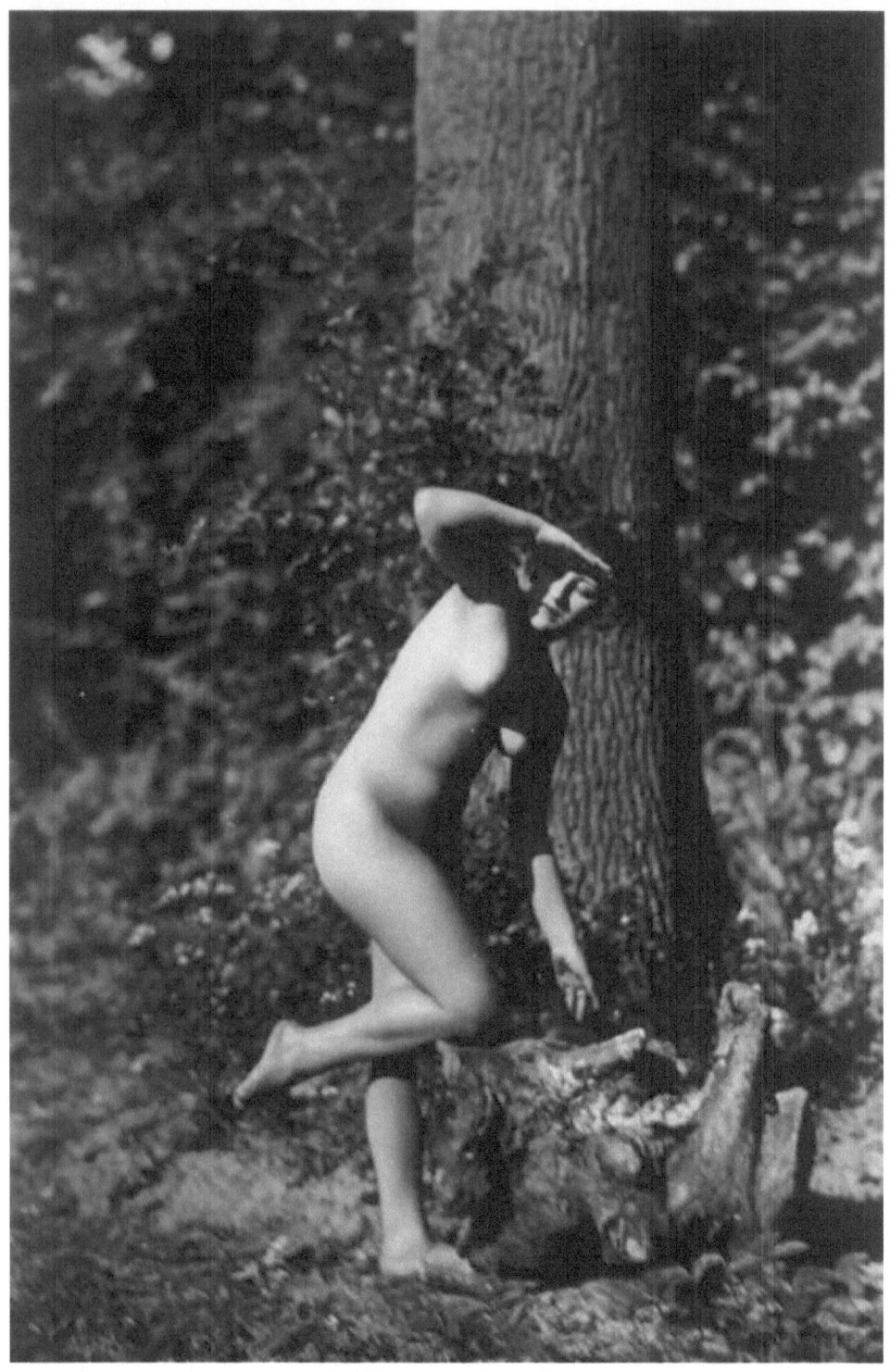

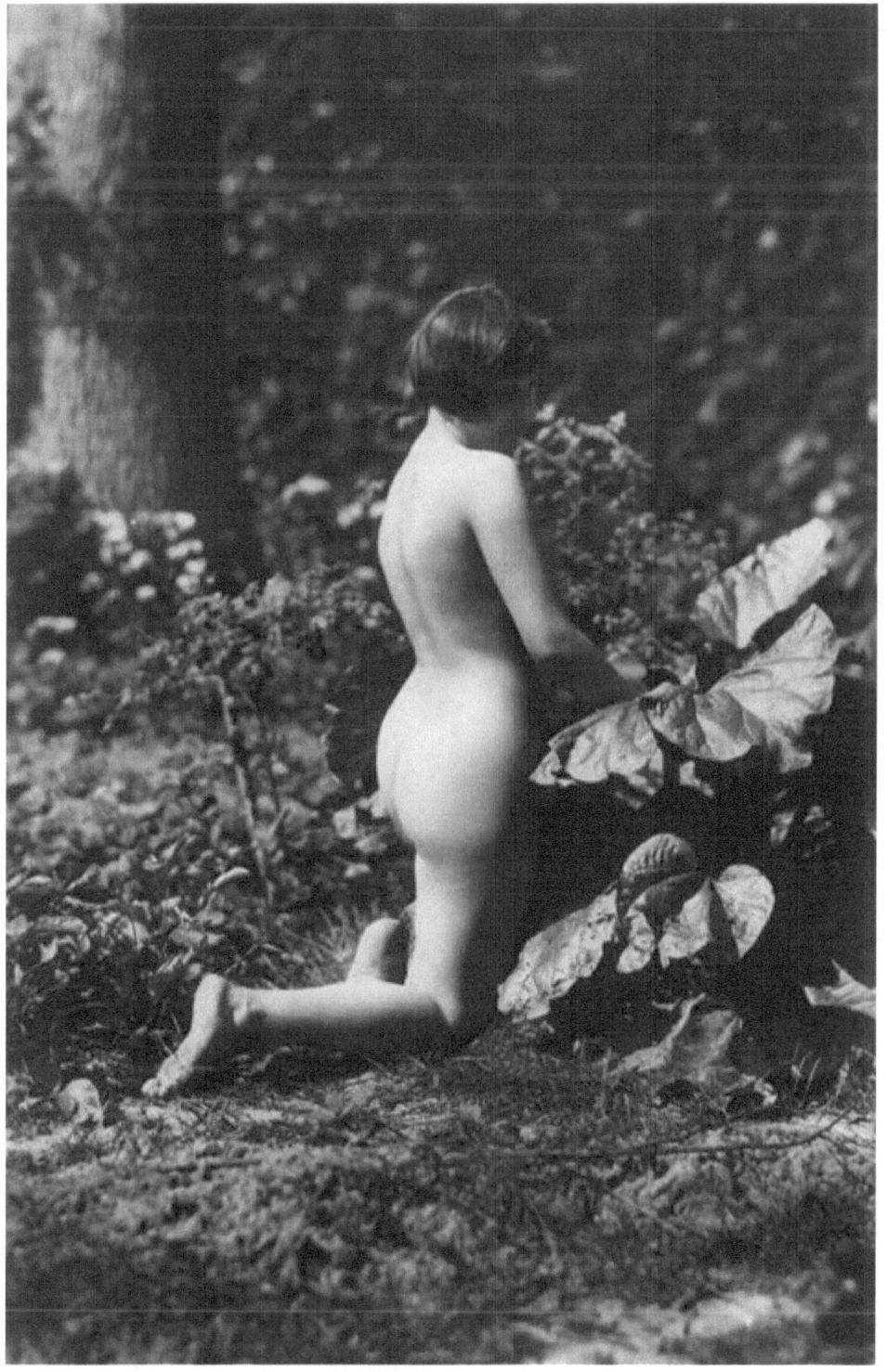

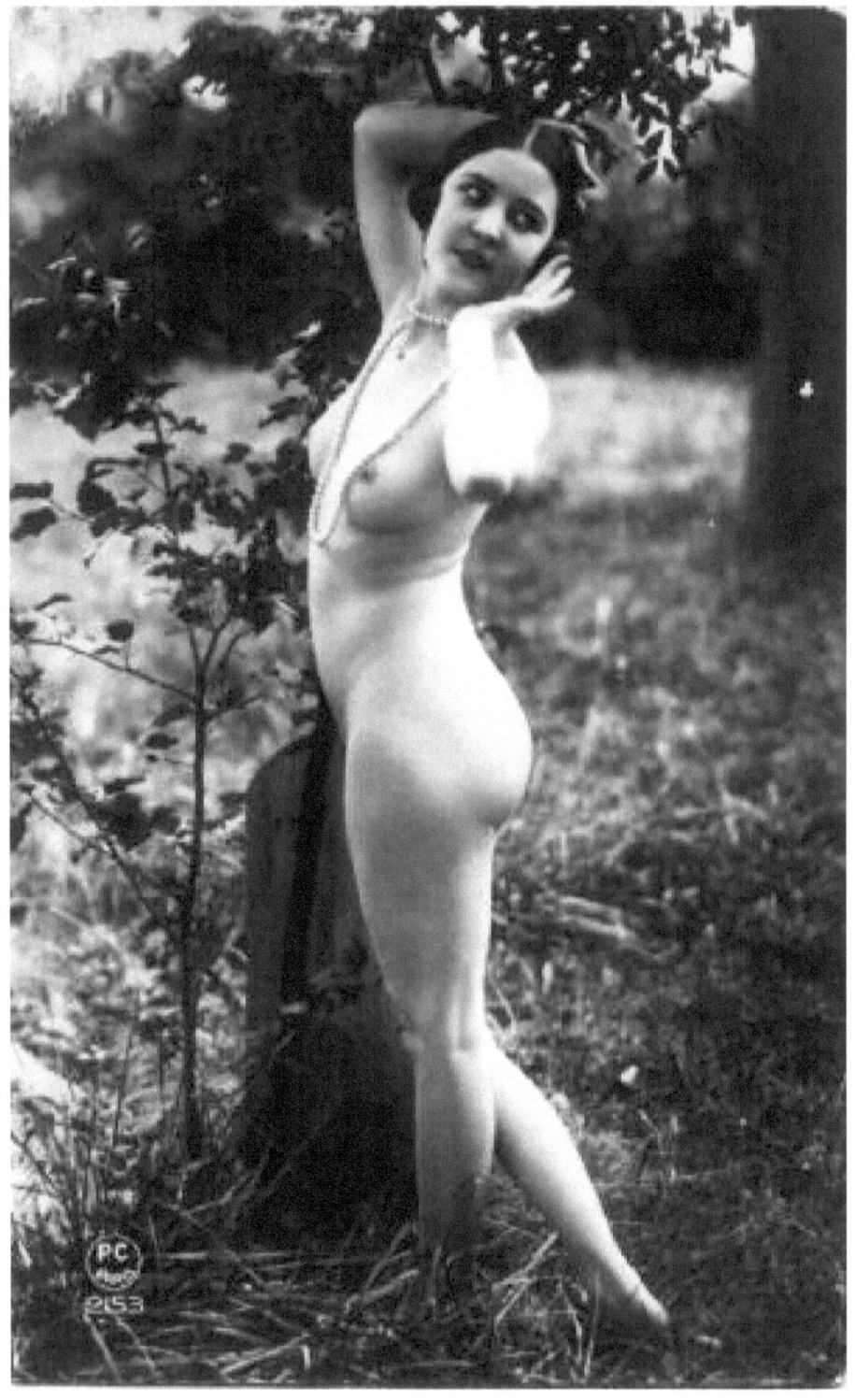

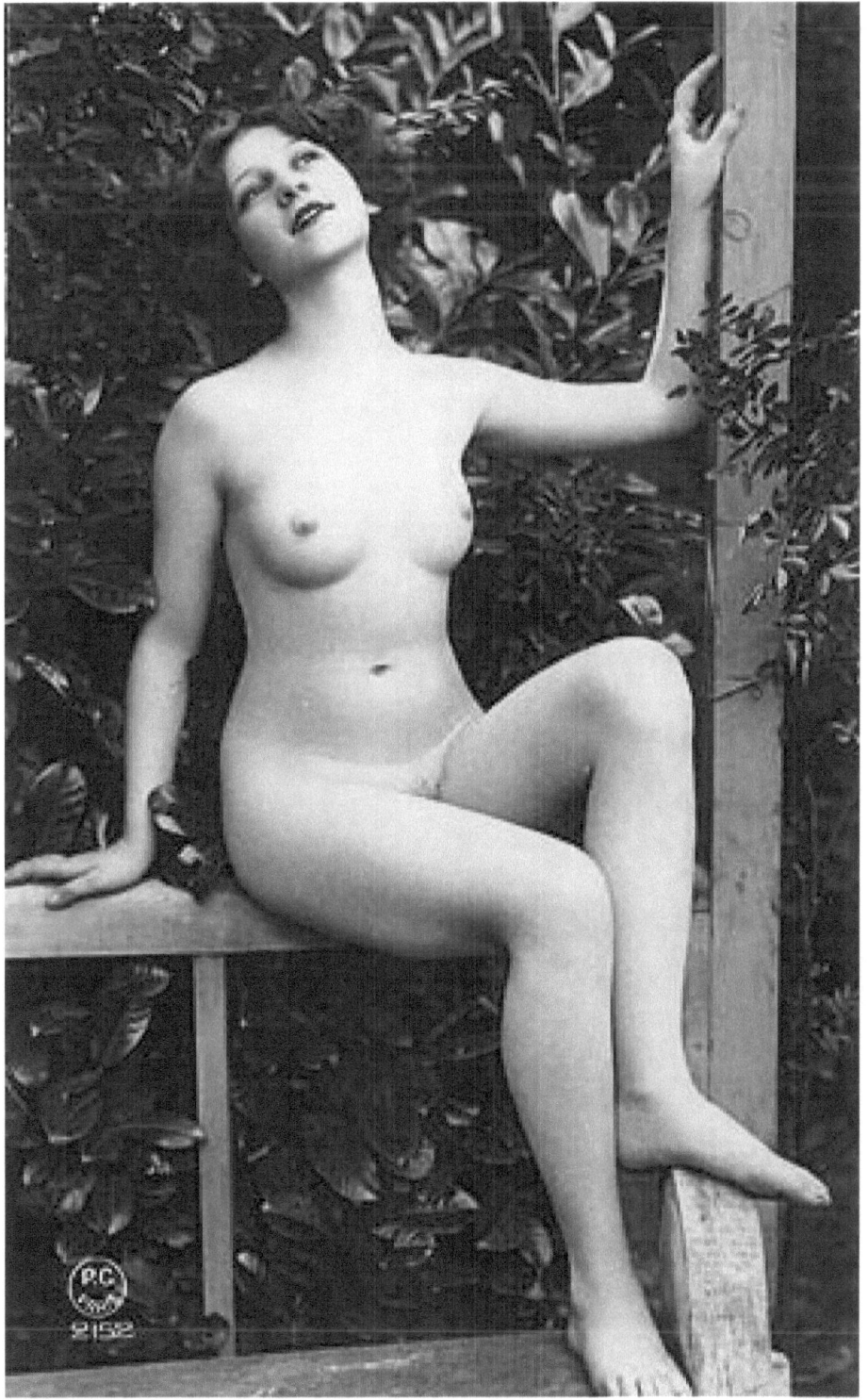

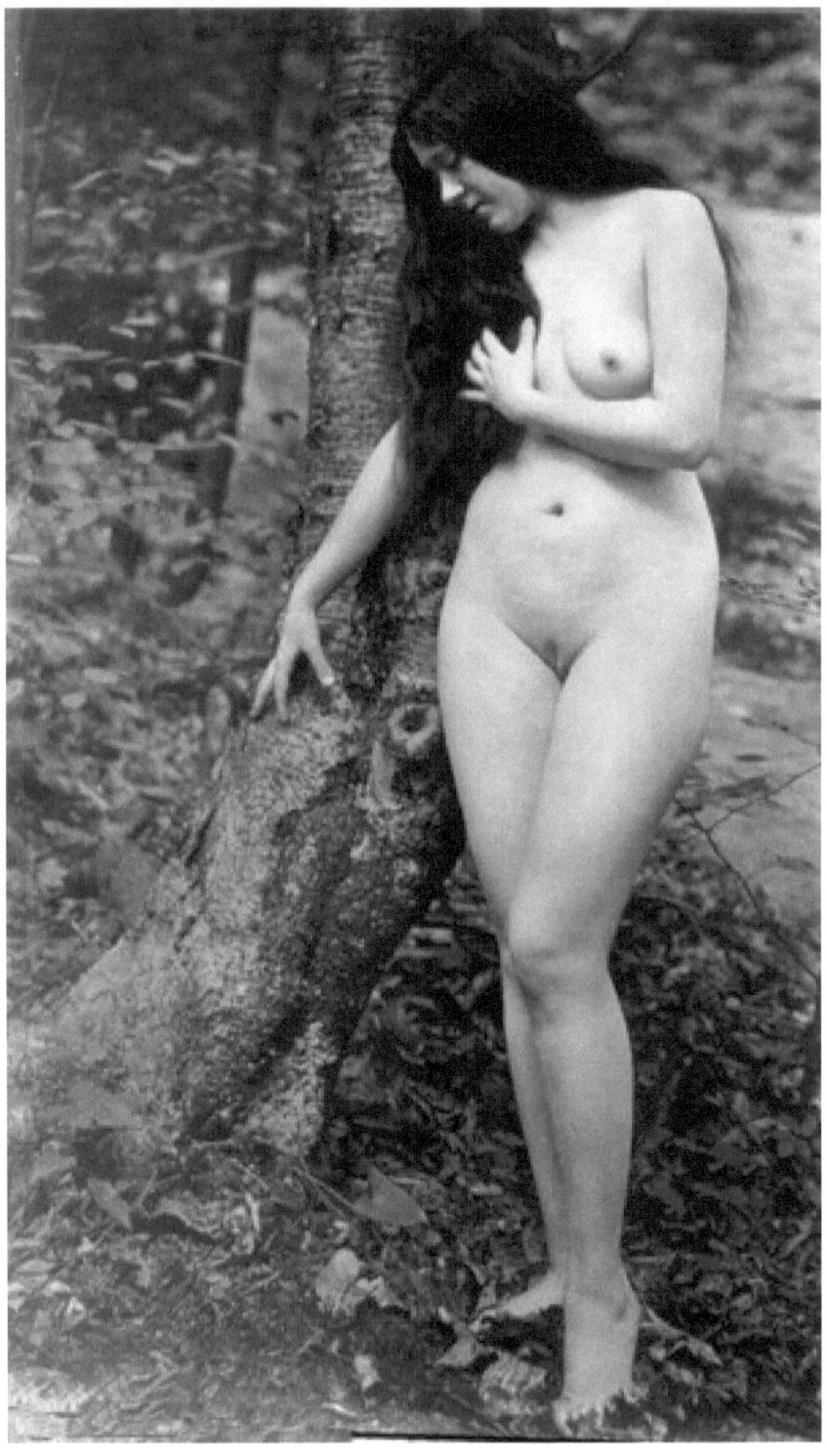

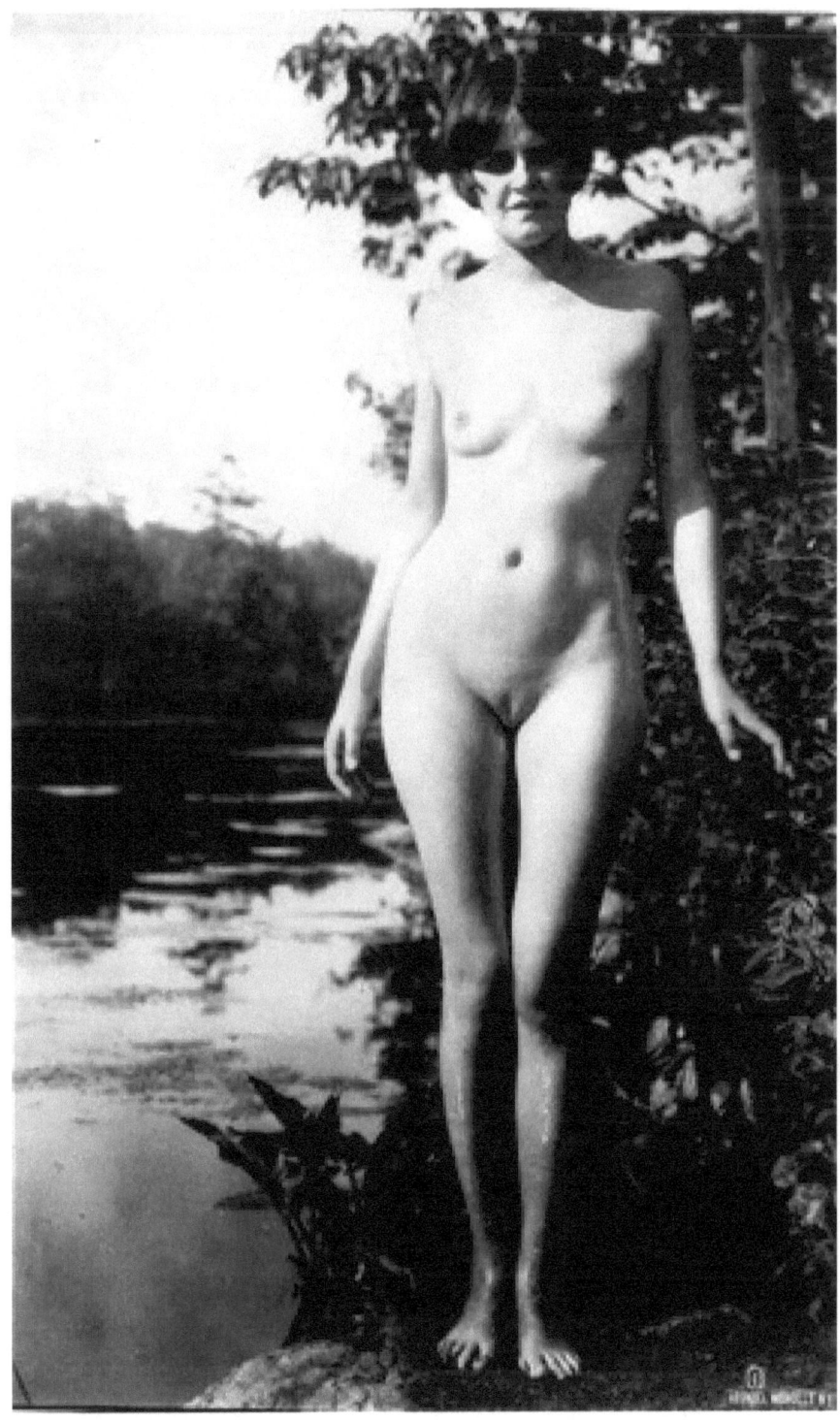

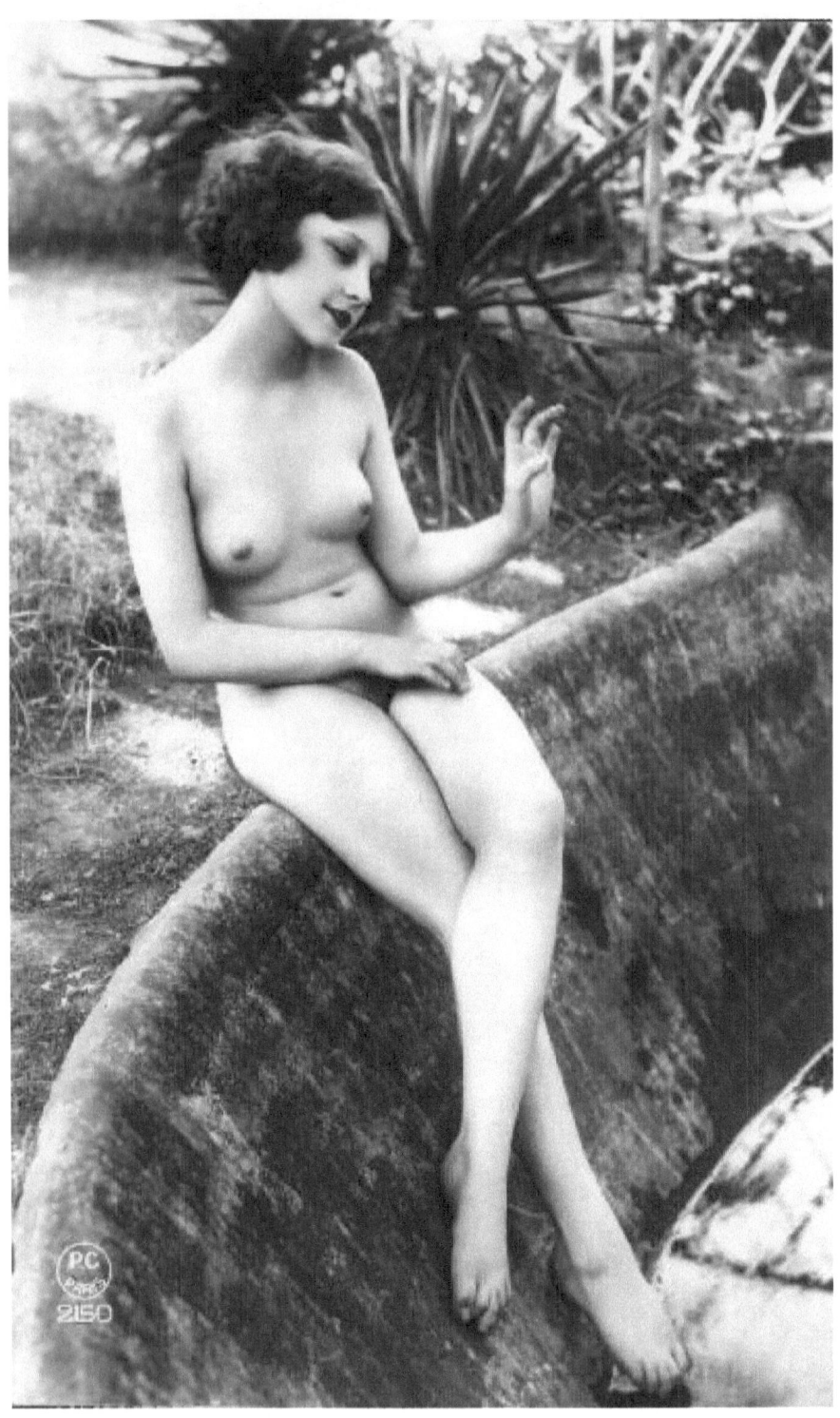

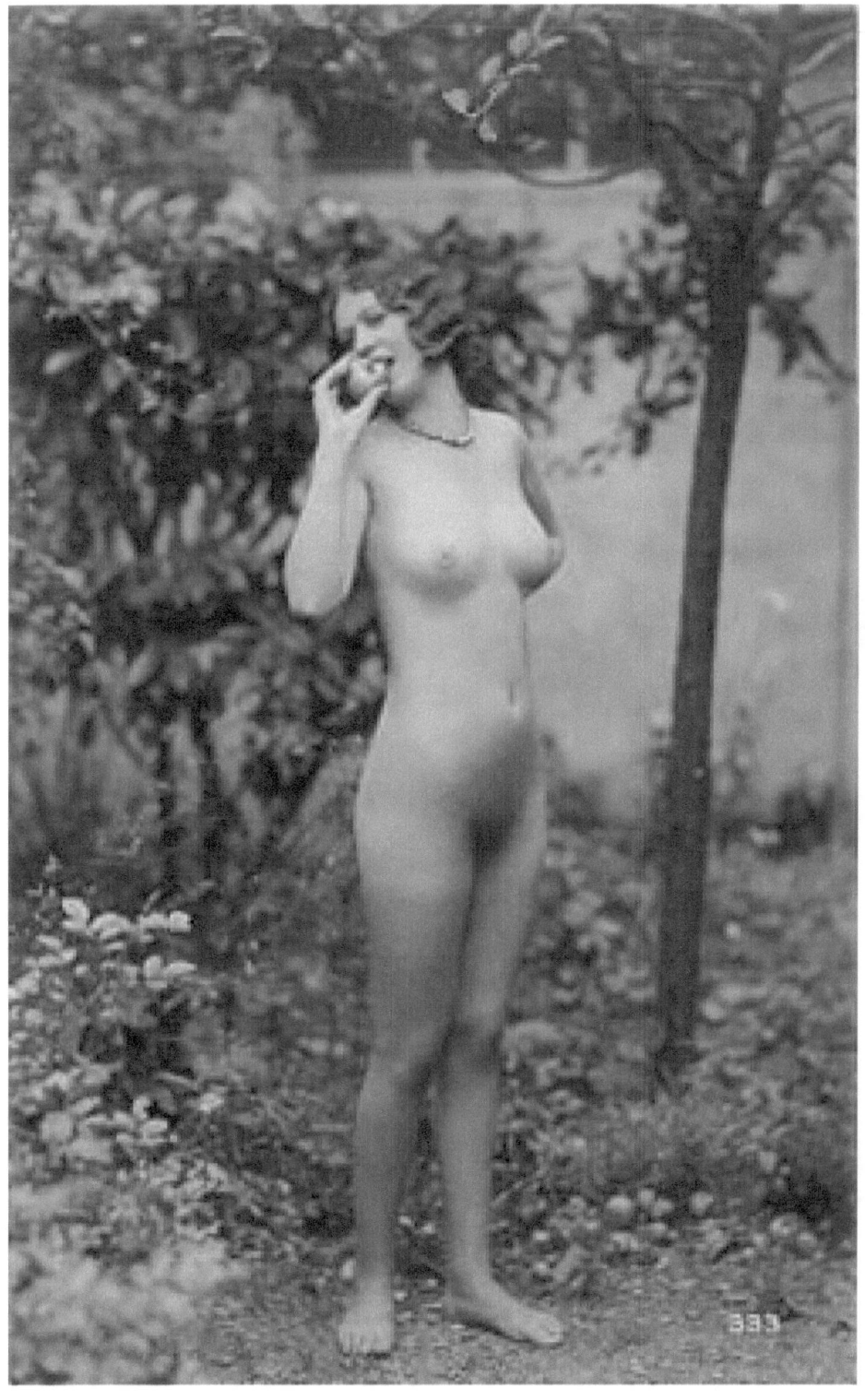

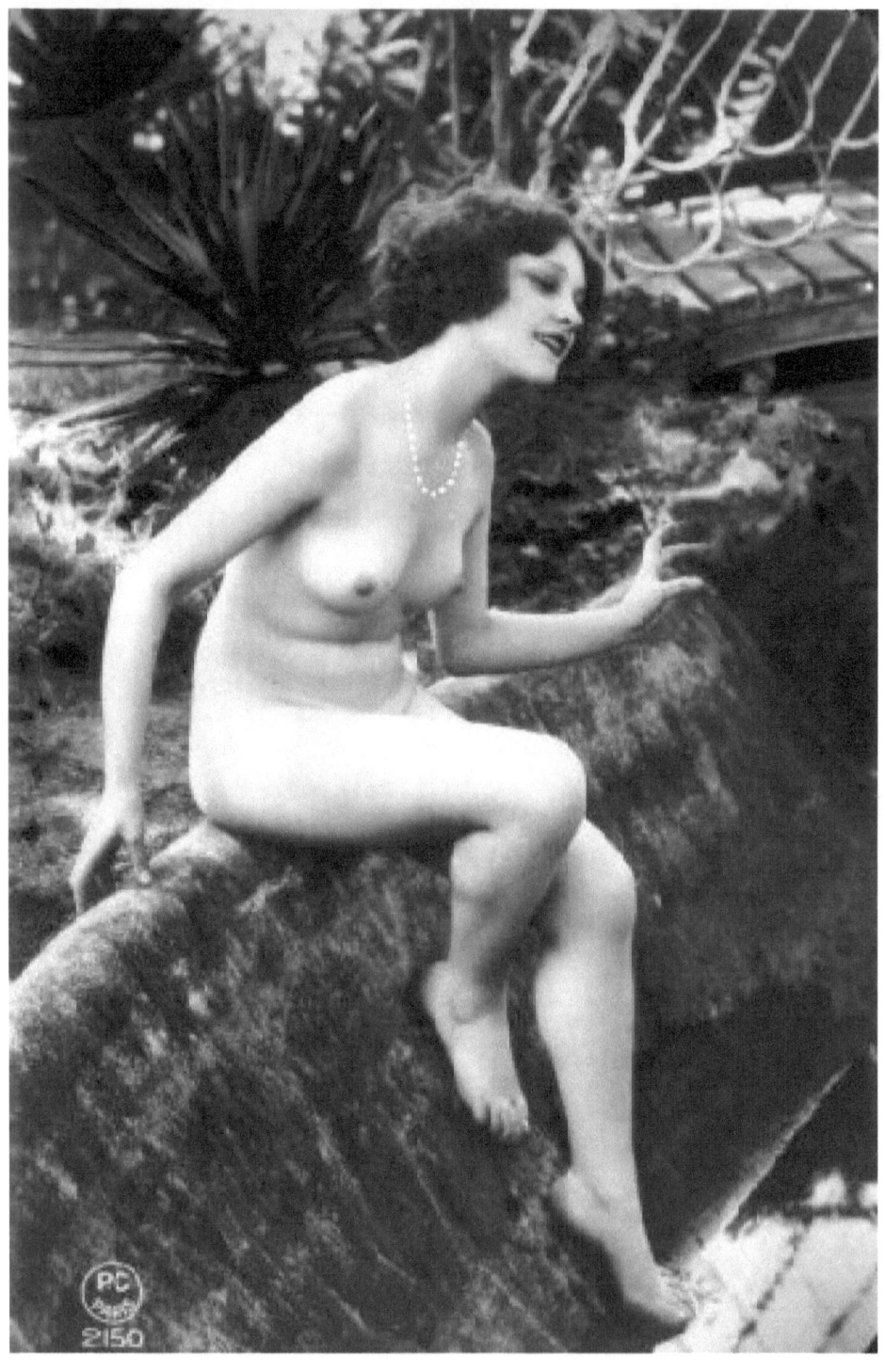

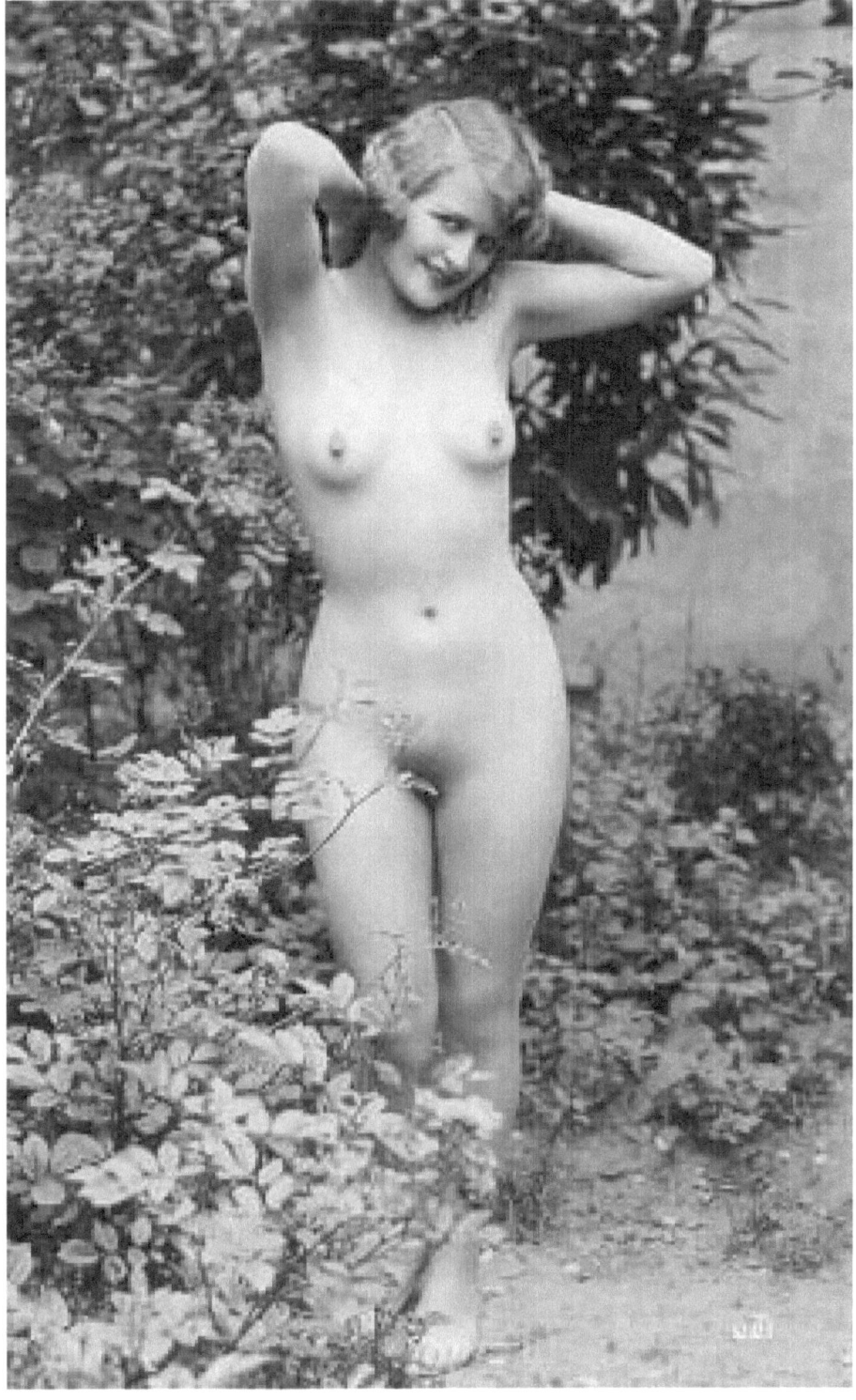

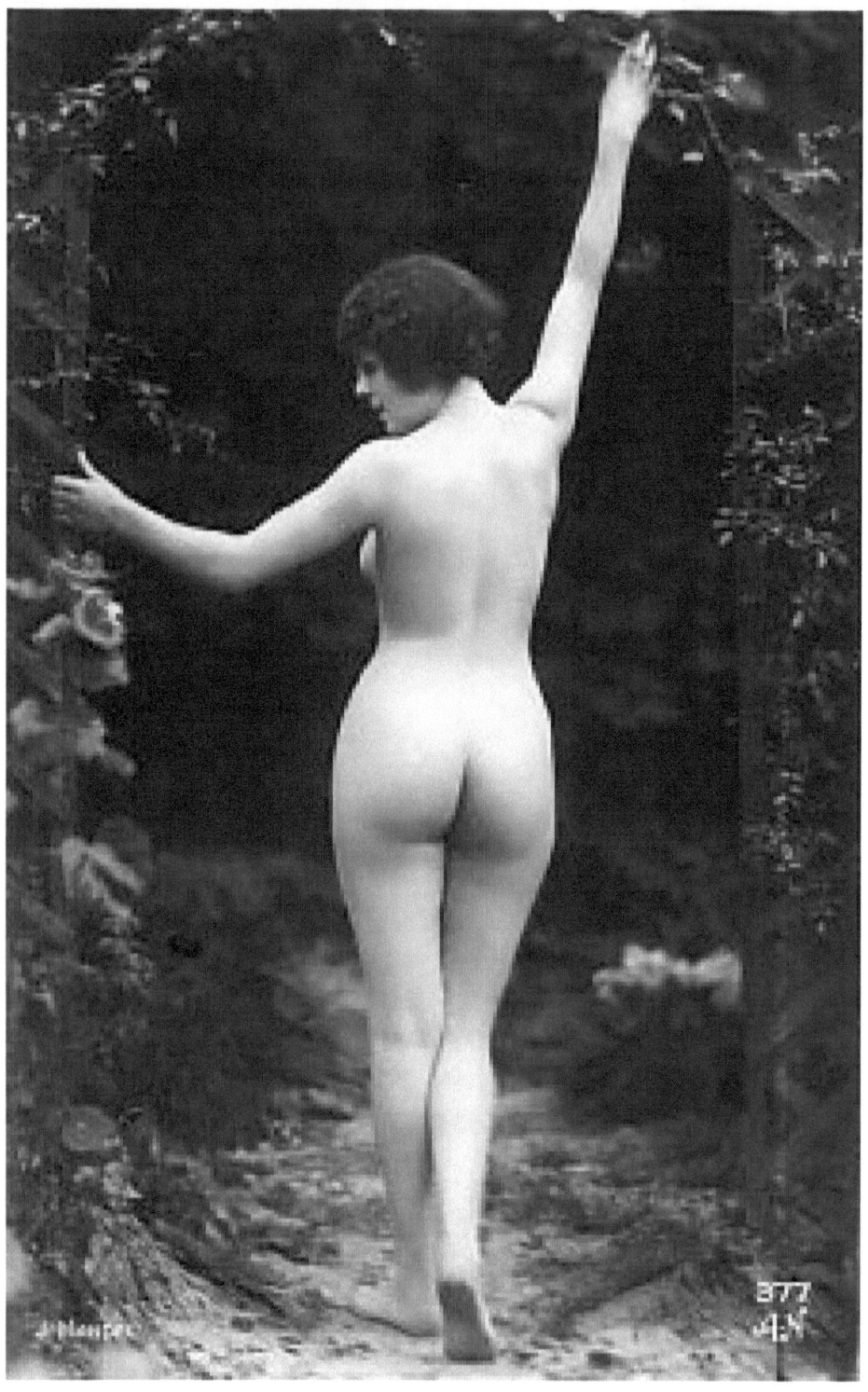

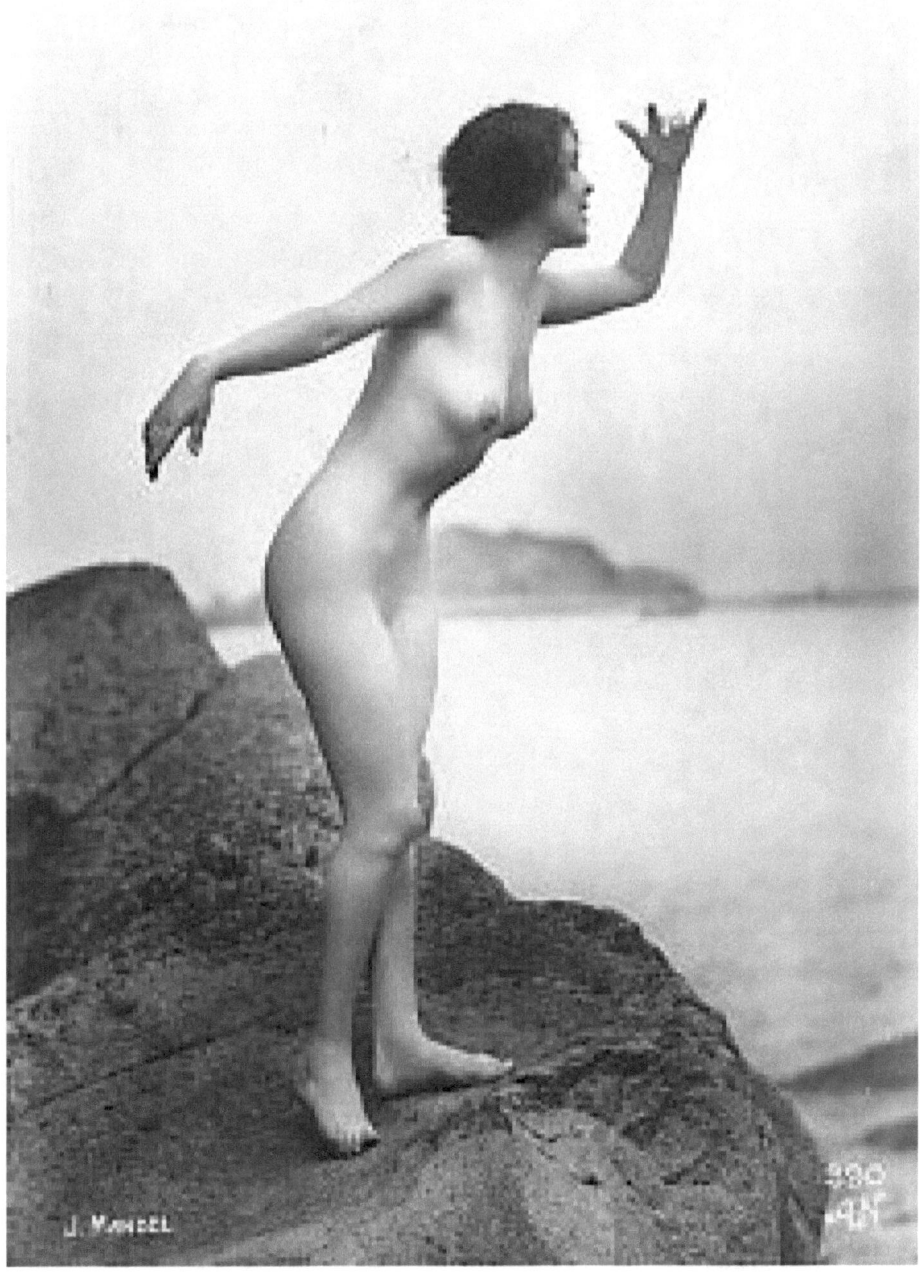

J. MANDEL

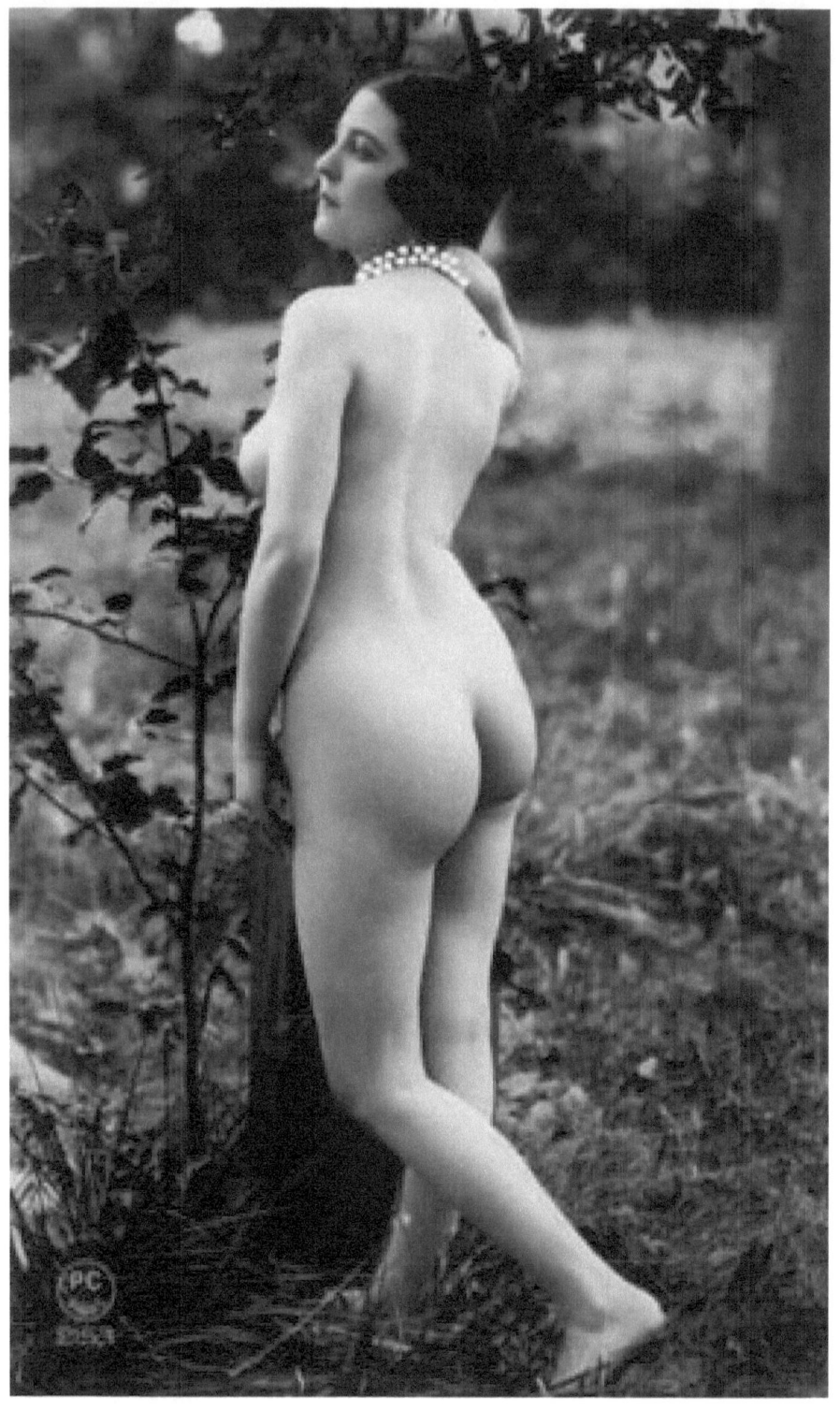

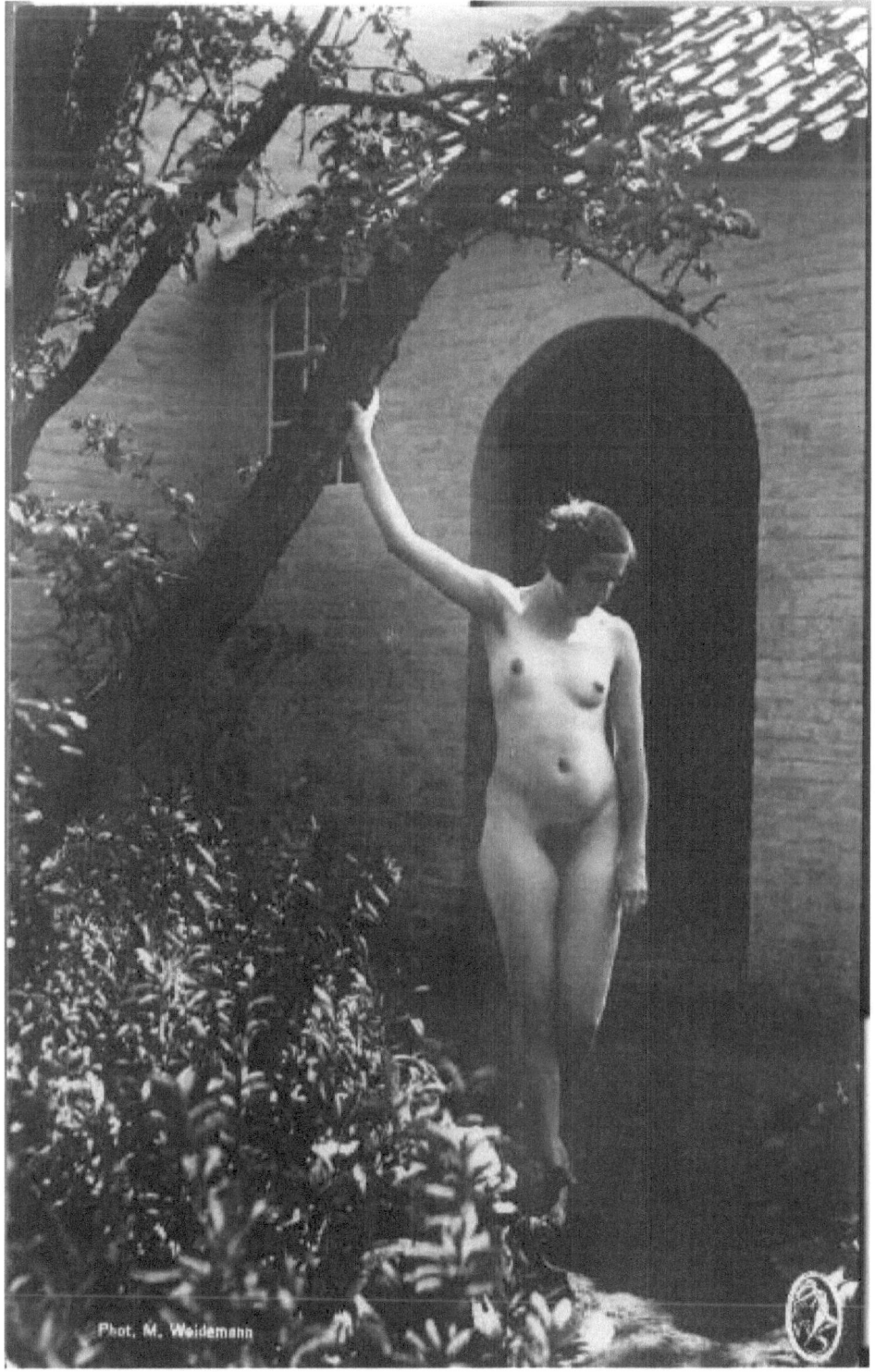

Phot. M. Weidemann

135

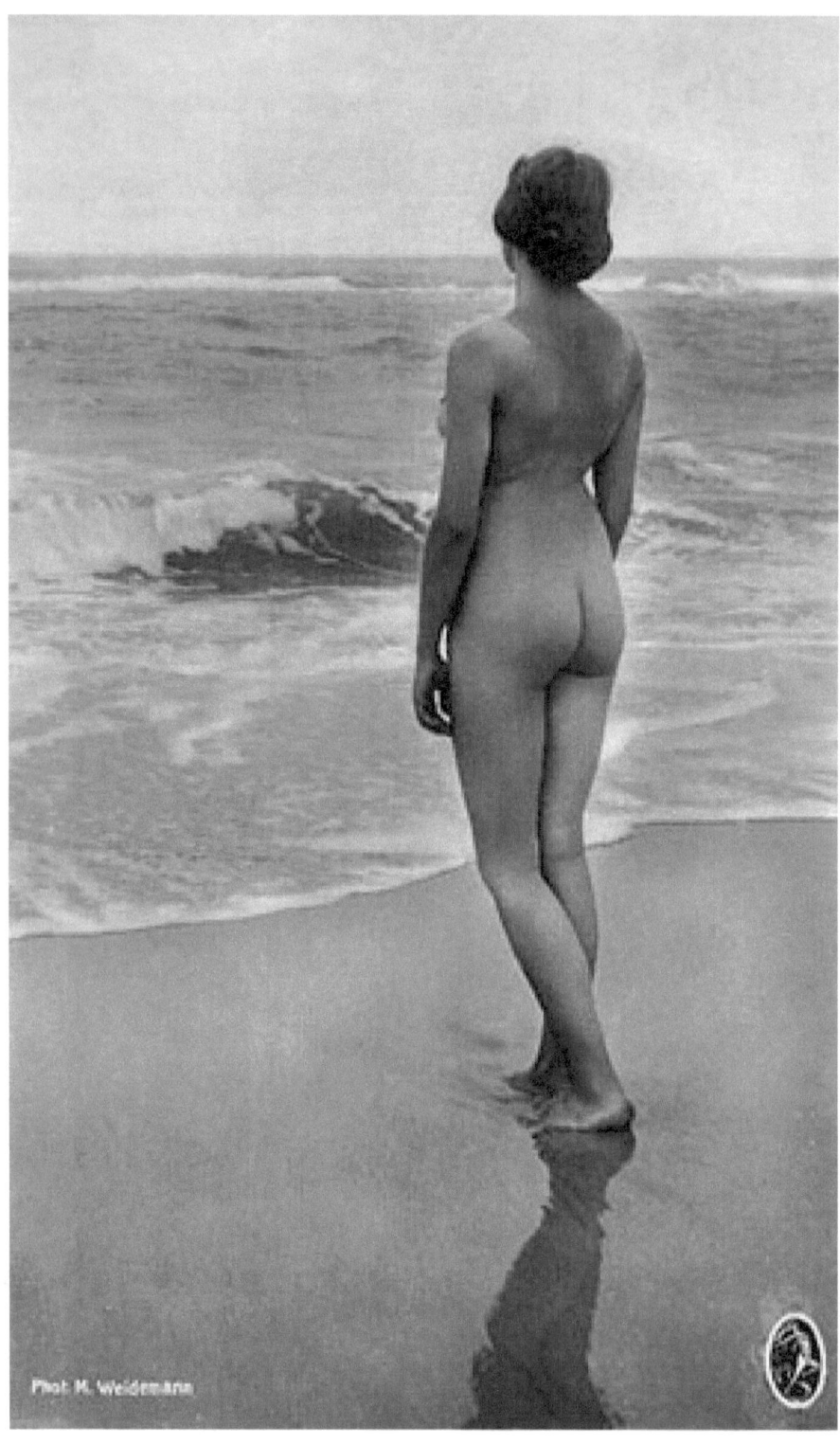

Phot. M. Weidemann

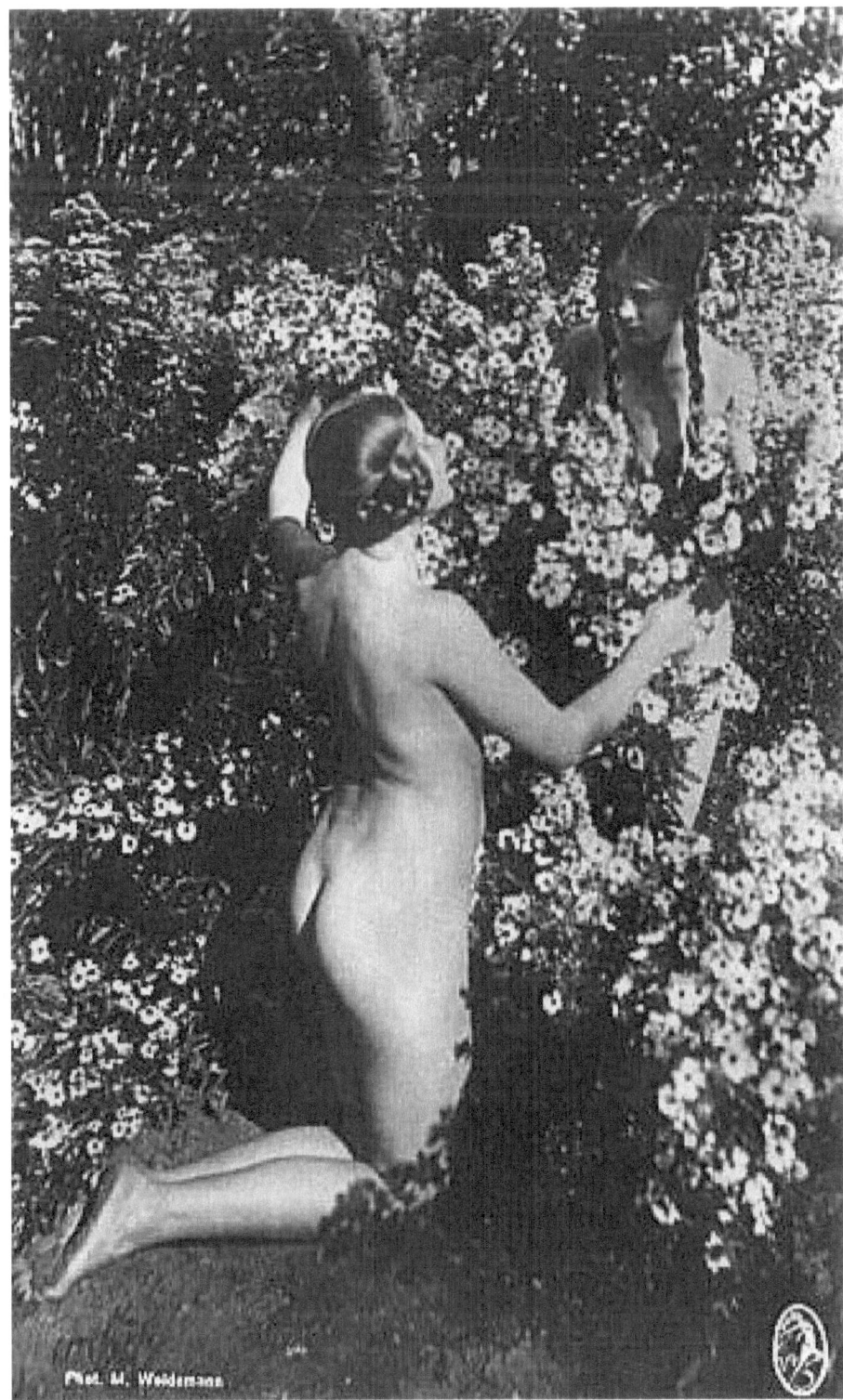

Phot. M. Weidmann.

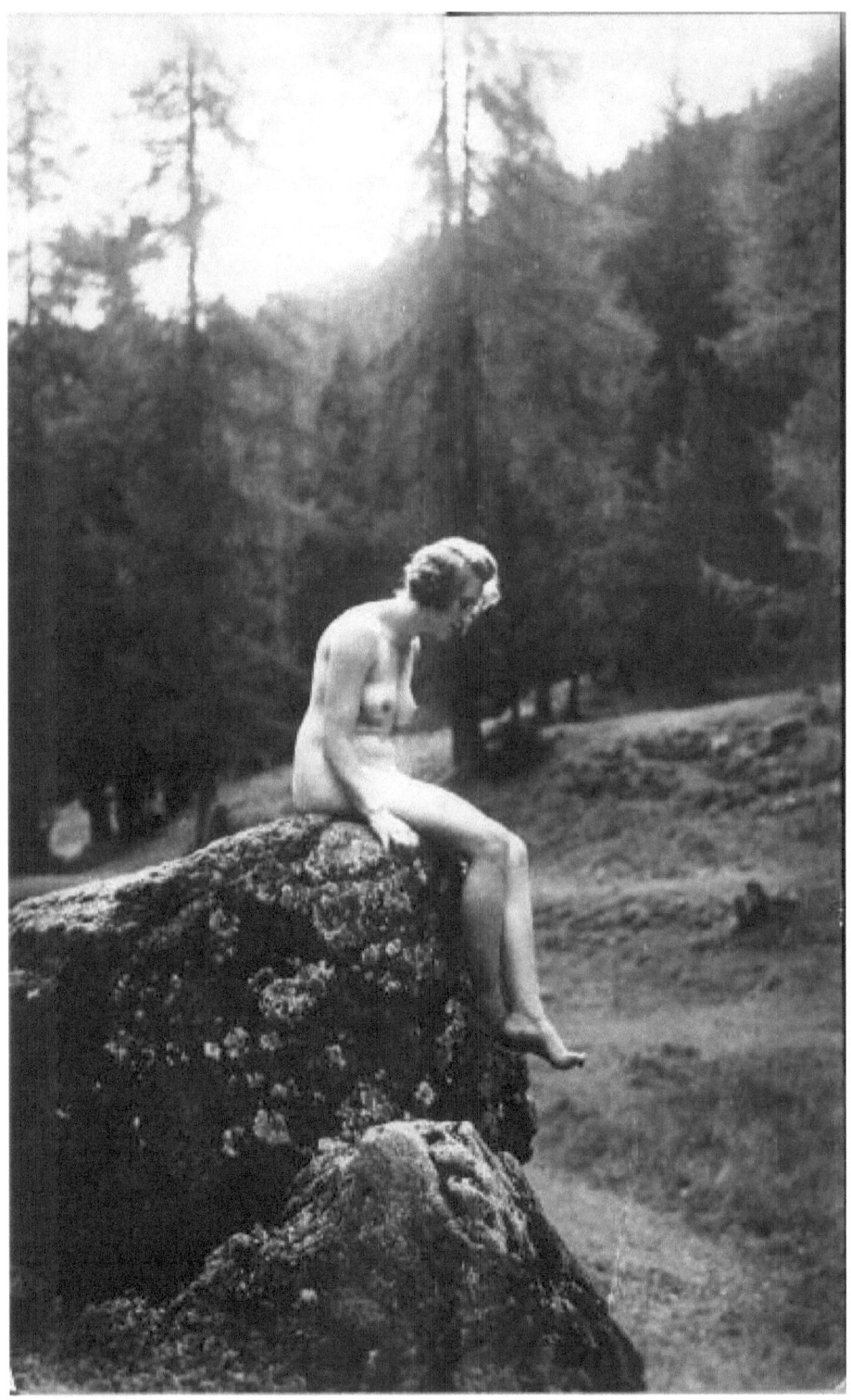

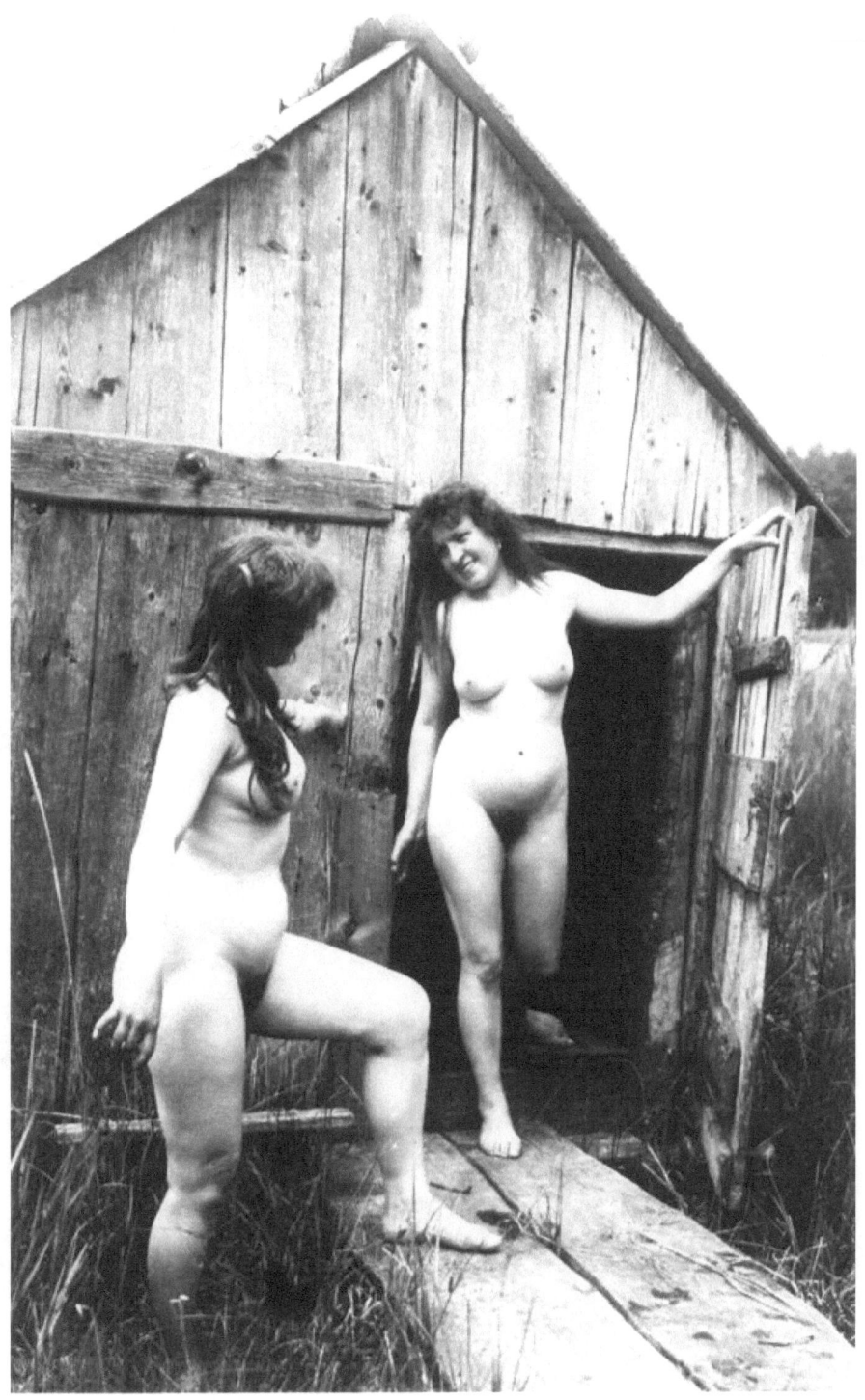

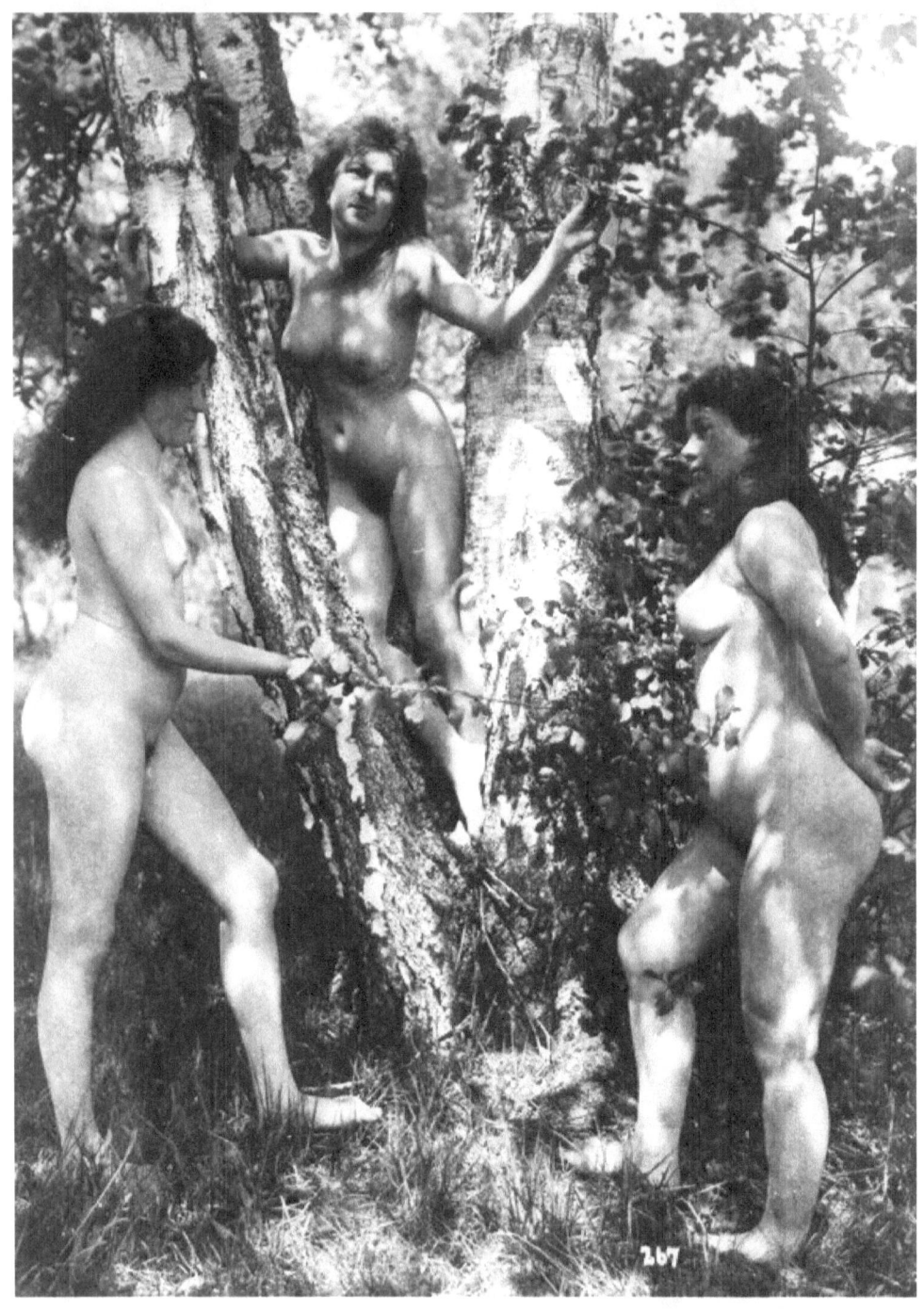

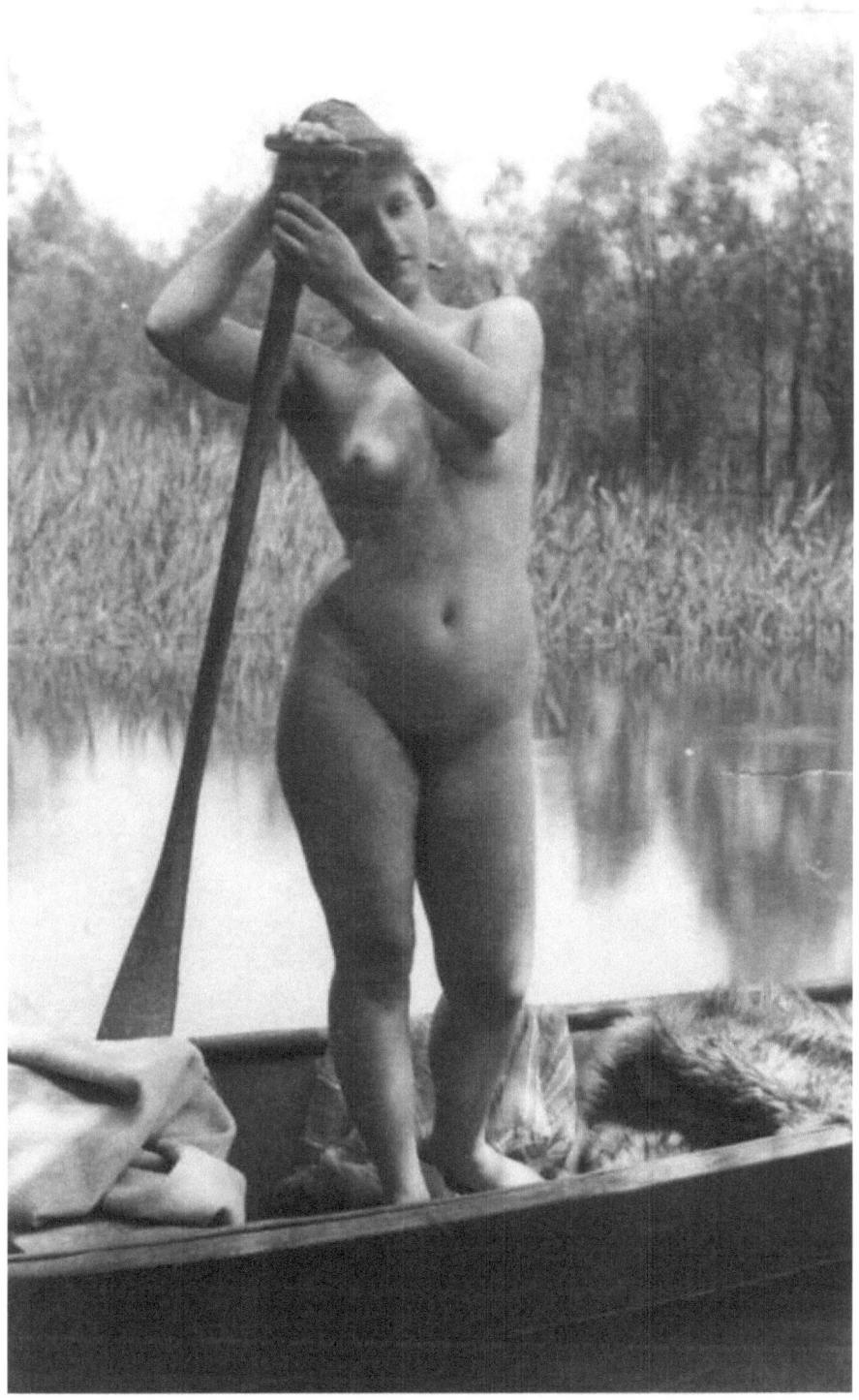

www.ingramcontent.com/pod-product-compliance
Lightning Source LLC
Chambersburg PA
CBHW030801180526
45163CB00003B/1126